近代ユーラシア外交史論集——日露独中の接近と抗争　目次

第3章 後藤新平の外交構想とユーラシア

第1章 ユーラシア国際政治史における帝国と民族

1 帝国の定義

帝国については二〇〇〇年代に入って以降、さまざまな議論が行われている。一連の議論の発端となり、いまだにその中心のひとつとなっているのが、日本では二〇〇三年に翻訳・出版されたアントニオ・ネグリとマイケル・ハートの共著『帝国』(以文社)である。

この大部の書物は、スピノザの哲学が論じられたり、マルクスが第一巻しか書くことができなかった『資本論』をどのように書くつもりであったのかという、いわゆる「プラン問題」が出てくるなど、意外に難解、かつ抽象的な書物である[1]。佐伯啓思が『砂上の帝国アメリカ』(飛鳥新社)でネグリとハートの「帝国」の定義をまとめてみせたところによれば、彼らの言う帝国とは、一九世紀の帝国主義時代のような、非常に強力な主権国家がその主権、軍事力、経済力によって領土を拡大するというものではない。そうした行為はもはや不可能になっており、経済的なグローバリズムと情報ネットワークのグローバルな広がりを前提として、そこに新たな秩序をつくる動きを担うのが「帝国」だというのである。「帝国」は秩序を攪乱する破壊的活動を権力によって管理しようとする[2]。

山下範久の『世界システム論で読む日本』(講談社選書メチエ)は力作であり、帝国をめぐる議論について多くを教えられる。帝国について独自の見解を提起する山下の議論については次節で詳しく触れることとして、本書では帝国について山下よりもう少し一般的な捉え方をしたいと考えている。ロシア帝国、オスマン帝国、ムガル帝国と清帝国、さらにハプスブルク帝国は、独裁的な皇帝の下、広大な領土を一元的に支配した国家であり、いずれもユーラシア大陸に位置を占めていた。このような国家の在り方を帝国として理解しておく。

帝国について至って常識的な捉え方をしながら、具体的な西洋の歴史、とりわけロシアの歴史に即して、きわめてすぐれた帝国論を展開したのが、ドミニク・リーベン著、袴田茂樹監修、松井秀和訳『帝国の興亡』(日本経済新聞社)であった。リーベンの大叔父アナトーリ・リーベン公は皇帝アレクサンドル二世の時代に生まれ、ロシア貴族社会の頂点にいた人物である。リーベン家はロマノフ家と親しい関係にあり、もともとはバルト海沿岸のドイツ系地主貴族出身であった。ドミニク・リーベンは、ケンブリッジ大学史学科を卒業し、ロンドン・スクール・オブ・エコノミックス(LSE)教授となり、政治学部長などを歴任した。帝政ロシア史の研究で博士号をとったリーベンは、若くしてロンドン・スクールの政治学講師に任命された。(とまどいはあったようだが)職務上の要請から歴史学と政治学にまたがる研究を遂行しなければならなかったことが、彼の壮大な(彼自身が比較歴史学と称する)業績の達成につながったと考えられる。この大著は、二〇〇〇年前のユーラシア大陸の両端に栄えた漢帝国とローマ帝国から説き起こされているが、重点は大英帝国、オスマン帝国、ハプスブルク帝国と、帝政ロシアならびにソヴィエト連邦という同じロシアに生まれた二つの帝国の比較であり、とりわけ詳しく論じられているのは、大英帝国、オスマン帝国、ハプスブルク帝国の三大帝国と比較しての二つのロシア帝国である。リーベンは、帝国論の分野に特筆されるべき大作の冒頭で以下のように述べている。

「社会科学の規範からみれば、私はすでに大きな罪を犯している。私は帝国ということばで何を意味するかを定義しないまま、帝国についてどんどん話を進めているからだ。帝国に関する私の定義は実際にたいへんシンプルであり、また洗練もされていない。本書において帝国ということばで真っ先にいわんとしているのは、ある時代の国際関係に影響を与えた非常に大きな強国（パワー）のことである。また、広大な領土とたくさんの民族の両方を管理することは、帝国が直面する永遠のジレンマのひとつだからである」[3]

リーベンは、このように遠慮がちな表現をしているが、むしろこのように常識的な帝国の定義から出発したほうが、実り豊かな研究成果に結びつくように思われる。帝国について、リーベンの展開する「比較歴史学」の立場からの叙述は、多彩かつ華麗である。

2 ユーラシア大陸における帝国の興亡

ユーラシア大陸では、およそ一五世紀半ばから一七世紀半ばにかけて、ロシア、オスマン、ムガルと清の諸帝国が確立されるか、あるいは全盛期を迎えた。ロシア帝国については、一五三三年にわずか三歳で即位したイヴァン四世（雷帝）が親政を開始するのが一五四七年のことである。この時、イヴァン四世は「全ロシアの皇帝（ツァーリ）」を自称してモスクワ大公国をロシア帝国へと発展させる基礎を築いた。むろんロシア帝国という名称の成立はこれよりもはるか後のことである。スウェーデンとの北方戦役に勝利を収めてニスタットの和約(一七二一年)を結ばせたピョートル大帝(一世)に対してロシア元老院は皇帝の称号を正式に贈呈し、ここにロシア帝国が成立する[4]。北方の覇者になるかとも見られていたスウェーデンのカール一二世はこれより前の一七一八年に戦死していて、北方戦争に敗れたスウェーデンはフィンランドの大部分を確保したものの強国として国際政治の場で活躍することはなくなった。もしカール一二世がこの時不幸な戦死を遂げることなく、北方戦争に勝利を収めていたとするならば、世界の歴史は全く異なった展開をたどっていたであろう[5]。

オスマン帝国の建国は一二九九年、建国者はオスマン＝ベイ(在位 一二九九〜一三二六年)と考えられているが、この帝国はスレイマン一世(在位 一五二〇〜一五六六年)の時代に最盛期を迎えた。彼の軍隊は各地で勝利を収めたが、中東ではイランを敗退させてバグダッドを中心とするイラクの地を征服し、第一次世界大戦で敗れるまでイラクを支配し続けた。

ムガル帝国が創設されたのはバーブルがインド皇帝を自称した一五二六年と考えられるが、第三代皇帝であるアクバル大帝(在位 一五五六〜一六〇五年)こそが、ムガル帝国を確立したといえよう。

清帝国の太祖ヌルハチが後金を建国したのは一六一六年であるが、第二代太宗は一六三六年に後金を大清とあらため、一六四四年に第三代世祖が北京を首都とさだめて長く中国を支配することを宣言した。

山下範久は先に挙げた『世界システム論で読む日本』のなかで、いわゆる「長期の一六世紀」の後半期に、ヨーロッパ、北ユーラシア(ロシア帝国)、西アジア(オスマン帝国)、南アジア(ムガル帝国)、東アジア(清帝国)の五つの近世的な地域システムが強固に凝集したと述べている[6]。「長い一六世紀」という時代区分は、フランス歴史学のアナール派の中心的存在であったフェルナン・ブローデルを学祖に持つルシアン・フェーブルらから受け継ぎ、さらにそれをブローデル史学のアメリカにおける継承者イマニュエル・ウォーラーステインが受け継いだものである。この時代区分によれば、一四五〇年頃から一五五〇年頃までが、「長い一六世紀」の前半期、そのあと一六四〇年頃までが後半期とされる[7]。

同時期、ユーラシア大陸ではこのように巨大な四つの帝国が成立をみたが、ユーラシア大陸のはるか西では、ハプスブルク帝国が、イスパニア王位を兼ねるカール五世(在位 一五一九〜一五五六年)の下、イスパニアの領土であったラテン・アメリカ大陸の主要部分までも支配下に収め、ごく一時的にではあったが「太陽の没することなき帝国」と称されるものをつくり上げていた。その後、ハプスブルク王家はウィーンとイスパニアに分かれるが、ウィーンのハプスブルク王朝は依然強勢を誇り、一八六七年にオーストリア・ハンガリー二重君主国に改組されてからも、中欧に五〇〇〇万の人口を擁する大きな帝国であり続けた。中欧には一八七一年にドイツ帝国が創設され、イギリスはヨーロッパ内部ではなく海外に進出してインドを中心とする大英帝国を確立した。ただし、大英帝国は世界帝国ではあったものの、ことユーラシア大陸については(インド亜大陸の支配を別とすれば)、海軍力に基づく香港をはじめとする「点」の支配にとどまったというべきであろう。

3　デヒーオの両翼国家論

前述した四つの帝国のひとつであるオスマン帝国とヨーロッパとのかかわりについて示唆に富むのは、外交史家・中山治一のオスマン帝国外交史研究である。この主題に関連する諸論文のなかでも、「長い一六世紀」をあつかったものとして、「一五三五年のフランスとトルコの『条約』について　一批判的試論」[8]が注目される。この論文の第一章「問題の所在」のなかで中山は、ドイツの歴史学者ルートヴィヒ・デヒーオが、代表作である『均衡か覇権か』[9]のなかでヨーロッパの国際関係に及ぼしたオスマン帝国の影響を論じた箇所に注目している。中山は、デヒーオがヨーロッパ国家系（das europaeische Staatensystem）の成立をランケ以来の通説に従って一五・六世紀の交と考え、一六世紀におけるオスマン帝国のヨーロッパ国際政治への介入を重視したのであるから、オスマン帝国をヨーロッパ国家系の内にある構成要因として把握すべきか、それともヨーロッパ国家系の外にあってたんに外圧を加えるだけの存在であったのかが問題となるはずであった、と問いかける。ヨーロッパ国家系は、国際政治史のなかでのひとつのシステムであるが、中山によれば、この考え方はランケに由来するのではなく、実はランケが活躍したのよりもずっと早い時期である一八世紀イギリスの政治家ヘンリ・ボリングブルックの『歴史の研究および利用についての書簡』（一七五二年）に由来する[10]。

いずれにせよデヒーオは、神聖ローマ皇帝カール五世（在位 一五一九〜一五五六年）とドイツ諸侯やフランスとの争いの時期についてランケの卓越した叙述を称賛し、自分としては二つの項目を強調するにとどめたいとして、その二つの項目としてイギリスとトルコ（オスマン帝国）という二つの「古い大陸の辺境国家（Randstaaten）」の役割を挙げている。イギリスについてデヒーオは、ヨーロッパの列強の間にバランスを成就させようとした後の外交政策は、当時まだ確立しておらず、ヘンリー八世（在位 一五〇九〜一五四七年）などは、皇帝に対抗したフランスを一貫して支持するかわりに、フランスの王位の獲得を夢みたりした[11]と述べた上で、オスマン帝国について次のように述べている。

「ひとつのスプリングがヨーロッパ大陸自体で活動を開始したことが、それだけますます重要になるのである。ひとつのスプリングというのはトルコ人のことであった。彼らは、古代においてペルシャ人がペロポネソス戦争の最終段階以来あるときはアテネの、あるときはスパルタの覇権をめざす努力に反対したのと同じようなやり方で、皇帝カールによって代表されていた統一への傾向に対する平衡のおもりを形成した。ペルシャ人もトルコ人の両者ともに、オリエントの専制政治の支配手段を西側から受容した戦争技術と結合させた。しかし、広い文化領域が野蛮人に支払った損失は、少なくとも、ふたつの国家系がその存立のために支払った対価であった。そしてこの対価は、まさしく一六世紀と一七世紀において巨大なものがあった」[12]

ここでデヒーオが言及しているのは、カール五世に対抗するためにフランスがオスマン帝国と結んだ同盟のことである。中山は、デヒーオがオスマン帝国をヨーロッパ国家系の成員とみなしたのかどうかが明確ではなく、デヒーオ自身、この問題をつきつめて考えていなかったように思われると述べている[13]。さりとて、デヒーオが当時のヨーロッパの国際政治にとってのオスマン帝国の意味を重視していることは、先の引用からも明らかであろう。中山は、この論文の中で、一五三五年のフランスとトルコとの条約といわれるもの(一般にはベルグラード条約)が、オスマン帝国の側の意識では条約などというものではなく、スルタンが外部の諸国に恩恵として与える「カピチュレーション」のひとつであったこと、しかもスルタンであるスレイマン一世の裁可すら得ておらず、いわばフランス側の主観的願望の中に存在したに過ぎなかったこと、などの事実を多くの研究文献を精査して明らかにしている。中山は、このような考証を通じて、一六世紀前半の時点では、オスマン帝国がヨーロッパ国家系には参加するに至っていなかった事実を指摘して、デヒーオの論述が残したこの点に関する曖昧さを批判し補正しようとしたと考えられる。しかし、ヨーロッパ国家系の正式の一員であったかどうかにはかかわりなく、オスマン帝国がヨーロッパの国際政治にとっての大きな存在であったことを、デヒーオの論述が認めている事実には留意すべきであろう。

中山がオスマン帝国の扱いに関して、批判と検討の対象としたデヒーオの著作『均衡か覇権か』が、ヨーロッパでの勢力均衡の成立を可能としたのがイギリスであり、のちには英米両国とロシアないしソ連というヨーロッパにとっての「両翼国家(Flügelmächte)」であった、という見解で貫かれていることはよく知られている[14]。デヒーオは、ヨーロッパ国家系の歴史と、そこでの勢力均衡の展開を重視することにおいて、ランケを高く評価する。しかし、一九四五年のドイツの無条件降伏を体験したデヒーオは、当然のことながら、ランケの楽観論とヨーロッパ中心主義を批判する。彼はランケが楽天的な「万有汎神論(Panentheismus)」[15]のもとで国家を神聖化したことを批判したあとで、二つの具体的な批判を付け加えた。

「第一に、ランケは、ナポレオンの没落を、もっぱら西欧諸国民全体の国民的興起の結果として評価した。両翼国家であるイギリスとロシアが、そして両者に代表される形での海外とユーラシア地域の介入が初めて、この興起の前提を創り出したのだという事実を、彼ははっきり示していない。彼はロシアを、それがヨーロッパの諸情勢に巻き込まれている限りでしか評価しない。しかし彼は、ツァーリの帝国の、西欧外のあり方と西欧外の領域のもつ巨大な可能性に対しては、直観的な感覚を所有してはいない。イギリスについては、東の翼の国家についてとは比較にならぬほど、彼はイギリスについて精通していた。しかし、イギリスが海外の利害と絡まりあっていた事実については、この内陸人間は間接的な知識しか持ちあわせていなかった。そして、アングロサクソンの海外への拡大については、いかなる生きた直観をも持ちあわせていなかった。周辺の広大な新国家から古い西欧に迫ってくる危険を先に見通して注視するということは、彼の念頭には浮かばなかった。彼の注意は、むしろ回顧的に、この(国家)系に、その個々の成員の覇権志向によって生じ、そしてこの(国家)系がすべて克服したところの過去の危険に向けられ続けたままであった。彼は、それがこのような危険を将来においても克服するであろう、と確信していた。彼はヨーロッパの守護神を信頼していたのだ!

さらに、西欧の拡大がヨーロッパ国家系に対してもたらす諸結果についての不安が彼を襲うことがほとんどなかったように、政治的システムの精神的対応物であり、ランケの目には政治的システムを正当化するものと映っていたところのヨーロッパ文化に対して文明がもたらす諸結果についての不安が彼を襲うこともほとんどなかった」[16]

デヒーオは、シュペングラーと同じように文化と文明を区別し、文明を文化の堕落した形態と考えていた。そしてデヒーオは、スイスの歴史学者ブルクハルトと同じように、マケドニア帝国とロシア帝国、マケドニア強大化の端緒をつくったフィリッポス二世(アレクサンドロス大王の父)とロシア強大化の端緒をつくったピョートル一世を対比させている。デヒーオによれば、フィリッポス二世治下のマケドニアが急速に強大化した秘密は、老齢化しつつあるギリシャ文化の、上からの強制による、若い創造力のある国民への移植であった。そしてこの移植に際して、ヘレニズム文化がヘレニズム文明の型にはめられたのである。デヒーオは、イヴァン雷帝がその典型であったような、ビザンツ的=東方的な基礎の上に立つ絶対主義国家としてのロシア帝国は、西欧とのかかわりを重視していなかったが、フィリッポス二世が内陸国家マケドニアの人々の目をギリシャの国家系に向けさせたように、ピョートル一世がロシアの人々の目をヨーロッパ国家系に向けさせた、と考えている[17]。デヒーオは、次のように述べている。

「ピョートルは、このマケドニア人がギリシャ文化の実際的な意味での崇拝者であったのと同じ実際的な意味で、西欧文化の崇拝者であった。彼は恐怖政治を手段として、上から、あらゆる種類のヨーロッパの技術、すなわち、海上と陸上の戦争技術、経済上の技術や行政技術を、彼の国民の上にかぶせた。彼は西欧から借用したさまざまな方法を、東方の忍耐強い、どのようにも捏ね上げることのできる人間性や、東方の専制的統治の伝統と結びつけた。このようにして成立した爆発力のある混合物が、彼の統治の秘密である。そこから、ピョートルのロシアの力が急速に上昇した。

ピョートルのロシアの力は、西欧においてまだ不可能であったであろう程度に、文明のさまざまな特徴を備えている。ロシアでも、もちろん、宗教的束縛の弛緩によって、力(Macht)のそれ自体のための合理的な獲得への傾向が時とともにますます表面化する。そして、正しく理解されるならば、このことこそまさしく、文明の共通分母なのである。我々はシュペングラー以来、文化それ自体の晩年は、常に存在してきた文明に時とともにますます場所を許容し、ついにはこの文明が宗教、芸術と科学における絶対精神に対する支配を独占するに至る、ということを知っている。しかし、ロシアを観察すると、マケドニアを観察する場合と同じように、この過程が周辺(Peripherie)の広い領域で、中心(Zentrum)でよりもより急速に進行することを教えられる。文化の乏しい周辺地域が、この展開の最善の温床となる。大衆とダイナミックスとが、完成よりも重要となる時代には、かつては不都合であったものが好都合になる。ピョートル以前のロシアは、文明の強国となる量的な前提を提供するのに十分な程度に、すでに広大で人口が豊かであった。文明の強国を現実化するためには、しかしながら、このロシアは、創造的な支配者を必要とした。この支配者は、きわめて多くの土着の伝統から解き放たれ、しかも外国の伝統に支配されることなく、それどころか、冷静な情熱のもとに、古いものと新しいものを、容赦なく、権力獲得のために役立つかどうかに応じて評価し、権力獲得に利用し、何らかの起源に由来する目的から自由な絶対精神にまどわされることのない人物である。ピョートルは、早くから外国人に囲まれ、土着の信仰や慣習から解放され、古いロシアの文化の原産地を心の中で離れていて、それゆえに彼の権力への意思を阻止することができた鎖からのがれていた。こうして彼は、まったく新しいロシアの創始者となった。そして、そのかぎりでは、固定化した西欧の歴史がもはや久しく生み出すことができなくなっていたような、歴史的偉大さをもった人物であった。彼が、そして彼だけが、帝国の運命がオリエントからオクシデントへと振れ動き、孤立と異民族の支配と専制政治によどんでいた文化から世界と結びついたそして世界的に強力な文明へと振れ動いた際の軸心であった」[18]

このようなデヒーオのロシア帝国観は、それが書かれてから半世紀以上を経過した今でも耳を傾けさせるものを含んでいる。ほぼ二〇〇〇年昔のフィリッポス王治下でのマケドニア帝国とピョートル大帝治下のロシア帝国とを対比させる視野の雄大さも印象的であるが、とりわけ興味深いのは、ピョートル大帝によって上から力づくで導入された欧化と近代化とが、結果的にロシアに文化ではなく、文明をもたらすことになったという指摘である。ロシア帝国についてのこのような見方は、あとで述べるハンチントンの、ロシアを「引き裂かれた国家」ととらえる見方とも通ずるところがある。

デヒーオの議論は、ヨーロッパの勢力均衡がヨーロッパの両翼の、アングロサクソン諸国すなわちイギリスとアメリカ、ならびにロシアないしソ連によって保障された結果、ヨーロッパ文化は衰退の一途をたどった、という結論に行き着く[19]。この見解は、ドイツの無条件降伏直後の敗戦による荒廃と、その後、まもなく開始された米ソの冷戦の強烈な印象に、あまりにも束縛されたものとして、現在では無視することも可能な悲観論であるのかもしれない。彼は、ランケの楽観論を批判し、ブルクハルトの悲観論に共感する。しかし、彼の示す視野の広さは、ユーラシア国際政治史にも示唆を与えるものとして、評価することができよう。

4 マッキンダーのハートランド理論

しかしながら、ユーラシア国際政治史を考察するにあたっては、中山がヨーロッパ国家系の成員か否かについてデビーオを批判しつつ議論したオスマン帝国より、むしろロシア帝国が主たる対象とならなければならない。そのことは、イギリスの地理学者でイギリス地政学の創始者でもあるハルフォード・ジョン・マッキンダーのハートランドの理論に明確に示されている。一九〇四年一月、すなわち日露戦争勃発の直前にロンドンの王立地理学協会で行われた講演「歴史の地理学的回転軸（The Geographical Pivot of History）」で、彼は現在のロシアの版図と重なるユーラシア大陸の中央の草原地帯（ステップ）こそが歴史の回転軸、ハートランドである、と主張した。

この講演のなかでマッキンダーは、世界の歴史を西欧側からではなく、ロシアの側から眺めてみることを提唱した。そうすることで、西欧がルネサンス、地理上の発見、産業革命などで、はなばなしい近代化への発展を遂げることができたのは、ロシアがモンゴルの征服やその後の内紛に煩わされたり、あるいは東西に流れる交通路としての河川がないため、西側への軍事的進出を妨げられたりしていたおかげであったことが理解できる、と説いた。そして、世界の歴史と現状にとって決定的に重要なのは、ユーラシア大陸内部の草原地帯であり、これこそが世界の心臓部「ハートランド」であると述べた。この「ハートランド」に位置するのはロシア帝国であり、当時完成に近づいていたシベリア鉄道は、河川に頼らない東西の交通を保障するから事態はこれまでと変わることを指摘した。この「ハートランド」を内側から取り巻く「内周の半月弧」には、ドイツ、オーストリア、トルコ、インドが入り、「外周の半月弧」には、イギリス、南アフリカ、オーストラリア、アメリカ合衆国、カナダおよび日本が入る、と彼はいう。そして彼は、「内周の半月弧」

のなかに位置する、強力に武装したドイツ帝国が、「ハートランド」を支配するロシア帝国と軍事同盟を結ぶことがあれば、この軍事同盟は英帝国の脅威になり、さらに世界全体の脅威になると警告した[20]。

一九〇五年七月、フィンランドのビヨルケで会見したドイツ皇帝ヴィルヘルム二世とロシア皇帝ニコライ二世との間で調印されたビヨルケの密約は、両帝国提携の試みであったが、両国の政治家、とくにロシアのヴィッテの強硬な反対によって挫折した。マッキンダーの恐れたドイツとロシアの軍事同盟は、その三四年後の一九三九年八月の独ソ不可侵条約で成立の緒につくかに見えたが、わずか二年で崩壊してしまった。

一連の経緯については、拙著『スターリン、ヒトラーと日ソ独伊連合構想』(朝日選書)で詳述したので繰り返しを避け、ここではマッキンダーのハートランド論が、ニコラス・スパイクマン著・奥山真司訳『平和の地政学――アメリカ世界戦略の原点』(芙蓉書房出版、二〇〇八年)に示されているようにアメリカ・イエール大学の教授であった地政学者ニコラス・スパイクマンのリムランド論に受け継がれたこと、スパイクマンが一九四三年に若くして亡くなると、リムランド論が第二次世界大戦後の米ソ冷戦の初期に、外交官で歴史学者であったジョージ・ケナンに受け継がれ、ソヴィエト連邦「封じ込め」の理論となったことだけを指摘しておきたい。

5　ロシアにおける民族問題

旧ロシア帝国も、旧ソヴィエト連邦(以下旧ソ連とする)も、そして現在のロシアも、すべて多民族国家であり、ロシア民族だけの国家ではない。旧ソ連について、この事実にスポットライトを当てたのが、アメリカのロシア研究者ウィリアム・オーダムであった。オーダムは、旧ソ連の政軍関係(シヴィル・ミリタリー・

リレイション)について、ソ連共産党とソ連軍の分裂と衝突を強調したUCLAの政治学教授ロマン・コルコヴィッツや、当時カナダのトロント大学で准教授の地位にあったティモシー・コウルトンの学説に激しい反論を加えた。この反論のなかでオーダムは、旧ロシア帝国の多民族国家への歴史的展開と、ロシア帝国がソヴィエト共産党に残した多民族帝国の遺産を重視している。彼によれば、レーニンはきわめて強力な遠心力を内包する国家を統治する課題に直面した。このような遠心力が残存しているかぎり、ソ連共産党は軍事力を絶対に必要とするのであり、党と軍とは対立している余裕などないのである。軍の最高幹部たちも党と一蓮托生の立場に置かれている、とオーダムは結論づける[21]。

オーダムの研究は、今では過去の存在となったソ連共産党とソ連軍との関係を扱ったものではあるが、ロシア帝国とソ連国家がいずれも多民族国家であり、レーニンはロシア帝国から多民族国家の遺産を継承したこと、そして多民族国家にはきわめて強い遠心力が作用しており、求心性を維持するためには強い軍事力で押さえつける他なかったことを明らかにしている点で、ユーラシア国際政治史の考察に無視できない論点を示しているということができる。ロシア革命によってツァーリが支配するロシア帝国は消滅したが、その後を襲ったソヴィエト国家ないしソ連国家もまた、軍を背景とする強力な支配のネットワークを構築したという点で、(皇帝は去ったものの)やはり帝国と呼ばれるべき存在であろう。ちなみに、ソ連すなわちソヴィエト社会主義共和国連邦が成立をみたのは一九二二年一二月三〇日に、ロシア、白ロシア、ウクライナ、ザカフカーズ(トランスコーカサス)の四共和国が連邦を構成した時点においてであり、一九一七年一一月のロシア革命からこの時点までの時期についてソ連と呼ぶのは厳密に言えば誤りである。現在は白ロシア、ウクライナ、ザカフカーズともロシアから独立し、ザカフカーズにいたっては、さらにアゼルバイジャン、アルメニア、グルジアの三共和国に分裂してしまった。それぞれの内部で少数民族をめぐる紛争が絶えないことは歴史の皮肉であろう。無論、あとに残ったロシアが多民族国家である事実も依然まったく変わっていない[22]。

コルコヴィッツやコウルトンへの批判とならんで、共産主義体制における政軍関係を主題とする同じ論文集に収録された論文「ソヴィエトの軍と教育の複合体」のなかで、オーダムはソ連という国家が国民の軍事教育を最大限に重視する軍事国家とならざるを得ない原因として、第一に社会主義というイデオロギーそのものと並んで、民族問題を含む諸要因をめぐるロシア帝国の事実上の内乱状態がつくり上げた軍事的政治的伝統を挙げている[23]。彼は社会主義について論じたあと、次のように述べている。

「ソヴィエト社会を軍事化させた第二の主要な原因は、帝国の軍事的政治的伝統である。ボリシェヴィキの出現以前、古い体制はすでに国内的に戦争状態にあった。都市の工業でのストライキが、ロシアで世紀の交に現れた比較的新しいものであったといえるとしても、農民の反乱や民族的少数派による辺境地域での武力闘争は慢性的なものであった。内部抗争に加えて、ヨーロッパでの国境方面で巨大な対外的戦闘に突入した時、帝国はそれ自体の崩壊を確実なものとした。このことの結果として、これらの未解決の、そして対内的にも対外的にも危うい軍事的環境のなかから生れたソヴィエト体制は、古い体制の軍事化を帝国指導部にとって至上命題と思わせた緊張の大部分を、その相続財産として受容しなければならなかった。このようにして、帝国の軍事的政治的伝統は遺伝としてソヴィエト体制に伝えられた。

それゆえに、ソヴィエト社会の軍事化は、逸脱でもなければ異常かつ特別の事態でもないと結論せざるを得ない。それは、今はマルクス主義ないしレーニン主義の用語で表現され正当化されつつあるに過ぎない、伝統的な政策なのである。将来について言えば、最初に帝国の軍事的政治的伝統の端緒となり、ソヴィエト体制によってその伝統と合わせて引き継がれた主要問題、すなわち農民の農村問題、民族問題、植民地を広げ、対外拡大をめざす強国の外交政策の問題の三つは、ソヴィエトの指導者層の不動の努力にもかかわらず、その大部分が未解決のままに残されている。マルクス・レーニン主義の適用がこれらの問題を引き起こしたのだとはいえないにしても、それがこれらの問題を激化させたと論ずることは説得性を持ち得る。このように、軍事化への推進力の二つの源泉は残り続けている。したがって、経済的ならびに社会的構造か指導者層の考え方を形成するイデオロギーかのいずれかに重大な変化が生じないかぎり、ソヴィエト社会が軍事化の諸政策から、予見し得る将来に免除されるであろうと我々は期待すべきではない」[24]

このように、軍による抑圧を必然化させた要因として、オーダムは民族問題を重視している。一九七八年に発表されたオーダムの論文からの引用の最後の部分を、ソ連解体後の民族国家の独立ないし乱立の動きと対比させると、一九七八年当時には「期待すべきではない」と断定されていた、まさにその事態が生じた事実の持つ重みを改めて考えさせられる。

第一次世界大戦は、ロシア帝国、オスマン帝国、ハプスブルク帝国、ドイツ帝国の四つの帝国の崩壊をもたらした。敗戦そのものが、皇帝の退位、帝国から共和国への政体の変革を余儀なくさせたドイツ帝国の場合と、もともと帝国内部に民族問題をかかえていて敗戦が皇帝の退位、帝国から共和国への政体の変革だけではなく、帝国の複数の民族国家への解体を余儀なくさせたハプスブルク帝国の場合とでは、同じ敗戦国でも事情はかなり異なる。人口五〇〇〇万のハプスブルク帝国は、人口わずか七〇〇〇万の共和国オーストリアと、ハンガリー、チェコスロヴァキア、ポーランド、セルボ・クロアト・スロヴェーン（一九二九年にユーゴスラヴィアと改称）などの「継承国家群」に分裂した。オスマン帝国についても事情は似ていた。残されたトルコ共和国は、オスマン帝国のごく一部に過ぎない。

ロシア帝国に関しては、ハプスブルク帝国やオスマン帝国とは消滅の形が違っていた。そもそもロシア帝国は、大戦終了の前の年の一九一七年に、三月革命によって消滅したのであり、ついで一一月革命によってレーニンの指導するボリシェヴィキ政権が成立したのであるが、ロシア帝国は大戦による負荷試験に耐えかねて大戦終了前に崩壊したということができる。ところが、ハプスブルク帝国が諸民族の独立によって分解を遂げたのとは違って、結果としては、諸民族に対する抑圧の体制を、そのまま共産主義政権に譲り渡すこととなった。もちろん、フィンランドやバルト三国は、この混乱のなかで独立を達成したが、それは広大なロシア全体からみれば西端のほんの周辺部でのことに過ぎない。オーダムが二つの論文のなかでくりかえして民族問題と軍事体制との関連を強調しているのは、論文発表当時の時点では間違っていなかったと考えられる。支配的民族以外の諸民族のそれぞれがひそめている遠心力をおさえつけて国家の枠のなかにとどめておくためには強大な軍事力と、それを背景とする警察力を必要とする。このかぎりでは、ロシア革命にもかかわらず多民族国家の矛盾は解決されなかった。かつてハプスブルク帝国は「諸民族の牢獄」と呼ばれたが、抑圧ということでは、ロシア帝国とソ連のほうがはるかに強力であり、とりわけスターリン時代の抑圧のすさまじさは言語に絶するものがあった。そのスターリンはグルジア人であって、本来ロシア民族ではない異民族の出身であった。

6　ユーラシア主義

ツァーリの統治したロシア帝国も、それを継承したソ連も、マッキンダーがハートランドと呼んだユーラシア大陸の主要部分を占めている事実に変わりない。ところが、帝政時代の一九世紀前半から今日まで、ロシアは西欧文明の一部になるべきか、それともスラヴ＝正教文明の指導者として独自の道を歩むべきなのかについてロシアの知識人の間で論争がくりひろげられていて、しかも結論に到達していない。スラヴ派と呼ばれる後者はかならずしも、これから取上げるピョートル・サヴィツキーやジョージ・ヴェルナツキーに代表される「ユーラシア主義」という立場とまったく同一ではないが、しかし「ユーラシア主義」はスラヴ派の系譜につらなっており、スラヴ派と「ユーラシア主義」との間には、かなりの共通性があるというべきであろう。このあたりの事情について示唆を与えてくれるのは、アメリカの政治学者サミュエル・ハンチントンが、雑誌『フォーリン・アフェアーズ』一九九三年夏号に発表して大きな反響を呼んだ論文「文明の衝突?」である。この論文は、文明論の立場から冷戦終結後の世界のあり方についての大胆な予測を立てたものとして注目された。この論文は、これからの世界は七つないし八つの文明が抗争を展開する場となるであろうと主張する。そしてロシアは、西欧文明とスラヴ=正教文明（Slavic-Orthodox civilization）とに引き裂かれるであろうという意味で、トルコやメキシコと並んで、二つの文明の引力にさらされる「引き裂かれた国家群（torn countries）」のひとつであり、そしてグローバルに考えれば、もっとも重要な「引き裂かれた国家」はロシアである、と断言している[25]。

ハンチントンは、ロシアが西欧の一部であるのか、それともスラヴ=正教文明の指導者となるべきなのかという、いわゆる「西欧派」と「スラヴ派」の論争は、ロシアの歴史の中にくりかえして現れるものであり、共産主義の勝利はこの論争を曖昧にし、中止させたけれども、共産主義がロシアで信頼を失ったあと、ロシア人はもう一度この問題に直面している、と述べている。ハンチントンによれば、エリツィン大統領がこの論文が書かれた一九九三年当時に採用していたのは、明らかにロシアを西欧の一部とするという路線であった。しかし、ロシアのエリートと公衆とは、この問題について意見が分裂している。穏健な反対派のなかでも、セルゲイ・スタンケーヴィッチなどはロシアが「大西洋主義者（Atlanticist）」の路線を拒否すべきだと主張している。スタンケーヴィッチは、もっぱらユーラシア主義政策だけを採用することは拒否してはいるが、にもかかわらずロシアの目を東のアジアに向けるべきことを主張している、とハンチントンは指摘している。

ハンチントンによれば、このような信念をもつ人々はエリツィンがロシアの利益を西欧の利益に従属させ、ロシアの軍事力を弱体化させたとして、エリツィンを批判している。一九二〇年代に亡命先でロシアは独自のユーラシア文明の国家であると唱えたピョートル・サヴィツキーの思想が、新たに人気を獲得しているという事実は、ハンチントンによればこのような傾向を示す現象である。また、ハンチントンによれば、エリツィンに対するもっとラディカルな反対派は、ロシアが軍事力を再構築し、中国やイスラム諸国とのより緊密なきずなを確立すべきだと説いている。一九九二年春の世論調査での、四〇パーセントが親西欧、三六パーセントが反西欧という数字も示しているように、ロシアは一九九〇年代初頭の当時、まさしく「引き裂かれた国家」であった、とハンチントンは結論づけている[26]。

ユーラシア主義については、伊東孝之と中山治一の、新旧二つのすぐれた論文が含蓄に富んでいる。中山が論文「ロシア史の基本問題――ロシア史学史への一試論」[27]を完成したのは、中山が先に言及した論文「一五三五年のフランスとトルコの『条約』について」を発表した一九八〇年よりも三五年以上前の一九四四年九月のことである。にもかかわらず、この論文から、ロシア史学史とそしてユーラシア主義について、多くの事柄を学ぶことができる。

中山は、ロシア史学史の時期区分について、カラムジンからクルチェフスキーまでの歴史学を「正統派史学」の段階とし、「一九〇五年と一九一七年との二つの革命の子」としての、マルクス主義歴史学の段階がこれに続いたとする、ポクロフスキーの見解を紹介する。そして、正統派史学とマルクス主義史学との間に史観の違いが存在することは明白であるが、それにもかかわらずこの両者の歴史像は、ヨーロッパ史の視野においてロシア史を構成しようとするものであること、「ヨーロッパ・ロシア」をロシアの本質的部分と考え、「アジア・ロシア」を「偶然的な附加物ないし非本質的部分」と見なしていることにおいて、共通性を有している、と中山は断定する[28]。

ついで中山は、「ヨーロッパ中心主義のヨーロッパ的歴史意識」に関して共通の立場に立つこれら二つの流派と異なる第三の立場に立つものとしてヴェルナツキー（中山の表記ではヴェルナドスキー）に代表される「ユーラシア主義」を取り上げて、次のように述べている。

「嘗つてロシア革命の直後、ひとびとは帝政の転覆・共産主義政府の樹立を以つて舊《きゆう》ロシアそのものの断絶となし、此の革命によってロシア史を二分してその前の部分と後の部分とを絶対的な非連続の関係にあるもの——謂わば飛躍——として捉へたのであつた。然るに其の後、嘗つて帝政ロシアに認められたと同じ国家個性が共産主義ロシアにもまた刻印づけられてゐるといふ事実が、次第に明瞭となつて来た。斯くして今日に於いては、共産主義革命の前と後との區別なく、一般にロシアとは何ぞやとの問題が、新たに問はれ始めたのである。一部の論者は、帝政ロシアの共産主義ロシアへの転換をば、マルクシズムとかコンミュニズムとか云つたやうな単なるイズムの問題とは全く別個に、全然別種な視野から——例へばロシアのアジアへの復帰、或ひは少くとも其のヨーロッパからの離反として——解釈しようとさへしてゐる。斯くの如き事態に対応して、史学の中に於いてもまた『ロシアとは何ぞや』の問題が再び問ひ始められ、そしてロシアをば少くともヨーロッパの単なる一部分ではあり得ざるものとして、或ひはヨーロッパとは本質的に異なった別種の世界として、或ひはまたヨーロッパからもアジアからも本質的に區別されるべき第三の世界として、捉へようとする新しい動向が看取されるやうになつたのである。今日アメリカに於いて続々ロシア史研究の業績を発表しつつあるジョージ・ヴェルナツキーの如きは、斯かる新傾向を代表する最も有力な歴史家の一人であると云つて差支へない。そして——アメリカ史学界の耆宿《きしゆく》ロストフツェフがヴェルナツキーの著書の一つに與へた序文の中で用ひてゐる言葉に従つて——我々もまた、ロシア史把握に於ける此の新しい見解をば『ユーラシア主義』(Eurasianism) なる名によつて特徴づけることを許されるであらう」[29]

ここで注意すべきことは、ヴェルナツキーの言うユーラシアとは、南端のインド亜大陸までをも含む、マッキンダーが世界島と考えた、通常の意味でのユーラシアではなく、マッキンダーがハートランドと呼んだ地域とほぼ一致している、ということである。いま筆者の手許に今あるのは、ヴェルナツキーの『ロシア史』の三訂版(一九五一年刊行)であり、中山が依拠しているのは初版(一九二九年刊行)である。三訂版では、中山が初版から引用したロストフツェフの序文が削除されており、確認することは当面難しい。しかし、ヴェルナツキーが彼のいうユーラシアについての概念規定を詳しく述べたイントロダクションの部分は、中山のそこからの引用を見るかぎり、大きくは変えられてはいないようである。そこで、中山の引用を手がかりにしながら、ヴェルナツキーのユーラシアについての概念規定をたどってみたい。

ヴェルナツキーによれば、一八世紀と一九世紀に、ドイツとロシアの地理学者は、ロシアをまったく恣意的に「ヨーロッパ・ロシア」と「アジア・ロシア」に二分割してしまった。このロシア二分割は、歴史的に正当化されず非現実的であるばかりでなく、地理的にも誤っており、間違った方向に導くものである。この学説によると、ウラル山脈がヨーロッパ・ロシアの東の限界とみなされなければならないが、一瞬でも考えてみれば、ウラル山脈は自然の境界などではないことがすぐ明らかになる。どんなに強弁を弄してみたところで、地理的にヨーロッパ・ロシアとアジア・ロシアが同一であり、ウラル山脈の両側に同じツンドラと森林と草原が続いている、という明白な事実を変更することはできない。そしてこれら三つの要因が、ロシアの人々の発展にとって、きわめて重要な役割を演じたのである[30]。このようにヨーロッパ・ロシアとアジア・ロシアを分離する見解を否定したヴェルナツキーは、ついで「我々が考察すべきロシアは単一の政治的単位すなわちユーラシアである[31]」と断定する。彼によれば、ユーラシアとはヨーロッパとアジアを曖昧な形で結びつけたものではなく、特殊な地理上の地域である。そして、それが緯度に沿って四つの地域に分かれている。北極海に沿って広がる第一の地帯は、ツンドラであり、寒く、森林がなく、耕作ができない。そのすぐ南に、深い森林の地帯が横たわり、その南端は南カルパチアからほぼキエフ・カザン・チウメンの線に沿ってアルタイ山脈まで、そしてそこからモンゴルの草原と沙漠の北の端にまで延びている。森林地帯の南には草原が横たわり、これは黒土と栗色の土の帯の上にひろがる広大な平原である。最南端の第四の地帯は、アラル海とカスピ海の地帯ならびにモンゴルの地帯の沙漠である。この地域はツンドラと同じように東に向って広がっていて、西に向っては次第に狭くなり、最後には消滅してしまう[32]。このようにユーラシアについて地理的に限定したあと、彼はユーラシアとロシア人とのかかわりについて次のように述べている。

「すべての文明は、ある程度まで、地理的諸要因の産物である。しかし、歴史上、ロシアの人々の歴史的発展におけるほど、地理のある文化に与えた深刻な影響のより明確な例は存在しない。我々がみてきたように、ユーラシアは四つのはっきり区別される地帯に分けられている。そしてこれら四つのうちの中心の二地帯、すなわち北側の森林とその下部に南に広がる草原において、それにロシア文明が依拠している二つの支配的な文化の型が発達した。今日では、幾世紀もの間に単一の広い農業地域へと結合されたこれらの地帯を区別させるものはほとんどない。しかし、古い時代には、森林と草原とは厳然と分けられていた。岩だらけで扱いにくく、時にはほとんど人間が入り込めない森林地域には、もともと、広く散らばり、小さな独立国に組織された狩猟者たちが住んでいた。他方、草原はその上を牧夫がかなり容易に移動し、そこでは、時がたてば、彼らが彼らの遊牧生活の様式に基礎を置いた巨大な国家を創設することができた、広大で広々した地域であった」[33]

これに続いてヴェルナツキーは、遊牧民族が文化的に劣っていると決めつけるのは大きな誤りであり、一二世紀から一三世紀にかけて、モンゴル民族が政治や社会の形態や組織に関して注目に値する進歩を遂げた事実に言及している[34]。

この後、ヴェルナツキーは、ロシアは文化的にはビザンツ帝国の後継者であり、ロシアの歴史にとってビザンツ帝国からギリシャ正教を受容したことは決定的な重要性をもっていたと述べ、キリスト教の受容はロシアをヨーロッパと文化面で合体させるはずであったのに、ビザンツ教会とローマ教会との分裂は、ロシアをヨーロッパから切り離した、と述べている。東西教会の分裂に、西側の隣人であるポーランド人、ドイツ人、スウェーデン人のたえざる軍事的圧力が加わり、この裂け目を広げた、とヴェルナツキーは述べる。一七世紀末になってようやく、ヨーロッパの発達した技術を受容する必要が生じたが、裂け目が決定的になった中でのヨーロッパへの接近はぎごちないものであり、それ以後、一八世紀、一九世紀、二〇世紀を通じて、ロシア人の心理にデュアリズムと危機をもたらす原因となった、と彼はいう[35]。

ヴェルナツキーのユーラシア主義を紹介した中山が、同じようにユーラシア主義を唱え、ハンチントンも注目しているサヴィツキーにも言及し、中根練二によるサヴィツキーの『ロシア史の地政治学的覚書』の翻訳が、ユーラシア主義の解説とあわせて国立ハルビン学院『論叢』第三号に掲載されていることを付記しているのも、ハンチントンのいう現在のサヴィツキー再評価の動きと考え合わせると、興味深いものがある[36]。

ヴェルナツキーのユーラシア主義をめぐっては、ヴェルナツキー著『東西ロシアの黎明――モスクワ公国とリトアニア公国』の訳者松木栄三による「訳者あとがき」が示唆に富む。この「訳者あとがき」によると、クリミアにあるタウリダ大学のロシア史教授であったヴェルナツキーは、一九二〇年に両親をロシアに残してイスタンブール経由でアテネに逃れ、さらに一九二二年にはプラハに移って、同地に設立された亡命ロシア人の大学の法学部にポストを得て五年間研究を続けた。そこで彼は、同じくプラハに亡命していたロシア人のビザンツ研究家コンダコフのサークルに参加して、ロシアとビザンツの関係史への関心を深めた[37]。次いで松木は次のように指摘している。

「しかし、プラハ時代がヴェルナツキーの歴史研究にもっとも深い影響を与えたのは、ちょうどこの時期、言語学者のN・S・トルベツコイや地理学者P・N・サヴィツキーなどの提唱で成立したいわゆる『ユーラシア主義』思想の誕生に、彼もまた近くで立ち会ったという事実に由来する。『帝国主義』や『植民地主義』思想の一種として非難されることもある『ユーラシア主義』の政治的な臭味を、ヴェルナツキーは長いアメリカ生活のなかで次第にぬぐい去っていったが、この思想の中心テーゼの幾つかは生涯を通じて捨てず、自分の歴史研究の枠組みとして残した。そのため彼は『ユーラシア主義の歴史家』とも呼ばれている。

ユーラシア主義とは、簡単に言えば、ロシアの民族、文化、歴史をヨーロッパでもアジアでもない『ユーラシア』という地理的枠組みのなかで把握すべしという、一〇月革命後のロシア人亡命家たちのなかに生まれた一つの思潮で、ヨーロッパ文明に対する批判を展開しつつ(その点でスラヴ主義者の系譜をもち、一〇月革命もヨーロッパ文明の影響という文脈で批判した)、ロシアの歴史や文化の独自な発展とそのなかでの東方正教の役割を強調し、シベリア、カフカース、中央アジアを含む第一次大戦前の『ロシア帝国』の全領土が『ユーラシア人』たるロシア人によって支配され統合された状態を是認し、理想化するという特徴があった。ヴェルナツキーはユーラシア主義者たちの政治活動に加わることはしなかったが、その後の歴史研究の方向や枠組みがこの思想と密接な関連をもっていたことは否定しがたい。彼は一貫してアジア的東方に大きな関心を払い、ビザンツ世界やステップや内陸アジア世界がロシア史に占めていた比重にきわめて大きな意味を与えているからである」[38]

ヴェルナツキーのユーラシア主義について、この「訳者あとがき」は、きわめて適切な解説となっている。そこには、さらに旧師ロストフツェフの推薦によって一九二七年にイェール大学に招聘されて以後の活躍についても記されている。四〇歳でアメリカに渡った彼は、八五歳で他界するまで、その後半生をアメリカで過ごした[39]。

中山が一九四四年という早い時期に、ヴェルナツキーのユーラシア主義に着目していたことは、歴史研究者としての慧眼を示すものであろう。しかし、中山は、この後ロシア史学史に深入りすることはなく、戦後は信夫清三郎とともに、日露戦争をめぐる外交史の共同研究を組織することに努力を傾けた。このことは、日本の西洋史研究者は、日本と欧米諸国との接触交渉の場を研究の対象として、欧米の研究者が容易に接近できない日本側の史料や文献を活用し、これを欧米側の史料や文献と付き合わせることによって、主体性を確立すべきである、という中山の学問上の信念にもとづくものであったと考えられる[40]。他方で中山は、ヨーロッパ国家系とオスマン帝国とのかかわりにも強い関心を寄せ、多くのすぐれた論文を執筆した[41]。

ユーラシア主義についての詳細な論述を含む、もうひとつの、最近のすぐれた業績として、伊東孝之「ロシア外交のスペクトラム――自己認識と世界認識のあいだで」を挙げなければならない。この論文は、一九九九年に有信堂から刊行された伊東孝之・林忠行編『ポスト冷戦時代のロシア外交』の第一章を形成する六五頁に及ぶ大作であり、この分野での最近の特筆すべき収穫であると考えられる。この論文は、現代ロシアにおける基本的な外交志向として、大西洋主義、小ロシア主義、権力外交論、ユーラシア主義、大国再興論、南進論の六つのパターンを析出した。伊東孝之は、この章の第五節「ユーラシア主義」の叙述の初めの部分で次のように述べている。

「本章においてはパナーリンの『ユーラシアにおけるロシア――地政学的挑戦と文明論的回答』(Panarin 1994)を取りあげる。パナーリンは哲学者で、一九九四年当時、ロシア科学アカデミー哲学研究所部長だった。筆者がパナーリンの名を知ったのは、ハンチントンの『文明の衝突か』をめぐるロシア知識人の討論会記録を読んだときだった(中略)。討論会でもっとも注目すべき発言をしたのが、ツィンブルスキーとパナーリンであった。パナーリンはその奇抜な発想、独特の文章、西欧思想史についての該博な知識など伝統的なロシア知識人のタイプを代表している」[42]

伊東がパナーリンの名を知ったのが、先に挙げたハンチントンの『フォーリン・アフェアーズ』の論文「文明の衝突か?」をめぐるロシア知識人の討論会記録を読んだときだった、という箇所は、この論文がスラヴ派と西欧派との論争を大きく取りあげていることからも、我々の興味を惹く。このあとに、パナーリンの『ユーラシアにおけるロシア――地政学的挑戦と文明論的回答』の詳しい紹介が続いていて、きわめて有益である。その紹介の内容は、現在入手の容易な同論文に譲りたい。結論として、伊東は、パナーリンの展開しているのは「夢想家的な議論」であると断じ、「夢想家的な議論はユーラシア主義のひとつの特徴を示している」としている[43]。

ハンチントンが『フォーリン・アフェアーズ』一九九三年夏号、七二巻三号に掲載した「文明の衝突?」という表題の論文は、「文明の衝突」を流行語にするほど、世界的に注目をあびた。この論文の与えた衝撃は大きかった。しかし、ここではユーラシアとの関連で、「引き裂かれた国家」すなわちロシア正教文明と西欧文明とに引き裂かれた国家として、ロシアを扱っている部分だけに議論を集中したいと考えるものである。

ハンチントンは、一九九六年に公刊した大著『文明の衝突と世界秩序の再編成』第六章の中の「引き裂かれた国家：文明の入れ替えの失敗(Torn Countries: The Failure of Civilization Shifting)」という節の最初の「ロシア」という項目を、次のコメントで始めている。

「すなわち、一九九〇年代で数えてみると、メキシコが引き裂かれた国家となってわずか数年であり、トルコの場合も数十年であるのに対して、ロシアはすでに数世紀にわたって引き裂かれた国家であり続けている。そしてメキシコや、ケマル・パシャの改革によってオスマン帝国時代のスルタン体制から共和国の体制にかわってからのトルコと違って、ロシアは主要な一文明の中核国家(core state of a major civilization)である。メキシコやトルコが西欧文明の一員となることに成功したとしても、それぞれが所属していたイスラム文明やラテン・アメリカ文明への影響は大きなものとはならないであろう。これに反して、もしロシアが欧化すれば、正教文明は存続しなくなる。ソ連の崩壊は、ロシアが西欧の一員であるのかそうではないのかという一九世紀に盛んに議論された中心的な問題に再び火を点じた、と」[44]

ハンチントンは、現在までの西欧文明とロシアとの関係の展開を四つの時期に区分している。第一の時期は、キエフ・ロシアの建国からピョートル大帝(在位 一六八二〜一七二五年、親政は一六八九年以後)の即位までの時期である。この時期の最初にロシア文明はビザンツ文明から影響を受け、その子孫(offspring)の文明として成立した。その後、一三世紀半ばからの二〇〇年間、ロシアは「モンゴルの軛《くびき》」の下で苦しみ、西欧文明を形成した要因であったローマ・カトリック、封建制、ルネッサンス、宗教改革、地理上の発見にともなう海外への発展と植民地形成、一八世紀フランスに花開いた啓蒙主義、国民国家の出現のいずれのひとつも体験することはなかった。西欧文明の特徴を形成する八要因のうち、宗教、言語、教会と国家の分離、法の支配、社会の多元主義、代議政体、個人主義の七つについては、この時期のロシアはまったく経験したことがなかった。唯一の例外といえるかもしれないのはギリシャ・ローマの古典の遺産であるが、これもビザンツ帝国を通して継受したものであって、古代ローマ帝国から直接伝えられた西欧の場合とはまったく様相を異にしていた。ようするにロシア文明は、西欧文明の一部ではまったくないのである。ロシア文明は、オレーグによって建国され九世紀から一三世紀まで存続したキエフ公国、一二七六年にダニールによって建国されイヴァン四世(在位 一五三三〜一五八四年)のもとで発展をとげたモスクワ大公国、ビザンツ帝国のインパクト、そして長びいたモンゴルの支配(prolonged Mongol rule)という諸要因のなかに、みずからの土着の源泉を有している。これらの諸要因が、西欧とは異なる社会と文化をロシアにおいて形成した、とハンチントンは考えている[45]。

ピョートル大帝によって、西欧文明とロシアとの関係は第二の時期に入る。ピョートル大帝は、一六九七年から翌年にかけてのヨーロッパ視察旅行で、ロシアがヨーロッパにおくれてしまったことに気づき、ロシアを近代化し欧化することを決意した。彼がもっとも重視したのは、ロシアの軍事力の近代化であった。彼の上からの強引な近代化によって、ロシア国内に若干の変化がもたらされたが、少数のエリートたちは別として、ロシアには、アジアやビザンツの流儀や制度、信仰が依然として強固であった[46]。このように述べたあとで、ハンチントンは次のように述べる。

「ピョートルは引き裂かれた国家をつくり出した。そして、一九世紀を通じて、スラヴ派(Slavophiles)と西欧派(Westernizers)とはともにこの不幸な状態を嘆いたが、完全にヨーロッパ化することによってこの状態を終わらせるべきなのか、それとも、ヨーロッパのもろもろの影響を取り除き、真のロシア精神に立ち戻ることによってこの状態を終わらせるべきなのかをめぐって見解を異にして激しく論争した。チャアダーエフのような西欧派は、『太陽は西欧の太陽のことである』と論じ、ロシアは照明と伝統的制度の改革のためにはこの光を利用すべきであると論じた」[47]

ユーラシア主義との関連で言えば、ハンチントンは、一九二〇年代にロシアは固有のユーラシアの文明を持つと説いたサヴィツキーの思想への支持が、『フォーリン・アフェアーズ』論文を書いた一九九三年当時に高まっていた事実に注目している。

ハンチントンのロシア思想史への理解は、チャアダーエフを単純に「西欧派」と規定していることからも察知できるように、浅く不正確である。山本新は、チャアダーエフの『哲学書簡 第一』が外川継男によってフランス語から日本語に移されて一九六二年に北海道大学の『スラヴ研究』第六号に掲載された時、この訳業が貴重なものであることに着目し、漱石の和歌山での講演「現代日本の開化」との比較論を展開した。「欧化の反省 ロシアの事例」というこの論文は、神川正彦と吉沢五郎が山本の没後に遺著として編集した『周辺文明論 欧化と土着』[48]に第三章として収録されて、読む者に示唆を与え続けている。チャアダーエフ理解としては、ハンチントンよりも山本のほうが核心を射抜いており、しかも漱石との比較ということで、ハンチントンなどの遠く及ぶところではない境地を開いていることに、山本の眼力の鋭さを感じさせられる。

それにしても、ハンチントンの文明論は、アメリカの立場からする、さらに言えばワスプの立場からする戦略的配慮に貫かれたものであり、ロシアでの西欧派とスラヴ派との果てしない論争についても、これからのロシアが、アメリカにとって脅威となるかどうか、脅威となるとすれば、どのような脅威となるのか、という角度からの、やはり戦略的関心から出発しているというべきであろう。『フォーリン・アフェアーズ』論文のほうで、当時のエリツィン大統領の、ロシアを西欧の一部としての「ノーマルな」国家にすることをめざした大西洋路線をめぐる国論の分裂が生じている、と論じているところにも、このような戦略的関心がうかがわれる。そこではセルゲイ・スタンケーヴィッチの大西洋路線批判が大きく取上げられている。また、かつて外交史家の中山治一が注目したピョートル・サヴィツキーの、ロシアは独自のユーラシア文明である、と一九二〇年代に説いた思想への支持が高まっている事実[49]が、おそらくかなりの憂慮をともないながら観察の対象となっている。

西欧の民主主義者は、ソヴィエトのマルクス主義者とならば知的な論争が行えるけれども、ロシアの伝統的保守主義者(Russian traditionalist)とは、論争を行うこと自体が不可能である、というハンチントンの断言[50]の中に、共産主義体制崩壊後のロシアに対するアメリカ人の、より明確に言えばワスプの抱いている不安を読み取ることができる。それは、ユーラシアの不安定性への予感ともいえるでしょう。もしウクライナ、グルジアのNATO加盟問題などをめぐってロシアが、アメリカをはじめとする西側諸国との対立が深刻化した場合には、今よりもはるかに明確な形で中国に接近するのであろうか。中ソ同盟はあり得るのか。

ユーラシアはどこへゆくのか、状況は不透明であり、予測は困難である。にもかかわらず、ユーラシア国際政治史から学ぶべきことは少なくないと思われるのである。

7 ドイツ帝国の興亡

「長期の一六世紀」にユーラシア大陸に出現した、北ユーラシアのロシア帝国、西アジアのオスマン帝国、南アジアのムガル帝国、東アジアの清帝国のなかで、イスラム教を奉じたムガル帝国は最も早く衰退した。『東洋史事典』によると、アウラングゼーブ皇帝(一六一八~一七〇七年)の時に最大の版図を具現したムガル帝国は、すでに同帝の治世の末期からヒンズー教徒のマラータ民族の反乱に苦しめられ、一八世紀後半には、ムガル皇帝はイギリス東インド会社の軍門に降り、イギリスからの年金とデリー周辺の小領域に頼る存在となってしまった。セポイの反乱（一八五七～一八五九年）のさなかの一八五八年に、最後の皇帝がイギリス軍に捕えられて廃位に追い込まれ、名実共に消滅した[51]。

清帝国もアヘン戦争（一八四〇～一八四二年）に敗れてから国勢が振るわず、同治年間（一八六二～一八七四年）を中心とする同治中興のような一時的な盛り返しはあったにしても、全体としては辛亥革命（一九一一年）に至るまで、衰退の過程をたどった[52]。一九世紀に入ると、オスマン帝国も列強の侵食の対象となり、「ヨーロッパの病人」と呼ばれるようになった。

ヨーロッパの内部でも、ハプスブルク帝国は民族問題に苦しめられて、やはり国勢は振るわなかった。ところが、そのヨーロッパに、一八七一年、新しい統一国家としてのドイツ帝国が出現して、従来のヨーロッパの勢力均衡を揺るがせる。同年から一九四五年までのヨーロッパの歴史は、新興国としてのドイツから発するインパクトを、どのようにして吸収すべきかをめぐって揺れ続けたともいえよう。

マッキンダーは、先に取りあげた一九〇四年一月の講演「歴史の地理学的回転軸」で、強力に武装したドイツ帝国と、ハートランドを支配するロシア帝国との軍事同盟こそ、世界の脅威であると指摘し、両帝国の軍事同盟に警戒すべきことを説いた[53]。

第一次世界大戦中に革命によってロシア帝国が消滅し、そして大戦での敗北によってドイツ帝国が消滅するまで、このようなドイツとロシアの軍事同盟が成立することはなかった。このような軍事同盟が成立しそうになったのは、ヒトラー独裁下の第三帝国と、スターリン独裁下の共産主義国家ソ連との間に、一九三九年八月二三日、独ソ不可侵条約が締結された時であった。この条約は、ドイツ側では、第三帝国の外相ヨアヒム・フォン・リッベントロップの主導によって推進された。リッベントロップは、日本とイタリアを引き入れて、日ソ独伊の四国条約をつくりあげ、「ユーラシア大陸ブロック」を成立させようという構想を持っていたようであるが、ヒトラーが、一九四〇年一二月一八日に対ソ戦準備指令を発し、一九四一年六月二二日に対ソ戦を開始したことによって、このような構想は雲散霧消した[54]。

ヒトラーの第三帝国によるヨーロッパにおける覇権確立を阻止するためには、デヒーオのいう両翼国家であるアメリカとソ連の介入と助力を必要とした。第二次世界大戦後のヨーロッパは瓦礫の山と廃墟となり、古い勢力均衡体制の共通の屋根はまったく消滅した、とデヒーオは、『ドイツと二〇世紀の世界政治』に収録された「死にゆく国家系」という論文のなかで嘆いている[55]。ドイツの覇権を阻止してヨーロッパに勢力均衡を回復するかわりに、デヒーオによれば、ヨーロッパは、アメリカとロシアという両翼国家、すなわち「拡大する近代文明」をもって満たされた二つの世界強国(Weltmächte)[56]に屈服した。もはやヨーロッパでの出来事が世界の出来事の中心ではなく、後者が前者を引きずっていくのである[57]。マッキンダーの抱いた、ドイツとロシアの軍事同盟の脅威への不安は、ついに彼の杞憂に終わったようである。そして、現在ではヨーロッパは完全に復興したけれども、ヨーロッパでの出来事が世界の出来事の中心ではなくなった、という状況は本質的にはデヒーオがそのことを嘆いた時期と変わっていないようである。

ユーラシア主義者のいう、ロシア帝国の版図と一致するユーラシアではなく、マッキンダーのいう「世界島」(マッキンダーはユーラシア大陸にアフリカを加えたもの、すなわちヨーロッパ、アジアおよびアフリカの三大陸を「世界島(World-Island)」と呼んでいる)[58]の中心としてのユーラシアを想定した場合、「長期の一六世紀」以来、ヨーロッパの外側では、ロシア帝国、オスマン帝国、ムガル帝国、清帝国が並立したが、ロシア帝国以外はいずれも次第に衰退のみちをたどり、ヨーロッパの内側では、ハプスブルク帝国が一七世紀後半にオスマン帝国を首都ウィーンから敗走させてから、興隆期に入ったが、やがて民族問題に苦しめられるようになり、代わって新しい帝国としてのドイツ帝国が歴史の表面に踊り出た、というように、ごくおおまかにまとめることができよう。ロシア帝国は、ピョートル大帝による上からの強引な欧化と近代化によって、オスマン帝国、ムガル帝国、清帝国のたどった衰退の運命を免れたが、それがあまりにも強引であったために、スラヴ派と西欧派への精神的な分裂を招いた。スラヴ派の系譜につらなるユーラシア主義もまた、ロシアとは何か、という自己のアイデンティティをめぐる問いへのひとつの答えであろう。ハートランドとしてのユーラシア、すなわち狭義のユーラシアを占めるロシアの行方は、「世界島」の中心としてのユーラシア、すなわち広義のユーラシアの運命をも大きく左右するであろうと考えられる。

第2章 大正時代の日本
——ユーラシア国際政治史の視点から

1 諸帝国の崩壊と不在——大正期日本外交史の国際環境

大正期の日本外交のあり方について、第一次世界大戦への対応、第四回日露協約、シベリア出兵、ワシントン会議などの主題を中心として考察することが、本章の意図するところである。この考察にあたって、ユーラシア外交史という独自の視点を加えることによって、従来の大正外交史に対してささやかながら独自性、独創性を主張し得ると考える。第一章で、およそ一六世紀頃に、ユーラシア大陸に、ロシア帝国、清帝国、ムガル帝国、オスマン帝国という四大帝国が確立された事実を検証した。大正外交史は、これら四大帝国のうちで、すでにイギリスの支配下で消滅していたムガル帝国は別として、ロシア帝国、清帝国、ならびに日本にとってのかかわりは小さいがオスマン帝国が消滅するという一大変動の中で展開されたのである。著者はこの意味で、大正時代と大正外交史がユーラシア国際政治史との関連で有した意味をとくに重視したいと考えている。一九一二年七月三〇日に明治天皇は崩御し、年号は明治から大正に変わる。同年一二月一二日に清朝最後の皇帝である宣統帝溥儀は退位して全権を袁世凱に譲り渡し、ここに清朝は最終的に消滅した。大正時代が、中国大陸における巨大な帝国の消滅とほぼ同時に開幕した事実は、この時代の日本外交をも規定することになった。

第一次世界大戦の勃発(一九一四年八月)によってイギリスなどのヨーロッパ列強の中国大陸への圧力が一時的に弱まったのをみた日本の指導者層のうち、大隈内閣外相加藤高明に代表される人々は、袁世凱の政権にいわゆる「二一箇条要求」をつきつけ、一九一五(大正一四)年七月七日には最後通牒を手交して、七月九日に受諾させた。日中関係は悪化し、中国民衆のナショナリズム高揚の契機となる。二一箇条要求の主要部分がパリ講和会議で承認され、山東半島の旧ドイツ利権が日本に引き渡されることが明らかになると、一九一九年五月四日に五四運動が開始されて、反日ナショナリズムはさらに高揚することになる。

ロシアでは、三月革命によって一九一七(大正一六)年三月一六日にロマノフ王朝のロシア帝国は消滅し、一一月革命(一一月七日)により、レーニンのボリシェヴィキ政権が成立した。大正時代の日本は、ユーラシア大陸内部に力の真空状態が生ずるのを体験した。これに対する日本外交の対応は、対華二一箇条要求を提出し、ロシア革命直前の一九一六(大正一五)年七月三日に締結した事実上の日露軍事同盟を意味する第四回日露協約が、ロシア革命によって失効した後には、一九一八年(大正七)年八月四日に日米協調の名目のもとにシベリア出兵を開始するなど、強権的対応に終始するものであった。そして、これらの強権的対応を可能にした要因は、前述したユーラシア大陸における清帝国とロシア帝国の崩壊であったと言うことができる。

アメリカの呼びかけによって召集されたワシントン会議(一九二一年一一月一二日〜一九二二年二月六日)は、日本の中国大陸進出を牽制することを主要目的としており、日本海軍主力艦の対米六割までの削減、日英同盟の廃棄などが決定されたが、会議の時点ではソヴィエト・ロシアは軍事力が低下して、軍事大国ではなくなっていたから、同国の軍事力が近い将来に巨大化したときにこれに直面する日本が抱くであろう不安などへの配慮は一切無く、このことがのちに日本陸軍の対ソ焦慮感につらなることになる。

一九二五(大正一四)年一〇月一六日にはヨーロッパの緊張を大いに緩和させたロカルノ条約が調印され、世界は平和の方向に向かうかに見えた。我が国でも、大正時代は、比較的に平和な時代であり、白樺派の文学などが開花した。しかし、第四回日露協約のロシア革命による消滅、日英同盟の消滅、中国における反日ナショナリズムの高揚、ワシントン会議による日本への牽制など、実は、後の時代の日本にとっての大きな不安要因となる出来事が、清帝国とロシア帝国の崩壊を背景に次々に起こっていたのである。大正期日本外交史の国際環境をユーラシア大陸に関して考察すると、このように、諸帝国の崩壊と不在という現象が大きく浮かび上がってくる。

本章では、日本と直接かかわりをもつユーラシア大陸の二大帝国の消滅を背景としての、日本にとっての潜在的不安要因の醸成という角度から、大正外交史の研究に新しい照明を当てることをめざした[1]。

2 原敬日記に見る清帝国崩壊への反応

辛亥革命(一九一一年一〇月一〇日勃発)直後の原敬日記を見ると、一九一一(明治四四)年一〇月一三日の項に、次のような記載が見出される。

この日の第二次西園寺内閣の閣議で陸相石本新六が、敢えて閣議召集を求めるという訳ではなく、又、陸軍でも確定はしていないとして、清国に事あるに際し、我国は現状に甘んずべきかどうか、又はいずれかの土地を占領すべきかどうか、若し占領するとすればどの地を占領すべきか等を決めておきたいものだ、という書面を閣僚に回覧させた。自分は万一の場合は利益保護の名義で大冶地方を占領し、これによって満州問題を解決すべきであるという話を聞いたことがあるので、前内閣（第二次桂内閣）において何か決定したものはないか、と反問したところ、石本は何らの決定もない、と述べた[2]（『原敬日記』第三巻、一七四頁）。この時、原は第二次西園寺内閣の内相の地位にあった。

同年一二月八日の項には、次のような記載が見出される。閣議で外相内田康哉から、清国事件について英国との交渉ならびに袁世凱に対する公使伊集院彦吉の交渉等について報告があり、種々協議の結果、英国とは今少し進んで提携して、清国の現状に立ち入り、平和的解決をさせることに決定し、また、居留民保護のため各国も兵を送るので、先だって北方に送ったほかに、漢口に二中隊ばかり派遣することに決定した（同書、一九二頁）。

同年一二月一二日の項には、内田外相の閣議での報告が記されている。すなわち、この日の閣議で、清国問題に関し、英国政府は先ごろの態度とは異なり、四国借款の一部として革命党の了承を得て（括弧内に「如何なる意味か不明瞭なり」と注記されている）清国政府の現下の状況に処するために幾分かの金を貸し、また清国政府と革命党の間に調停を試みるのに我政府の参加を求める旨の申し出があったが、これは多分、在漢口英国総領事が清国政府と革命党の間に休戦を成立させることに関係したために、我政府を英国が出し抜いたという疑念が生まれることを恐れてこの態度に出たものであろうといった事情を、内田外相が報告した（同書、一九三頁）。

同年一二月一五日の日記に、原口要《はらぐちかなめ》という人物が初めて登場する。同日の日記には次のように記されている。原口要は清国南方鉄道の顧問であるが、革命の乱に際して、これまで原口を雇用していた端方の生死さえ不明である今日、如何ともすることが出来なかった。そこに革命党から黄興の命令を受けて何天烱等が来て原口に清国に来るように促し、かつ金策の依頼があった。ところが金策はさまざまの申し出はあるが取るに足らず、ただ外国資本の関係もなく清人だけによって設立された瀛杭《こうこう》鉄道だけは私立会社であるからこの会社の社債として借入金にすれば多少の金策は出来るであろうと何天烱には告げておいた。黄興から懇請がなければ渡清はしない考えである。そしてこれまでも鉄道院総裁と外相には何事も内々に話しておいたので、この旨を外相にも会見して打ち明けておこうと原口は言ったので、自分は原口の考案を是認し、そして将来我国が南方に根拠地を持つのに便利となるであろうから、原口の考案ならびに渡清にも賛成しておいた（同書、一九六〜一九七頁）。

原口要は一九一二（明治四五）年二月四日の日記にもう一度登場する。すなわち、原口要が渡清するということで暇乞いに来た。原口は南清における今回の革命党黄興らから招かれていたが、財政ならびに鉄道の問題についてしきりに渡清を促してくるので兎に角渡清するというので、先ごろも内々に話したとおり、瀛杭鉄道のように我方で金を貸し付けて他日の計をなすのに適するものがあれば尽力するであろう旨を内々に話しておいた。彼もその積りであると言った（同書、二一五頁）。

原口要の名はのちほど言及するように、これより前の一月九日の日記にも出てくるが、それ以後、原敬日記にはまったく登場しなくなる。ここまでの日記に現われた原の辛亥革命に対する見方は、日本から金を貸し付けて根拠地を確保するとか、必要とあれば軍隊を派遣するといった、当時の日本の指導者に共通する認識と変りはないように見受けられる。原口要もそのために利用価値があると考えられたのであろう。ところが、革命党に金を貸し付けて黒龍江、吉林、奉天の東三省を日本に割譲する約束を革命党から取り付けておこうという具体案が三井物産の益田孝や元老の井上馨らの間で浮上してくると、原はやや心理的な緊張を高めたようである。日本交通協会編、日本停車場株式会社出版事業部刊『鉄道先人録』（一九七二年）によれば、原口要は一八五一年肥前国高来軍西郷村に進藤伊織の三男として生まれ、一八七〇年に島原藩士原口謙介の養子となった。一八七一年に藩主の選抜によって大学南校に入って英学を修め、一八七五年に文部省から米国留学を命ぜられ、米国南部アラバマ州トロイ州立大学（Troy State University）を一八七八年に卒業した。一八八〇年、帰国と同時に東京府御用掛を命ぜられて土木課工事部長として我が国最初の鉄道である吾妻橋を架設、一八八三年には工部省に入り、一八八九年に甲武鉄道会社線の新宿・八王子間を開通させた。一九〇五年には逓信省鉄道顧問に任ぜられ、兼ねて清国政府の招きに応じて鉄路顧問官として渡航、鉄道の計画、経営に参画するとともに、多数の中国人学生を養成して日清両国鉄道界の接触、親善に努めた。一九二七年に病気のため東京牛込納戸町の自宅で死去した。七十七歳であった（同書、二九八〜二九九頁）。

一九一二（明治四五）年一月九日の日記はこのあたりの事情を以下のように詳細に記している。

内田外相から清国革命党に金を貸すことに関して瀛杭鉄道を担保に貸し付ける相談（括弧内に「先達原口要より聞きたる案」と注記されている）を渋沢（栄一）、大倉（喜八郎）ら実業人数名を外務省に招いて協議するという話があったので、その事柄は大いに賛成であるが外務省に招いて協議するということは外国の注目も惹くであろうから見合わせたほうがよいであろう、と注意しておいた、と。内田がこの話をした閣議の後で、原は井上馨を訪問している。井上のところで出た話では、黄興から井上に革命党に同情して金融について心配してくれるように直接依頼状を送ってよこした。また、益田孝も井上を訪問して、三井物産から漢口に派遣しておいた森恪がこのことに関係していて詳しく話も聞いたし、また小田原で山県有朋にも話をしたところ、この機会に東三省を我が物とすることの密約を革命党としておくことは賛成だと言ったということである。けれどもこのようなことは（井上の意見では）、内閣の決議によらなければならない。また他方では大冶鉄鉱山を彼我共同の事業としようとして、これも三井物産の山本条太郎らが（井上の）同意を求めてきたが、大冶鉄鉱山は盛宣懐が大株主であるからして、他日革命党が盛宣懐の財産没収を決行して同鉱山の一半は我国と革命党の共同所有となるかもしれないので、これも内閣の同意がなければ賛否いずれとも言い難いので西園寺首相に話してくれないか、と井上は言った。しかし西園寺は病気で面会不可能なので、内田外相に話しておくことにして、帰りに内田を訪問してこのことを内々に話したところ、内田にも種々の内々の話は他から持ち込まれているという。黄興から井上に宛てた書状は内田に渡しておいた、と(同書、二一〇頁)。

翌一月一〇日になると、早速三井物産の益田孝が原を訪問している。この日の日記は次のように記している。

益田孝が来訪、井上から内々に話があったらしく、食い違いがあってはいけないということで言うには、黄興から井上に依頼書を送ってよこしたのは、我国の維新の際に尽力した適当な人に同情を求めるために井上を見込んで言ってきたもので、また、東三省を云々というのは、益田が森恪に対して、(革命党が)これほど我国に依頼してくるのならば、この機会に乗じて、革命党がこころざしを達成したならば東三省を我国に割譲するであろうという内約を取り付けておくことが必要である、と言ったところ、森はそのことは出来るであろう、すでに井上宛の書状でも、東三省は日本側で因縁のある土地であるから同地で騒擾を起こさせてはいけないと同志を戒めているというような記載がある位であるから、東三省割譲は必ず出来るであろう、と言ったことが原因であり、井上はこれを他のことと混同して言ったようであるが、黄興からそのように言ってきたのではないと言うので、昨日内田に井上の言葉として内々に話をした中に違った点があるので、明日にも自分から訂正しておこう、と述べておいた(同書、二一一頁)。

東三省をめぐる後日の歴史に思いを馳せる時、はなはだ示唆的と思われるいきさつを詳細に記したあとで、原は次のような感想を付け加えている。要するに革命党は我国に依存して成功を計ろうとするのに急であって、またこの機会に我国の商人および浪人などが種々の利益獲得を企てているのは事実であり、そしてこの企てには革命党の代表として在京するものも利益獲得に狂奔しているもののようである、と(同書、二一一頁)。

この後、原の日記は国内政治をめぐる記述に終始しており、次に中国状勢についての記述が見出されるのは一九一三(大正二)年九月一六日の項である。このあいだに半年が経過している。この日の閣議で外相牧野伸顕から中国との交渉について報告があったが、日本側が希望として提出した張勲の「革職」は山座円次郎公使からの申し出によって山本権兵衛首相と牧野外相とが急いで追加したもので、実に不得策の処置であった、と記されている。

張勲の動向については、原は強い関心を寄せていたようであり、一〇月七日にも、一九一四(大正三)年一月四日にも言及している。張勲(一八五四~一九二三年)は北洋軍閥の一人で、『新編東洋史辞典』によると、兵卒から提督に進み、辛亥革命後は袁世凱の配下に加わった。袁世凱の歿後、軍を率いて天津に入り、大総統黎元洪を威嚇して国会を解散させ、北京に進んで一九一七年七月一日に宣統廃帝の復辟を宣言したが総理段祺瑞の討伐軍に大敗して復辟は一二日で失敗し、その後は天津に隠棲した[3]。

一九一三年一〇月七日の日記には、前日の一〇月六日に清国議会で選挙があり、袁世凱が大統領に、黎元洪が副統領に選挙された旨が記載され、同時に各国が中華民国を承認したこと、この承認に関しては閣議の決定に基づいて山座公使が北京で各国公使のあいだを斡旋して共同承認させたものであり、袁世凱はもとより北方政権では我国に対して好感が生ずるはずである、と述べられている(同書、三四三頁)。

このあと、南京、漢口、兗州などの問題についての、結末の報告をめぐっての牧野外相とのいきさつが続いているが、注目を惹くのは、この半年、中国大陸は、中国国民党の指導者宋教仁の袁世凱の手先による暗殺(一九一三年三月二〇日)、袁世凱に反対する「第二革命」の勃発(同年七月一二日)とその挫折(同年九月一日)などの重大事件が続発しているにもかかわらず、これらの事件についての記述がまったく見られない事実であろう。なお、南京、漢口、兗州の問題というのは、『二〇世紀全記録』に記されている、袁世凱軍の南京入城に際しての三人の日本人の殺害、漢口派遣部隊付陸軍少尉西村彦馬を袁世凱軍が拘禁した事件、山東省兗州で革命派軍兵士が陸軍大尉川崎京一を監禁した事件をそれぞれ指すものと考えられる[4]。

3 原敬日記に見るロシア帝国崩壊への反応

清帝国崩壊直後の中国についての言及が比較的少ないのにくらべて、一九一七年の十一月革命によるロシア帝国崩壊直後のロシアについては、しばしば詳細な記述が見られ、しかもこれらの記述はシベリア出兵論についての批判が大半を占めている。ロマノフ王朝は、すでに一九一七年の三月革命によって消滅していたが、このことについては一九一七(大正六)年三月一八日の項に次のように記されている。原文のまま引用する。

「露国に革命起り露帝退位せりと云ふ。露国国情は実に奇妙にて先年日露戦争の際にも革命起り遂に立憲政治となりたるも今回は露帝退位に至れるは真に大政変と云ふべし、其原因詳ならざるも親独傾向に激したるものの如し」(『原敬日記』第四巻、二七二頁)〔5〕

十一月革命後の時期の日記にロシア情勢についての記述が最初になされたのは、一九一七(大正六)年一一月一二日である。この記述は当日首相官邸で行われた外交調査会に関するもので、大要以下のように記されている。

最初に外相本野一郎から報告があって、パリ会議は英国から申し入れがあり、今回いよいよ開催するというので我国からは駐英、駐仏の両大使を参加させることになったとして、その訓令案について相談があったが、その要旨は、万一(ヨーロッパ戦線への日本の)出兵を請求されても我国は同意することは出来ない、そのかわりに兵器または財力で援助すべきである、また講和条件などに論及がなされるとするならば、我国は山東省においてドイツが保有していた権利利益を獲得することと、南洋において赤道以北のドイツの領土を獲得することは講和の条件である旨を内訓することとなっていて、別段不都合もないので同意はしたが、しかし、ロシアを救済するということで始まったこの案は、ロシアの今日の情況やイタリアが大敗した今日では、会議の結果はそれほど重視出来ず、ことに列国参列の意味も不明なので、効力を重視出来ないと考えて賛成しておいた。また、本野外相から、ロシアから鉄道を買収する件は二五〇〇万円で相談がまとまったけれども、ロシア大使の案は、東清鉄道会社から南満鉄道会社に売却する案であり、日本政府がロシア政府から直接買収するという日本政府の案とは違っている、けれどもロシアの案の通りならば駐日ロシア大使は調印の権限をもっているが、これを政府の買収にあらためる場合は本国政府の訓令を仰がなければならない、ところがロシアの今日の政変状態ではその訓令を得ることは困難であると(ロシア大使側が)言うので、現内閣は会社間の授受案に調印し、同時にこの案の会社を政府にあらためることを求める書簡を添付し、これに対しロシア大使は了承した上で本国政府に伝達するという返事をすることにすればこの急場に処す便法であって良いと思う、と本野外相は説明した。自分は、買い入れには異議はなく、切迫した事情も了解するけれども、この手続きは穏当でないし、他日議会の問題になるかもしれないので、政府においてなお篤と考えて適法の手続きにあらためてはどうか、と注意し、各委員も同意してさらに政府が考究することとして散会した。この日の外交調査会では、平田東助は自分とほとんど同意見で、事情は尤もであるが議会は形式を争うので、篤と考究するのが良い、と言い、犬養毅は調印した後で形式を付ければ良い、という豪傑論を述べたが賛成者はなく、自分は犬養案のごときを勧告する勇気はない、篤と勘考せよ、と言っておいた。また、伊東巳代治は、シベリア鉄道を日本で管理する工夫はないか、資本は米国から出させて日本が管理するのが得策である、出来ないものか、と寺内正毅首相に質問したが、寺内首相は不可能でしょうと言い、平田はじめ誰も賛成する者はなかった(同書、三三一〜三三二頁)。

一九一七（大正六）年一二月一九日の項には、ロシアへの日本軍出兵問題がパリ会議の秘密会でフランスの委員フォッシュ将軍から提起されたが、珍田捨巳大使も英国の委員バルフォアも不賛成であったといういきさつを、本野外相が原に伝えたことが記されている。フォッシュは、ウラジオストックには米国から輸送した多くの軍需物資があり、これがドイツの手中に収まるようなことがあってはならないから、日本からウラジオストックに出兵して欲しい、と述べたという。原は、過激派の将来も穏和派の将来も一切不明であり、列国がロシアに宣戦したとしても、さしあたり出兵するのは日本だけであって、日本が出兵したとしてもシベリアを占領するだけであって、将来の外交、平和回復後の外交を考えるとまだ出兵するかしないかを内定すべき時ではない、と述べている。本野外相は原に、シベリア鉄道によってドイツが潜水艦などを送り、ウラジオストックで組み立てるか、飛行機を送り込むようなことがあっては困る、と言ったが、原はこれに対して、それは発見が容易であり、発見すれば防止は容易であろうし、憂うるに足りない、と言っておいた、と記している（同書、三四四〜三四五頁）。

一二月二七日に外相官邸で開催された外交調査会では、いよいよ出兵問題が本野外相から具体的に提起されることになるが、この時の原の態度は、ドイツの勢力がロシアに及ぶとか連合国から請求されたというだけで出兵して「遂に大戦に至るが如き事は避けたし」というもので、これを端緒として大戦に至る覚悟なしには一兵卒を出すことも不可である、と断言している。本野外相は、あえてロシアと開戦するという趣旨ではないが、ウラジオストックにある軍需品を保護するとか、ドイツがシベリア鉄道を利用するのを妨げるとかいう目的で出兵してもかまわないだろう、という旨の発言をした。これに対して原は、日本側はそのつもりでも、ロシアがこれを戦争の目的にしたものと考える場合には、日本側の弁明は何の効果もなく、直ちに開戦となるであろうし、ドイツとロシアを相手に開戦した後、西部戦線に平和が訪れた場合には、日本もシベリアから引き揚げるつもりなのであろうが、先方が講和しないということになれば、日本だけが戦争を継続しなければならなくなるかもしれない、従って十分の覚悟がなければ些少であっても出兵は出来ない訳だ、と反論している（同書、三四八～三四九頁）。

一九一七年一二月二八日には、原は山県を訪問して、露独両国を相手に「大戦をなすの根本的覚悟」がなければ一兵も出すことは不可である、万一露独のほうから日本に戦争をしかけてくる場合には大戦で疲弊した英仏は頼りにならず、もし米国を味方につければ軍資金を得るぐらいのことはあるであろう、という意見を開陳している（同書、三四九～三五〇頁）。

これ以後の事態の展開については外務省百年史編纂委員会編『外務省の百年』上巻などに詳しく述べられているところなので、これらの叙述に譲ることにするが、本野外相の出兵積極論は、原や寺内の慎重論によって抑えられた上に、一九一八年三月になって、アメリカ政府が日本のシベリア出兵に反対する意向を明らかにした覚書を日本側に手交したことによって、一旦は慎重論が積極論を完全に抑え込む。しかし、同年五月にシベリアのチェリアビンスクでチェコの武装したままの捕虜軍団が反乱を起こしたことが契機になって、事態は新しい局面に入り、八月に日米が共同で出兵するに至る。このあたりのいきさつはよく知られているところであるが、ここで強調しておきたいのは、ロシア帝国の消滅によって生じた事態に対して、原敬が清帝国の消滅に対してよりもはるかに大きな関心を寄せ、しかも本野外相や陸軍上層部の出兵論を批判して事態を慎重に静観すべきであるという態度を一貫して取り続けた事実についてである[6]。

4　ウィーンの一政治家による同時期の日記

オーストリアの政治家であり、国法学と行政学のすぐれた研究者であり歴史家でもあったヨーゼフ・レートリヒ（一八六九～一九三六年）の一九〇八年から一九一八年までの読みにくい手書きの日記が歴史学者フリッツ・フェルナーによって解読され編纂された。一九〇七年にオーストリアの上院議員に選出されたレートリヒは、それ以前も以後もウィーンの有力な政治家たちと親しい交友関係にあり、オーストリアの内政外交の機微に通じていた。そこで、『オーストリアの運命の年々　一九〇八～一九一九年　ヨーゼフ・レートリヒの政治的日記』[7]と題されたこの上下二巻の日記は、史料価値が高い。この日記を全般にわたって原敬日記と対比することも興味深い課題となるであろうが、原敬日記と同じように、国内政治に関する記述が圧倒的に多いので、比較研究といっても接触点を見出すのは簡単ではない。ここでは、ブレスト・リトヴスクで開催されたレーニン政権とドイツ・オーストリア（厳密に言えばオーストリア・ハンガリー二重君主国）・オスマン帝国・ブルガリアの四国との単独講和の交渉についての記述だけに注目することとする。

一九一七（大正八）年一一月二九日の項にレートリヒは次のように記している。以下、直訳する。

「夜九時半ごろ、ガンツが私に電話してきて次のことを伝えた。今日午前に我々とベルリンに無線でロシアの休戦提案がツアールスコエ・セロから届いた、と。ヘルトリンク（ドイツ首相）はこのことに就いてドイツ帝国議会で演説して、十分に保証が提示されるならば、我々はこれを受け入れるであろうと言明した。休戦は一二月一日から効力を発生するはずである。我々は八〇個師団を引き揚げ、四〇個師団を（東部）戦線に残しておくであろう！　何という巨大な事態の転換であろうか！（この事態の転換は）共産主義者たちによって、没落しつつあるヨーロッパを救うためにつくり出されたのだ！　どうやって英国と米国はこの状勢を克服するのであろうか？　真に偉大な時、平和の時が、恐らくすでに数週間のうちに始まるのだ！」[8]

一二月一日の項は以下のように記されている。

「昨日、私は保険条約に関する大きな法律を半時間の演説をしてうまく議会を通過させた。今日はパウル・ツィッフェラー博士のところで三時間過ごした。彼はスイスから帰国したところで、多数のフランス人や英国人と（中立国スイスで）話をしてきている。彼は極めて興味深い話をした。フランス人はドイツ人をもはや信用しようとはしない。彼らは、ドイツ全体が併合主義的であると考えている。英国とフランスはかたく団結している。英国の兵士は勇敢だが、英国の将校はほとんど役に立たない。全てのフランス人は、エルザス・ロートリンゲンは返還されなければならない、と明言している。けれどもツィッフェラーは、にもかかわらず、もしドイツがロートリンゲンの数個の地域をフランスに譲渡するならば、今やロシアの変化に助けられて容易に全般的な平和が達成され得るかもしれない、と考えている。ツィッフェラーの意見では、オーストリアは講和をしなければならない。しかしフランス人は同時に、オーストリアは全くドイツの家来になってしまったと言っている。一人のフランス人がツィッフェラーにこう言った。イタリアの大敗北に関しては、ドイツ人が今やオーストリアの南側を手中に収めたことが最大の不幸だ、と。ツィッフェラーが私に伝えたところでは、明日からブレスト・リトヴスクで休戦と講和をめぐってロシアと交渉が行われるであろう、ということである。ロイド・ジョージはレーニンの収めた諸成果によってひどく打撃を受けている。ツィッフェラーの意見では、一か月か、二か月のあいだに、ロイド・ジョージもポワンカレもクレマンソーも失脚するであろう、という。フランスでは最後の勝利派と敗北主義者の派という二つの大きな党派が対立している。ドイツは（中立国スイスの）ベルンにだけでも二〇〇人のスパイを有していて、巨大な資金で（スパイ）活動をしている由である。一〇〇万スイス・フランが一人の中立国の公使を通じてパリに『ジュルナル』を買収するために持ち込まれた。

だがスイスの一〇〇〇フラン紙幣の巨額の発行によって警察が気付いた。マルヴィとカイヨーは両方ともひどく面目を失っている」[9]

ここで若干の注釈を付け加えておく。ガンツ(Dr. Hugo Ganz 一八六二〜一九二二年)はドイツの新聞『フランクフルター・ツァイトゥンク』のウィーン特派員、ツィッフェラー(Dr. Paul Zifferer 一八七九〜一九二九年)はウィーンの新聞『ノイエ・フライエ・プレッセ』のパリ特派員である[10]。いずれも当時の代表的な有力新聞の特派員である。マルヴィ(André Louis Malvy 一八七五〜一九四九年)は一九一七年当時フランスのリボー内閣内相であったが、厭戦主義者らへの弱腰をクレマンソーから上院で攻撃されて首相リボーともども辞職に追い込まれている[11]。カイヨー(Joseph Caillaux 一八六三〜一九四四年)は急進社会党員で親独派として知られ、一九一一年六月から一九一二年一月までの短期間首相の地位にあった[12]。

このように一九一七年の終わり頃は、フランスでも厭戦気分がたかまり、イタリアは同年一〇月末、カポレットでドイツ、オーストリア軍に大敗北を喫し、ロシア帝国が崩壊したあとにレーニン政権によってドイツ、オーストリア・ハンガリー側との単独講和交渉が開始されるという状況で、レートリヒ日記に見られる戦争の前途への楽観論も、当時に立ち返って考えれば理解できない訳ではない。ロシアの一一月革命からブレスト・リトヴスクで講和交渉が開始されるこの時期に、一時的ではあったけれども、ドイツだけでなくオーストリア・ハンガリー国内にも、このような楽観と期待が高まった事実を、レートリヒ日記が証言していると考えてよいであろう。ひるがえって日本の反応を原敬日記からたどるならば、本野一郎外相の、ドイツの勢力がウラジオストックに迄及ぶという不安、恐怖感も荒唐無稽ともいえないであろうが、「ドイツとロシアを相手に開戦した後、西部戦線に平和が訪れた場合には、日本もシベリアから引き揚げるつもりなのであろうが、先方が講和しないということになれば、日本だけが戦争を継続しなければならなくなるかもしれない」という原敬の判断は、浮き足立って出兵を急ぐ本野にくらべてはるかに冷静であったといえよう。

5　山県有朋とロシア帝国の崩壊

元老山県有朋は、第一次世界大戦のさなかに、ロシアとの軍事同盟を熱心に主張し、これに反対する外相加藤高明を辞職に追い込んだあと、外相石井菊次郎に第四回日露協約を締結させて宿願を果たした。協約の調印は一九一六(大正五)年七月三日に行われた。ロマノフ王朝崩壊のわずか九カ月前である。山県の日露同盟論は、大戦後に予想される黄色人種と白色人種との人種戦争に備えてロシアを日本の味方に取り込んで白色人種の陣営に楔を打ち込もうという意図にもとづいていた。このような主張を盛り込んだ一九一五(大正四)年二月二一日の日付の山県公爵意見書「日露同盟論」については、拙著『ユーラシア外交史研究』の中で現代語訳を試みたので、ここでは立ち入らない[13]。

ここで取り上げたいのは、この実質上の日露同盟がロマノフ王朝の崩壊と、とりわけ十一月革命によって雲散霧消したことが、山県に与えた衝撃についてである。すでに一九一六(大正五)年一〇月に山県は、古稀庵を訪れた松岡洋右から、ロシアに遠からず大動乱が起こってロマノフ王朝は崩壊する、という予測を聞かされて大きな衝撃を受けたという史実が、『松岡洋右　その人と生涯』に収録されている[14]。

川田稔著『原敬と山県有朋　国家構想をめぐる外交と内政』[15]は、一九一八年九月下旬の寺内内閣総辞職の後に原敬を推薦することに山県が同意した事情について、山県の意に添う適当な人物がみつからなかったからだけでなく、むしろ日露同盟によって米英両国に拮抗しながら大陸での勢力圏の拡大をはかろうとした山県の外交構想が、一九一七年の二次にわたるロシア革命によって完全に崩壊した、ということが決定的に作用したと見ている。そして川田は次のように述べている。これは重視すべき見解である。

「山県が原首相に同意した理由として、自己の陣営に適当な人材がみあたらなかったということや米騒動の影響などがしばしばあげられているが、それらとならんでこの外交戦略の崩壊が重要な要因であったと思われる。このことはあまり指摘されていないが見おとしてはならない点であろう」[16]

こうして、ふたたび川田の叙述を引用すれば、「かねてから対米英協調、とくに対米協調をつよく主張し、日露提携や強引な大陸政策に危惧を表明していた原に、好むと好まざるにかかわらず、ひとまず国政をゆだねるほかはなくなったのである」[17]

川田の叙述から浮かび上がってくるように、日露同盟路線の崩壊は山県を筆頭とする当時の日本の政治指導者層に深刻な打撃を与えた。しかしながら、大正外交史をめぐる通常の理解では、ワシントン会議での日英同盟の解消が日本の孤立を招いた事実は強調されているけれども、ロシア革命による日露同盟路線の崩壊が同じく、あるいは日英同盟の解消以上に日本を孤立させた事実は、それほど強調されていないように見受けられる。その意味で、吉村道男著『増補　日本とロシア』の中に見出される次の指摘は重要である。

「要するに日英同盟と併存して東亜の利権擁護の武器として画策した日露同盟の路線が瓦解したとき、日本の頼みとする与国が事実上消滅したことを意味する。（中略）結局日露同盟路線の瓦解はやがて日英同盟廃棄への道に連なるものであり、元老等が危惧した日本の孤立化への道標であった」[18]

6　後藤新平の日ソ提携論

大正期日本外交史に関する問題は多岐にわたり、さまざまな角度からの接近が可能である。しかし、後藤新平を中心に大正期日本外交史を考察することも、ひとつの方法であると考えられる。異色の著書『近代日本外交思想史入門 原典で学ぶ一七の思想』において、関静雄は、近現代日本の外交思想について一七の、外交思想にかかわる原典を挙げて抜粋を提示するとともに詳しい論評を加えている。これらの原典のうち、大正期に関係するものは、大山梓編『山県有朋意見書』、宮崎滔天『三三年の夢』、原奎一郎編『原敬日記』である。そこでは、後藤新平は取上げられていない[19]。また、関静雄の別の著書『大正外交　人物に見る外交戦略論』においても、宇垣一成、原敬、幣原喜重郎など、また外交評論家として清沢洌、池崎忠孝が取上げられているが、後藤はやはり取上げられていない[20]。

そこで、寺内内閣(一九一六年一〇月～一九二〇年九月)の外相をつとめた他、異色の政治家として活躍した後藤新平について若干言及しておきたい。ただし、後藤の外交構想については、第三章で詳しくとりあげるので、ここでは、ごく簡単に触れるにとどめる。後藤は本野一郎の後任として一九一八年四月に外相に就任したが、同年九月には寺内内閣が原敬首相ひきいる内閣と交替したために、外相としての任期は短く、特色ある外交を展開する時間的余裕を与えられなかった。後藤の特色は、在米ドイツ人エミール・シャルクのドイツ語の著書『諸民族の競争』(一九〇五年)[21]を台湾民政長官時代に読んで、そこに示されたアメリカ合衆国の世界的覇権確立の予想に触発されて発想した「新旧大陸対峙論」にもとづく行動に求められる。

後藤は、ロシア革命以前に、「新旧大陸対峙論」にもとづいて、帝政ロシアとの提携を模索し、伊藤博文に「新旧大陸対峙論」を説いて、伊藤を動かしてハルビンでのロシアの政治家ココーフツォフとの会見を実現させた。しかし伊藤は同地で暗殺され、後藤の構想は実らなかった。一九一七年一一月にレーニンを指導者とするロシア革命が勃発して、日露同盟論を説いて第四回日露協商を一九一六年七月に外相石井菊次郎の手で実現させた元老山県有朋も、日露同盟論については沈黙せざるを得なくなった。ところが、後藤新平は、ロシア革命後の共産主義国家ソ連とも「新旧大陸対峙論」実現の道を模索し、東京市長の地位をなげうってまで、ソ連の外交官ヨッフェを日本に招致するために尽力した。右翼勢力の反対と、右翼勢力による暗殺の危険をも顧みずに奔走した結果、一九二三年二月、ヨッフェの来日は実現し、一九二五年一月の日ソ国交樹立に通じる基礎が構築された。

後藤の「新旧大陸対峙論」にもとづく日ソ提携論は、ワシントン体制打破をめざすものであり、原敬以来、ワシントン体制遵守を国是とした、外相幣原喜重郎に代表される霞ヶ関外交の主流と真正面から対立するものであった。病後の身を押して一九二八年一月にスターリンとの会見にまでこぎ着けはしたけれども、後藤の外交思想が実現することはなかった。しかし、異色尽くめの後藤の軌跡をたどることは、大正外交史に側面からの照明を当てる意味を有すると考えられるのである。ここではこれ以上詳しく言及する余裕はないが、本書第三章「後藤新平の外交構想とユーラシア」で若干の考察を試みた。

帝国とは、第一義的には皇帝が広大な領地を統治している国家を意味するであろう。愛親覚羅氏の王朝が支配した清国もロマノフ王朝の支配したロシアも、この意味ではまさしく帝国であった。それではユーラシア大陸には帝国はまったく消滅したのであろうか。ロシアにおいて革命後しばらくは内戦が続き、日本のシベリア出兵もこの内戦を利用したもので、たとえばグリゴリー・セミョーノフがチタに設立した臨時シベリア政府あたりを操縦してあわよくば日本の自由に出来る傀儡政権の樹立をはかったものであろうが、やがて白軍の敗北によって内戦は共産党政権の勝利に終わり、レーニンが一九二四(大正一三)年一月二一日に世を去り、そのあとで激烈な権力闘争を経てスターリンの独裁が確立したロシアは、皇帝こそ早く処刑されて不在であったけれども、やはり帝国に等しい政治体制のもとに置かれるに至ったというべきである。それにしても、そこには内戦の混乱は消えて強固であると同時に一定の安定性をそなえた秩序が回復されていた。後藤が他の政治指導者と異なるのは、帝国不在の時期にはシベリア出兵に熱心であったけれども、共産主義のもとでの復活した帝国とはいち早く提携をめざし、一九二三年にはみずからが右翼勢力に暗殺される危険をおかしてまでソ連から有力外交官ヨッフェを招致し、二度の脳溢血に襲われた病後の老躯をひっさげて、一九二七年から二八年にかけての冬、厳寒のモスクワにスターリンとの会見のために乗り込んだ点である[22]。

7 極東共和国の問題

日本軍のシベリア駐留が長引いているあいだに、チタを首都として極東共和国なるものが一応はソヴィエト政府から独立の緩衝国家として一九二〇年一一月一〇日に設立された。実質的に日本軍の支配下にある東シベリアに、アメリカ人好みの民主主義国家という形式で設立されたこの奇妙な国家は、アメリカ人の同情を獲得し一九二一(大正一〇)年一一月一二日から一九二二年二月六日までワシントンで開催されたワシントン会議において、日本軍のシベリアからの撤兵を促進させる上で効果を発揮したといわれている。設立の目的が達成されると、極東共和国は一九二二年一一月一六日にソヴィエト・ロシアに吸収合併されて消滅した。ソヴィエト社会主義共和国連邦(ソ連)が二二年一二月三〇日に正式に成立する前月である。この極東共和国については、一九六七年に三輪公忠が『環太平洋関係史　国際紛争の中の日本』のなかで、「実質的には日本の占領下にある東シベリアの広大な地域に、アメリカ人好みの民主主義政体の共和国を設立すれば、アメリカの同情があつまり、軍事占領をつづける日本とアメリカとは必然的に敵対関係にはいるだろうと計算されていた」[23]と述べて、極東共和国は日米離間を狙ったレーニンの直接の指示によるものと断定した[24]。一九九〇年になると、外務省勤務の上田秀明によるロシア側の資料を駆使した画期的な研究『極東共和国の興亡』が刊行された。そこで、ここではすべてをこれらの研究に譲ってこれ以上詳論せず、一つの後日談だけを掲げておくことにする[25]。

一九五九年一〇月、米国訪問後に北京を訪れた当時のソ連の第一書記フルシチョフは、極東共和国方式による台湾問題の解決を提案したとのことであり、この事実に言及した中西治は次のように述べている。

「フルシチョフは一〇月革命後の干渉戦争の際にソ連の極東地方に作られた緩衝国家『極東共和国』の方式を台湾に適用し、一度、台湾に緩衝国家を作って独立させ、この国と米国との間で話し合って米軍を撤退させたのち、中国に復帰するという方式を考え出したようである。五九年一〇月、フルシチョフは訪米を終えたのちただちに北京を訪れ、『極東共和国』方式による台湾問題の処理を中国に勧めたという」[26]

同じく中西は、『北京周報』一九六三年九月一〇日、七号所収の中国政府スポークスマンの声明「ソ連政府の八月二一日の声明を評す」を引用して、「中国はこのフルシチョフの勧めは『二つの中国』の陰謀に同意することを要求したものであるとして拒否した」と述べている[27]。

8　結論的考察

大正外交史の背景を形成した清帝国とロシア帝国の崩壊に対する、日本の指導者層の対応について若干の考察を試みてきた。二つの大帝国の崩壊と消滅によって、ユーラシア大陸の中心部の広大な地域に、一時的に権力の真空状態が生じた。この真空に引き寄せられた結果として、日本においてシベリア出兵論が台頭した。原敬はこの動きに対して冷静かつ慎重な対応をすべきことを主張したが、結局一九一八(大正七)年八月に出兵が開始され、一九二二(大正一一)年一〇月まで日本軍のシベリア出兵は続いた。ソヴィエト政権はシベリアの、実質的に日本軍の支配下に置かれた地域に独立の極東共和国を設置するというフィクションを用いて対抗した。中国大陸では形の上では段祺瑞の北京政権が存続したが、実質的には軍閥割拠の無政府状態が清帝国崩壊後ほぼ二〇年続いた。ロシアにおける秩序の回復は中国におけるよりもはるかに迅速で、内戦は数年で終結し、共産主義政権の独裁が確立して皇帝は処刑されたけれども帝国は事実上復活するという事態となった[28]。後藤新平の日ソ提携への努力は、この新事態への素早い反応であった。一九一八年四月から九月まで本野のあとを引き継いで寺内内閣の外相に就任していた時期の後藤は、シベリア出兵論の急先鋒であり、彼の短い外相在任期間にシベリア出兵が開始されるが、早くも一九二三年二月には国内の激しい抵抗を押し切ってソ連からヨッフェを招致し日ソ国交回復の契機をつかもうとしている。

ユーラシア大陸の真空状態に対してロシアと戦っていたドイツやオーストリアの側がどのような認識をもったかを、たとえば原敬の認識と比較するというのは興味ある研究課題である。本章では、ほんの一例だけを提示した。いずれにしてもユーラシア外交史という視角から大正外交史を考察することは多くの可能性を開拓することに通じている。

第四回日露協約については、バールィシェフ・エドワルド著『日露同盟の時代　1914〜1917年——「例外的な友好」の真相』（花書院、二〇〇七年）が有益である。バールィシェフは同書の「結論　第一次世界大戦期における日露接近とその特徴」の最後に次のように述べている。

「日露同盟の特徴はハウス・ブリタニカの弱体化という特殊な時代における君主制および「東洋性」のいわば再発見にあった。世界の覇権国としての大英帝国の力が疑問視されはじめたなか、国際政治において両国の地位を高めうる日露の提携は自然な流れであった。「第二列国家」としての日露は世界大戦を「西洋の没落」と受け止め、自立への道を模索し、その実現に向かって行動しはじめたのである。日露が近代化の面で多数の共通点のある、いわば同じような「東洋」であったことは、日露接近の自然な文明史的な基盤であった。反近代主義的・反英米主義的な要素が読み取れる日露接近はパクス・ブリタニカの弱体化の副産物に他ならなかった。このような第一次世界大戦期における列強各国の様々な政治的な動きの背景には、戦後の国際秩序構築に向けたそれぞれの思惑が秘められていたであろう。しかし、日露同盟協約が締結された1916年7月の時点で、ロシアはすでに崩壊に臨んでいたため、日露接近は長期的・安定的な関係にまで発展することはなかった。「第二列国家」同士は一時接近したとはいえ、「世界首都」としてのロンドンの代わりにニューヨークが登場しはじめると、両国のエリートは次第に「新大陸」に目を向けるようになったのである。」[29]

第3章 後藤新平の外交構想とユーラシア

1 後藤新平の訪ソとスターリン会談

藤原書店から二〇〇六年七月に刊行された鶴見祐輔著、一海知義校訂『〈決定版〉正伝 後藤新平 第八巻「政治の倫理化」時代 一九二三~二九年』の第八章「最後の訪露 一九二七~二八年」は、すでに二度も脳溢血の発作に見舞われた七一歳の後藤新平が、死の危険をおかして厳冬のモスクワを訪れた最後の訪ソについて、多くの貴重な情報を我々に提供する章として特筆に価する。とりわけ、二八年一月七日と一四日の二回にわたって行われたスターリンとの会談の記録がここに収録されていることは、第八巻の情報価値を格段に高めている。

この記録は、通訳にあたった東京外語学校教授の八杉貞利が作成したものであるが、この会談にかんするロシア側の記録が見つかっていないため、残された唯一の史料といわなければならない。会談の内容に就いては、この第八巻に望みうる最善のかたちで収録されているので、詳細は同巻に譲ることとして、最低限のコメントだけを付け加えておきたい。

スターリンが、中国問題について露日両国の「隔意なき協商」は必要であり、また可能と思われるが、このような協商の成立の妨げとなるものは何であると考えるか、と問い掛けたのに対して、後藤は、それは日本にはいまだ英米政策におもねる者がいるからだ、「しかしながら日本はすでに独立の対外政策を確立する必要に迫られつつあって、そのためには露国との握手を必要としている」と答えている[1]。この箇所は、後藤が、ワシントン条約(一九二二年)を遵守しようとする日本の対米英協調の外交路線を、日ソ提携を機軸とする対ユーラシア大陸協調路線に切り替えるべきだと考えていたことを示唆するものとして注目される。これは、後藤が一九一七年のロシア革命以前から唱導し、革命後も主張を変えなかった「新旧大陸対峙論」の上に立つ考え方にほかならない。

後藤は、これに続けて、ロシアで親しく政府当局者よりうかがったところによれば、第三インターナショナル(コミンテルン)とロシア政府とのあいだには「截然たる区別」があって、中国の動乱が第三インターナショナルの「赤化運動」から生じたものとしても、これはロシア政府の関知しないところであるということであり、自分もこれを信ずる、と述べている[2]。第三インターナショナルとロシア政府との関係については、後藤とソ連外相(外務人民委員、以下外相の表記で統一する)チチェーリンとの二七年一二月二九日の会談で、チチェーリンが、両者は関係がなく、両者を同一視しないことを希望する[3]と述べた。後藤が政府当局者よりうかがったというのは、チチェーリンとの会談をさしているものと考えられる。

ソ連政府と第三インターナショナルとのかかわりについては、チチェーリンが、このようにはっきり否定している。チチェーリンは、中国にソ連の士官が赴いたのは、個人として赴くのを中国国民の利益のためにソ連政府が黙認しただけであって、しかもこれらの軍人その他は、すべて召還したから中国にはこの種のロシア人は跡をとどめていない、と断言している[4]。この会談が行われた一九二七年一二月は蔣介石による四月の反共クーデターの後であり、一二月一一日に中国共産党の広州コミューンが樹立された直後に、これを鎮圧した中国国民党の南京政府が広州のソ連領事館内を強制捜索したことをきっかけとして、一五日には中ソ国交は断絶しソ連領事は帰国したから、二九日にチチェーリンがこのように述べたことは、短期的に言えば間違っていないかもしれない[5]。しかし、中国共産党へのコミンテルンの指示がソ連政府と無関係に行われた、ということは到底ありえない。ソ連政府が関知しないことを自分も信じます、と言い切った後藤の発言も、後藤の真意とは思えない。コミンテルンやソ連の要人、たとえばコミンテルンの使節マーリンや政治顧問ボロジーン、軍事顧問ブリュッヘルらの中国への介入を後藤が知らなかったとは考えられない[6]。後藤の悲願としたところは、日ソ提携、さらにはドイツを含めたユーラシア大陸連合の樹立であったから、ここで反論して雰囲気を悪くするのを、後藤は避けたかったのであろう。

後藤のこの発言を受けてスターリンは、中国の動乱の原因はすこぶる複雑であろうけれども、要するに農民の窮状と労働者階級が圧迫されていることが主因であり、このような事情があるところでは、赤化運動は常に成功するでしょう、と語り始めた。スターリンによれば、第三インターナショナルはその成立後まだ九年たったばかりであるが、それ以前でも世界各地にこの意味の動乱があったのは、今さらいうまでもないことで、ロシア政府とコミンテルン(第三インターナショナルのこと)との関係について、ある者はロシア政府がコミンテルンを指導しているといい、ある者はコミンテルンがロシア政府を指導しているといっているが、どちらも当たっていない。しかし人々が間違ってロシア政府とコミンテルンを同一視するについては、それなりの理由がある、と語った。第一の理由はロシア政府が第三インターナショナルに同情していることであり、第二の理由はロシア政府が第三インターナショナルに居場所を提供していることである。しかし、イギリス政府もドイツ政府も第二インターナショナルに同情し、居場所を与えているけれども、そのために英独政府と第二インターナショナルが同一体といえないのは無論のことである。このように斬り返したスターリンは、言葉を続けて、ロシア政府は在外使臣がその地の共産党運動に参加することを禁止し、その疑いのある者は本国に召還しつつある、と述べ、そうはいうものの在外使臣のなかには、その地の共産党運動に同情してこれに参加した者のあるのは事実で、中国でのカラハンがそうである、と付け加えた[7]。

ここでスターリンが引き合いに出したソ連の外交官レフ・カラハンは、一九一九年と二〇年の二度にわたるカラハン宣言で、帝政ロシアが中国と締結した中国に不利な不平等条約の廃棄を明言したことで知られるが、この後ポーランド大使などを経て、一九二三年から二七年まで中国駐在全権代表の地位にあり、その間、北京での駐華公使芳澤謙吉との芳澤・カラハン会談によって一九二五年一月に日ソ国交が樹立された。一九三七年にスターリンによる粛清の嵐の中で逮捕され刑死している[8]。

後藤新平の孫娘である鶴見和子は、祖父についてのインタビューのなかで、このスターリンと祖父との会談は「すごく重要ですよ」と語り、スターリンの発言を次のようにまとめている。

スターリンは「あなたたちは自分の歴史を考えなさい。日本は治外法権を撤廃しようと思って、明治以来非常に努力をしてきた。それは自国の独立を考える、ナショナリストの政治だった。今の中国の赤化運動は、外国からの干渉をどうやって避け、そして独立を維持するかというナショナリストの運動だということを理解しないと、ただ赤化運動、共産主義という点だけを見ていくと、誤りますよ。そうすると、民衆を抑圧することになる。だからこれは中国がものすごい反対をしますよ」とまで、はっきり言っている、と[9]。そして、鶴見和子は、「日中戦争が勃発することを予見していますよ。このスターリン会談はすごく大事なことだと思います。今の問題につながってくるから。それで結局、後藤は無事に帰ってきたのだけれども、これは最後の大冒険でした。これで伊藤博文に対する自分の責任を果たしたと思ったのです」と付け加えている[10]。

後藤に対するスターリンの発言にかんする鶴見の要約は、必ずしも会談の記録に厳密に即したものではないが、鶴見のスターリンと祖父とについての理解がうかがわれて興味深い。

後藤の発想は、一九二七年一二月一日に東京市政調査会に都下の新聞記者を集めて発表したステートメントからもうかがわれる。後藤はここで、ロシアが極東に広大な領土を持ち、重要な経済的利害を持つ以上、極東の平和を維持するためには、日本とロシアとの心からの協力が必要であり、日露両国の地理的、経済的な必然の関係は、ロシアが帝政であった昔も、革命後の今もまったく変るところはない、と述べた[11]。このように、ロシア革命の前でも後でも、ロシアの地政学上の位置はまったく変化はない、というのが後藤の基本的な考え方であった。ロシア革命によってレーニンが帝政を倒して政権を掌握したのちには、それまで帝政ロシアとの軍事同盟に執着していた山県有朋も、持論の日露同盟を断念したようであるが、後藤だけは日露の提携に革命後も熱意を示し続けた。ソ連の外交官ヨッフェを、自分の生命の危険をもかえりみずに一九二三年に日本に招待して、日ソ国交樹立の道をさぐったのも、同じ熱意の現われであった。

後藤は、ソ連政府だけでなく、ヴァイマル共和国時代のドイツ政府とも話し合いをしようとしていた。そこで、モスクワでの交渉の後、ドイツに赴く予定であったが、外相を兼任していた首相田中義一が強硬に反対したために、とりやめとなった。田中は、反対の理由として、後藤がロシアとドイツを訪問して、その結果、日独露三国の「親和の空気が醸成」されることになると、イギリス、フランスの疑惑を招くおそれがある、と後藤に語ったという。後藤は日独文化協会の創立者で会頭でもあった。後藤と親しかった駐日ドイツ大使ゾルフは、後藤に向かって、訪独が中止されたことに大いに遺憾の意を示した。桂太郎と一緒にモスクワ経由でドイツを訪問しようとした時は、明治天皇の崩御によってモスクワから引き返さざるを得なくなった。今回も後藤がかつて、ミュンヘン大学に留学して医学を学んだ、そのドイツを再訪することはできなかったのである。田中が心配したような日露独三国提携の具体案を、後藤がこの時点で心中に抱いていたかどうかはわからない。むしろ、桂に随行した時のほうが、実現はしなかったけれども、帝政ドイツ、帝政ロシアと日本を結ぶ提携案を後藤や桂は考えていたように思われる[12]。

後藤新平のモスクワ訪問の二カ月前まで、日本共産党の福本和夫の一行がこれから述べるようにモスクワに滞在し、ブハーリンと対決した事実を、後藤はもちろんまったく知らなかったであろう。しかし、かつて後藤が多くの困難を排して熱海に招いたヨッフェは、トロツキーの親しい友人であったことから、スターリンとトロツキーの抗争に巻き込まれ、病気にも苦しめられて、後藤が一二月二二日にモスクワに到着する一月ほど前の一一月一七日にピストルで自殺している。一二月二六日にヨッフェの新しい墓に詣でた後藤は、ソ連中枢部での派閥抗争のすさまじさを感じ取ったのではないかと思われる。二七日の大阪朝日新聞は、この時後藤の感想を訊くと、「まあヨッフェ氏の墓参をするのも吾輩来露の目的の一つだつたから、それも無事済ませてやつと安心した。なにカラハンとの話、それは万事が上々吉だ。まづ大成功だね」とのみ多く語らなかった、と伝えた[13]。後藤が「カラハンとの話」といったのは、一二月二四日のカラハンとの会談を指している。ここでの論題は日露漁業協約であった[14]。後藤とカラハンとは、同月二九日と三〇日にも漁業問題をめぐって交渉を行っている[15]。結局、一九二八年一月二三日にソ連の全権カラハンと駐ソ大使田中都吉との間で日ソ間の新漁業協約が調印された。調印にこぎ着けたのは、後藤の尽力によるところが大きい[16]。

2 「無産民族」としてのロシアと日本――後藤新平とメラー・ファン・デン・ブルック

スターリンが二回の会談で中国のナショナリズムに注目しているのに対して、後藤は中国問題の解決のために諒解協商が必要であることを力説してはいるが、中国のナショナリズムへの鋭い感度を示しているようには見受けられない。他方で、ロシアの日本外交研究家ワシーリー・モロジャコーフのロシア語の著作『ロシアと日本』が紹介しているソ連外相チチェーリン宛ての後藤の書簡には、次のように述べられているという。

「アメリカ、アフリカ、南洋諸島、その他のイギリス植民地における反日運動にかんがみれば、新ロシアの経済的資源に接近できることは、……日本の助けになろう。さらに言えば、両国民が団結すればヴェルサイユ、ワシントン等での国際会議の欠陥と誤謬を補正することができよう」[17]

富田武は、この、残念ながら日付の明らかでない書簡に、次のような補足説明を加えている。「ここには、米英主導の戦後秩序から疎外された国同士が（ドイツも含めて）協力して対抗しようという意図が窺われる。ロシアも日本も「無産民族」（持たざる国）だという言辞さえ見られたという」[18]「日本民族は無産民族である」と後藤が断定した事実は、前田康博が神島二郎編『権力の思想』に執筆した「後藤新平」の中で言及されている。前田によれば、『外交時報』の主筆であった半沢玉城が記録している由である[19]。

ドイツの右翼思想家メラー・ファン・デン・ブルックは、著書『第三帝国』の中で、「プロレタリア・ナチオン（無産国民）」としてのドイツ国民の権利を主張し、『社会主義と外交政策』の中ではドイツとソ連が提携して英仏に対抗することを説いた。この主張はどこか後藤の「無産民族」の主張と似ていなくもない。しかし、過度の同一視は危険であろう[20]。メラー・ファン・デン・ブルックは、モスクワから派遣されたコミンテルンの使者カール・ラデックとの共同戦線構築を模索した。

第一次世界大戦での敗戦国であったドイツは、一九一九年六月に成立したヴェルサイユ条約によって開戦の責任を押し付けられ、海外領土のすべてと自国の土地の一部を奪われた他に、一三二〇億金マルクという天文学的数字といわれた賠償をイギリスやフランスなどに支払う義務を負わされた。金の一字はまさに千金の重みを持つものであり、政府の人為的なインフレーションによって実質上の減額をはかるということは、まったく許されなくなった。大戦勃発前の、通貨事情が安定していた時期の一三二〇億マルクで買えた金と同額の賠償ということを金の一字は意味していた。フランスとベルギーは、ドイツが賠償の支払いを怠ったということを口実にして、二三年一月にドイツの工業の心臓部であるルール地方を占領する。

ドイツは猛烈なインフレーションに襲われたが、この混乱の中で、コミンテルンからドイツに派遣されていたカール・ラデックと、著書『第三帝国』[21]で知られるメラー・ファン・デン・ブルックらとの間に、短い間ではあったが、フランスの占領に反対する共同戦線が結成されたのは興味深い事実である。鉄橋を爆破しようとしてフランスの占領軍に逮捕され処刑されたドイツ人の青年レオ・シュラーゲーターの名前にちなんで、コミンテルンの「シュラーゲーター路線」と呼ばれている。ラデックは、二三年六月二〇日にコミンテルンの拡大執行委員会で「レオ・シュラーゲーター、虚無への放浪者」という演説を行って、コミンテルンがドイツ共産党だけでなく、広くドイツ国民と反フランスの共同戦線を組むことを訴え、そうなればシュラーゲーターの死は無駄ではなくなり、彼は虚無への放浪者ではなくなるのだ、と説いた。この演説をメラーは自分たちの雑誌『ゲヴィッセン(良心)』に再録した上で、同じ雑誌に「ラデックに対する三つの回答」を発表し、ここにコミンテルンの使者とドイツの右翼陣営との対話が実現する[22]。

メラーは、「無産民族」の共同戦線として、ドイツとソ連との提携を夢見ていたが、後藤新平も、「日本民族は無産民族である」と断言していた。後藤の新旧大陸対峙論は、ラデックやメラーの独ソ共同戦線の発想と単純に比較することには慎重でなければならない。けれども後藤が、ヨッフェをソ連から招いて日ソ友好を模索していた同じ二三年、コミンテルンとドイツ右翼陣営の間では、「シュラーゲーター路線」による協力が模索されていた事実は、それなりに興味深い事態と言える。

3 満鉄への思い

後藤を命がけの訪ソへと動かした動機が、新旧大陸対峙論にもとづく日ソ友好に貢献したいという熱意であったことは疑いない。しかし、もう少し具体的な問題も後藤の念頭にあった。それは満鉄、南満州鉄道株式会社を死守したいという、満鉄への思いであった。このことを物語るのが、大阪毎日新聞・東京日日新聞(毎日新聞の前身)のモスクワ特派員であり、当時有数のソ連通であった布施勝治による、後藤との車中インタビューへの回顧である。

布施勝治は、大阪毎日新聞・東京日日新聞から派遣されて、ロシア訪問を終えたばかりの後藤新平を、当時のソ連と満州国の国境の満洲里(マンチョウリー)で出迎えた。布施が『外交時報』一九二九年八月一五日号(第五九三号)に寄稿した「露支紛争に際して後藤伯を想ふ」は、日ソ友好と満鉄とに寄せた後藤の思いを、後藤が一九二九年四月一三日に亡くなって間もない時点で記したものである。布施の論文は、なぜ後藤が、右翼によって暗殺される危険をもおかして一九二三年にヨッフェを日本に招き、さらには病後の身で、自分の生命の危険をおかして厳寒のモスクワにスターリンを訪問したのか、その動機を解き明かす手がかりを含んでいるように思われる。

満洲里からハルビンまで同じ列車で南下した布施は、後藤の車室に招かれて二人だけで語り合った。引用文中、伯とあるのは、伯爵後藤新平をさす。引用に際して、新かなづかいと略字に改めた。布施は冒頭で以下のように記している。

「昨年春、後藤伯が訪露旅行から帰途についた時、私は大毎及び東日から特派されて、伯を満州里に迎えた。そして満州里からハルビンまで、同じ列車で南下した。この道中、私は特に伯の車室に招かれて伯と私とただ二人で語ったことがある。
この日、後藤伯は長途旅行の疲れのせいでもあったか、神経が興奮し、その言葉づかいの如きも、甚だ感傷的であった。時々伯の目に涙が光って、伯は泣いているのではないかとさえ思われた。しかしそれだけ伯は真摯な態度であった。伯は実にその肚の底を打ち明けて、その憂国の念と平素の所信を表明したのである」

布施によれば、後藤が語った話の要旨は、次の通りであった。

「日露戦争の直後、満鉄総裁の任に就いた時から、余は終始日露提携の方針をもって進み、今日に及んでなほかわらぬのである。余は満洲の現状維持のためには、日露の提携が絶対的に必要であると信ずるからである。余が世間から「赤」と呼ばれ、あらゆる非難攻撃の的となってもひるまず、また今次老躯をひっさげてモスコーを訪えるも、要するに明治大帝の遺業大成を期するからである。」

この車中インタビューから一年近くたった一九二九年一月二〇日に、布施は久しぶりにロシアから帰国したのを機として後藤を訪ねた。これが後藤との最後のインタビューとなった。布施は次のように回想している。

「この日、伯は珍しく好機嫌であった。私は先ず国民政府五院院長の一人たる戴天仇から聞いた桂公と孫文との密談、桂公の対英同盟計画及び桂公と後藤伯一行の明治末年における訪露等に関する話を根拠として、桂公と後藤伯当年の経綸策について種々の質問を発した。ところがこの質問は、伯にとって最も愉快なる記憶の喚起となったのであろう、伯は相恰をくずして打ち悦び

あれは君、桂公の計画ではなくて伊藤公の計画だったのだ……

との前置きで、約一時間半たて続けに、伊藤公の親露政策と、これを藤公に吹き込むための厳島における三日三晩の勧説等の思出話を、時々あの頓狂な声と笑いを交え、伊藤公の不意討的恫喝にド肝を抜かれた話など挿んで、まことに面白くもの語り、そして最後にその持論の日露親善政策に移った」

このように、後で述べるような厳島での伊藤博文との思い出話などを、たて続けに語った後、話題は日露親善政策に移った。この時後藤が語った日露提携論を、布施は次のようにまとめている。

「日露両国は満洲において同じ立場にある。両者がかたく提携している間、日本は南満において、ロシアは北満において、その現状を維持することが出来る。わが満鉄に対する、同時にロシアの東支鉄道に対する権利と地位も亦、鞏固であり得る。そして中国は濫りに之が利権回収の手が出せず、列国も亦軽々しく干渉し切れぬのである。然るに日露両国にして、相反目するに至らぬまでも、十分提携することなくして、互いに別個の政策行動に出でんか、支那の満鉄及び東鉄に対する回収運動の必来は云うまでもなく、やがてその機に乗じて、第三国の干渉が起って来るであらう」

後藤の談話をこのように要約した布施は、第三国の干渉について米国がもっとも危険である、と後藤が付言したと述べたあと、次のように記している。

「伯の大陸政策は実に満鉄の現状維持を根抵として建てられたもので、その目的は要するに日露の提携によって、一つは支那の利権回収運動を抑え、一つは列国の満州問題干渉を阻止することにあった。これがために、後藤伯は伊藤公を説き、公は伯の勧めによってハルビンにココウツォフ（原文のママ）伯を訪ね、あの壮烈なる最期を遂げるに至った。

伊藤公を殺したのは乃公だ……

とは後藤伯が、折にふれ、時につれ、口ぐせのように語ったところである。後藤伯の親露政策はかくして伊藤公の鮮血によって洗礼され、伯は公に対する恩義と責任感からも、この政策の貫徹を懸命に期したのである」

布施は、後藤の親露政策がロシア革命によっても変らなかったことを力説する。

「欧州大戦の終わりに、ロシアは革命によって労農政治の時代となった。しかも後藤伯の大陸政策は之によって少しも変るところがなかった。伯は実に「赤いロシア」との提携を真先に提唱した人である。世論囂々の非難を排して、伯は「赤使」ヨッフェ氏を招き、また東京市長の椅子をなげうって、日露国交恢復のために奔走し、更らには一昨年末、自ら老躯をおこしてモスコーに出馬した。伯の晩年は実に日露提携策のためにささげられたと云っても、過言でないのである」

後藤は二九年四月一三日、七一歳で世を去ったが、翌月二七日、満州の支配者である張学良将軍が、ハルビンのソ連大使館を捜索したことから、満州での中ソ関係はにわかに緊迫した。七月一一日には、張学良指揮下の軍隊がソ連の中東鉄道（東支鉄道）の回収を強行し、一七日にソ連は対中国国交断絶を通告した。布施の寄稿の標題に含まれている「露支紛争」は、このように後藤の死の直後に始まったのである。布施はこの紛争について次のように書いている。

「中国の満州鉄道回収運動が抵抗力の弱い方、すなわち中東鉄道から先に始まることは、後藤の生前からすでに明らかな勢いであった。そしてその場合、後藤は二つの結果を予想していた。第一の結果として、中東鉄道からロシアの勢力を追い払った後、中国は必ず満鉄から日本の勢力を駆逐することにあらゆる力を用いるようになるであろう。第二の結果として、ロシアが強硬に抵抗し、露中関係が紛糾するにいたった時、中国は必ず第三国を引き入れて干渉させるであろう。この場合に、後藤は、日本にとって最も恐るべきは米国の干渉であると考えていた。中国当局は本年六月から七月にかけ、いよいよ中東鉄道におけるソ連の勢力を根こそぎ一掃する決意をして、北満州在留ロシア人に対して大弾圧を加えた。これまでどのような迫害を受けても隠忍自重していたロシア人も、ついに堪忍袋の緒が切れたか、敢然として奮起し、先ず最後通牒を叩きつけ、ついで国交断絶を宣言し、今や中露国境一帯にわたって大規模な軍事的示威運動を行ないつつある。意外に手ごわいロシアの逆襲に直面した中国当局は周章狼狽の状況である。中露関係の緊迫と同時に、列国、ことに米国の調停活動が予想される。事変は今なお進行中で、結末にいたっていないが、中国が米国の力を借りてロシアの勢力をおさえようとする形勢は歴然としてきた。これが明瞭となったことだけでも、後藤の憂慮が決して杞憂でなかったことを実証するに足るのである」

このように論じた布施は、一九二九年七月二九日の日付の入ったこの論文を次のように締めくくっている。

「後藤伯の日露提携政策の是非は別として、その満州を中心とする国際関係の趨勢を洞察したる烱眼とこれに対する信念堅き政策のための不屈不撓の奮闘振りに至っては、ただただ敬服の外ないと云わなければならぬ。知らず、後藤伯の志を襲いで、東亜の大局に直面し、世間群盲の毀誉褒貶を超越して、満蒙経綸策の遂行に当る人は誰であろう」[23]

このように、布施は、後藤の外交構想の基礎にあったのは、満鉄すなわち南満州鉄道を中国の利権回収運動と、列強とくにアメリカの干渉から守ることであり、満鉄の現状維持のためにこそ日露提携、ロシア革命後日ソ提携を主張したのである、と断定している。後藤が満鉄の初代総裁として、満鉄総裁の地位にあったのは、一九〇六年一一月から、第二次桂内閣の逓信大臣に就任する一九〇八年七月までのわずか一年半余であった。しかし、布施の伝える後藤の談話から、後藤の心の中に、満鉄がつねに大きな位置を占め続けていたことが推測できる。

この論文の掲載された雑誌『外交時報』の一九二九年八月号の巻頭には南満州鉄道株式会社の一頁広告が出ている。本社は大連市東公園町、支社は東京丸ノ内ビル四階、営業哩数六九五哩、直行列車は釜山奉天間二回、急行列車は大連長春間一回、釜山奉天間一回、直営旅館のヤマトホテルは大連、大連市外星ケ浦、旅順、奉天、長春にある旨が記されている。そのほかとして、「鉱量豊富品質優良ノ撫順炭採掘及其販売、鞍山鉄鉱ニ依ル製鉄事業、満蒙生産物ノ化学的研究、鉄道付属地ニ於ケル土木教育、衛生事業等ヲモ経営ス」とある。

この論文の日付となっている一九二九年七月二九日の時点では、まだ決着がついていなかったこの中ソ紛争は、一一月九日、ソ連が飛行機と戦車を戦闘とする一一万人を動員、一一月二〇日には満州里、二四日にはハイラルを陥落させて大勢が決した。列国は米国を除いて積極的調停に動こうとせず、状況の不利をさとった張学良は和平を決意する。一二月二二日には張学良政権とソ連との間でハバロフスク議定書が調印され、三〇年一月をもって中東鉄道は原状に復帰した[24]。

それにしても、後藤にとっては、新漁業協約の成立だけでは生命の危険を冒しての訪ソの満足すべき成果ではなかった。先に引用した布施勝治の回想の中で、布施は次のように記している。

「後藤伯のモスコー行きは伯の晩年における悼尾の飛躍であった。然し、伯はこの行、遺憾乍ら、所期の成果をもたらすことが出来なかったように思う。漁業協約について、伯が口添えをしたことは、伯自ら『忠臣蔵に弁慶が出たようなものサ』と語った如く、もとより訪露の主要目的ではなかった。伯は満州問題を中心として、かたくロシアと手を握り、東亜永遠の平和を確保せんとしたのである。

然るに日本の朝野が挙ってロシアを『赤い国』として毛嫌いし、これと接近することを好まぬと同一の程度に、ロシアの労農政治家も亦日本を目して帝国主義国となし、日本との提携を欲しない。この関係は私がこの春ロシアを訪ねて、最も悲観した点である」[25]

4 福本和夫のモスクワ訪問

後藤新平が東京駅からモスクワへの旅に出発したのは、一九二七年一二月五日のことであった。同じ年の二月に、いわゆる「福本イズム」で知られる当時の日本共産党の理論的指導者福本和夫も、モスクワに旅立ち一〇月までモスクワに滞在している。コミンテルンの日本問題委員会の討議、というよりそこでの事実上の査問に出席するためであった。福本に日本から同行したのは、徳田球一、佐野文夫、渡辺政之助、中尾勝男、河合悦三の五人であり、すでにモスクワに滞在していた鍋山貞親、高橋貞樹がこれに加わった[26]。シベリア鉄道での旅やモスクワでの経験については、福本和夫の『革命回想　第一部　非合法時代の思い出』に詳しく描かれている。

福本は、一高から東大法学部に進み、山口高商教授時代にドイツ、フランスに留学した。ドイツではフランクフルト学派と呼ばれた、フランクフルト・アム・マインの社会研究所を拠点としたグループの人びと、とくに、その中のマルクス研究家カール・コルシュと親交を深めた。ドイツのイルメナウで開催された、このグループの会合に福本が出席したことも知られており、「社会研究所(インスティトゥート・フュア・ゾチアルフォルシュンク Institut für Sozialforschung)」という名称も、福本の発案が採用されたのだ、ということである。福本がドイツで学んだマルクス主義は、フランクフルト学派の研究を反映したもので、ブハーリンが代表していた当時のソ連のマルクス主義理解よりも、より高い水準にあった。フランクフルト学派の三本柱というべきヘルベルト・マルクーゼ、テオドール・アドルノ、マックス・ホルクハイマーはいずれもヒトラーのユダヤ人弾圧を逃れてアメリカに亡命し、アメリカの社会科学に大きな影響を与えたが、それはのちのことである。

福本は二年の留学をさらに半年延長して、パリのカルチエ・ラタンの下宿にこもってドイツでのマルクス主義研究の成果を、三つの論文にまとめあげてから一九二四年八月末に、マルセイユから香取丸で帰国の途についた[27]。後藤新平がドイツでの留学を終えてマルセイユから出航したのが一八九二年五月二日であるから、それから三二年後に福本がマルセイユから出航したことになる[28]。帰国の時、後藤は三五歳、福本は三〇歳であった。福本がパリでまとめ上げた三論文は、「社会の構成並に変革の過程」、「経済学批判の方法論」、「党組織論の研究」であり、これが福本の初期三部作といわれる著書『社会の構成並に変革の過程』、

『経済学批判の方法論』、『無産階級の方向転換』のもととなった。福本は、第一の著作の中でブハーリンの『史的唯物論の理論』（青木書店版での標題は『史的唯物論』）を、唯物論的公式論者の謬見がこびりついているのではないか、厳密な弁証法的展開の欠如がありはしないか、と名指しで批判した[29]。このことが、モスクワでのブハーリンとの会見の際にブハーリンを怒らせ、ブハーリンが福本をはげしく罵倒する一幕の伏線となった。

モスクワに到着した福本らの一行は、目抜き通りにあるルックス・ホテルに旅装を解いた。まもなくコミンテルンの第一回日本問題小委員会に出席した福本は、コミンテルンから日本に派遣されていたラトビア出身のジョンソンから、「分離結合論」という福本の持論を批判されることになる。「分離結合論」では、知識人がマルクス、エンゲルスの原典にもとづく研究によって、理論武装するのが当面の急務だということになっていた。

ついで、コミンテルン議長として当時権勢の絶頂にあったブハーリンが登場した。福本は、ブハーリンの印象を、小柄でつやのある赤ら顔で頭もつるつるに禿げていて、お尻もまるまると太っているので、全体が丸みを帯びた豊満な感じであったが、眼がくるくると動いて、機敏な印象を与えた、と述べている。初めは、日本にマルクス主義の理論家が初めて出現したのはうれしいといって機嫌がよく、『共産主義のＡＢＣ』や『史的唯物論の理論』など、ブハーリンの多くの著作が日本語に訳されて、広く愛読しているなど、と聞かされて子供のようによろこんでいた。ところが、同席した河合悦三から、福本だけはブハーリンの『史的唯物論の理論』に相当けちを付けている、と聞くと、福本に対する態度を急変させた。ブハーリンの逆鱗に触れたのである[30]。

福本はブハーリンの逆鱗に触れたいきさつを、このように回想した後、次のような感慨を述べている。

「そのかれが一両年にして忽ち粛清され、それからまた十数年にして、コミンテルンさえ解散されたことは周知のとおりだが、二七年当時は、かれが議長として最も権威にかがやいた得意の絶頂であり、コミンテルンはいまや完全に統一された単一のウェルト・パルタイ（世界党）となったという豪語がふりまわされた一時期であった。無謀にもそれにぶつかったわけだが、今日は、そのウェルト・パルタイの語を記憶しているものもまれであろう。まことに隔世の感がある」[31]

結局、日本共産党の綱領としてジョンソンが中心となって二七テーゼが作成され、福本イズムはレーニンの共産党組織論『何をなすべきか』の「戯画」であり、共産党を知識人のサロンとするものであって、大衆的組織を分裂にみちびくものと決め付けられた[32]。福本の回想を見ると、何々の「戯画」というような言い方は「極端に過激な表現をよろこぶ悪い癖のもっともインテリ的な理論家」ブハーリンの常套句であったらしい[33]。福本が言うように、コミンテルン議長であった一九二七年がブハーリンの得意の絶頂の時であり、やがて右翼反対派としてソ連共産党主流と対立し、いったんは誤謬を認めて復権したが、一九三七年に国家転覆の陰謀を行ったとして逮捕され、公判の結果、一九三八年三月に銃殺された[34]。

それにしても、コミンテルンとソ連政府とはまったく無関係である、とチチェーリンもスターリンも後藤に向かって断言し、後藤は内心はともかく、一応この主張を受け入れたけれども、コミンテルンがソ連政府とソ連共産党の意向を受けて中国や日本に対する工作を進めたことは、福本和夫がコミンテルンの本部でブハーリンから叱責された事実からもはっきりとうかがわれる。そして、コミンテルンの人事は、つねにソ連共産党内部の派閥抗争の行方に左右されていた。一九二七年まで上海で、中国や日本の共産党に指示を発していたのはヴォイチンスキーであった。そのヴォイチンスキーがトロツキーの直系であるということで罷免され、その後釜に派遣されてきたのが、ラトヴィア出身のジョンソン、ロシア語式にいえばヤンソンであった、と福本は述べている[35]。後藤は、首相田中義一宛の訪露報告書でも、わざわざチチェーリンやスターリンの言葉を引用して、露政府とコミンテルンの間には「截然《せつぜん》」たる区別が存在すると付け加えている[36]。

5 後藤の新旧大陸対峙論とシャルクの『諸民族の競争』

後藤新平は、新旧大陸対峙論を提唱して生涯を通じて、革命前および革命後のロシアとの友好関係の確立をめざした。後藤が新旧大陸対峙論を思いつくに際してヒントとなったのは、ドイツ人エミール・シャルクの『諸民族の競争』であった。後藤がシャルクの原書にたどりつくまでの歩みを、北岡伸一著『後藤新平外交とヴィジョン』に依拠しながら、簡単にたどってみたい。後藤は、一八五七(安政四)年に岩手、胆沢の貧乏藩士の家に生まれたが、高野長英が後藤の本家出身で縁続きであったこともあり、早くからいわば星雲のこころざしを掻き立てられていた。明治維新後にもうけられた胆沢県に大参事として赴任してきた安場保和は、給仕をしていた後藤の才能に着目し、部下の阿川光裕にこの少年を託した。安場は肥後熊本藩士で横井小楠の弟子であり、のちに後藤の岳父となったから、小楠の思想は安場を通じて後藤に受け継がれたと考えられる[37]。

小楠は熊本では少数派の実学党に属し、藩の主流は学校党であった。しかもその実学党は一八五五(安政二)年に分裂し、安場は藩士でありながら小楠を中心とする豪農派に加わった[38]。後藤は、その安場に見出されてのちに、安場の次女和子と結婚した。そこで後藤が小楠の思想を受け継ぐにいたる上では、いくつかの偶然が働いていたといわなければならない。少年時代の後藤の、一歳若い竹馬の友には斎藤実がいた。斎藤は海軍兵学校に進んで海軍の軍人となり、朝鮮総督を二度つとめ、首相にまでなったが、二・二六事件で殺害された。
福島県の須賀川に転任していた阿川の強い勧めと学費の援助で、後藤は須賀川医学校に学ぶことになる。ともかく医師となった後藤は、安場が県令として赴任し、阿川も転任していた名古屋に赴いて、愛知県病院に勤務することになった。短い間ではあったが、後藤は、司馬遼太郎の『胡蝶の夢』に描かれている司馬凌海の家塾に入ってドイツ語を勉強している。司馬凌海は長崎のポンペのところでドイツ語を自習し、我が国のドイツ学の元祖ともいわれる人物であるが、良くいっても不羈奔放で、性格破綻に近く、北岡伸一も、司馬の家で後藤の「独逸学」が大いに進歩したとは考えられない、と述べている[39]。

一八七七(明治一〇)年に西南戦争が起こり、大阪の陸軍野戦病院に勤務することになった後藤は、ここで野戦病院長石黒忠悳の知遇を得た。このことが、後藤が内務省に入って内務省衛生局に勤務するきっかけとなった[40]。一八九〇年から一八九二年までドイツに留学してベルリンとミュンヘンで学び、ミュンヘン大学のペッテンコーファーの指導のもとに衛生学を研究して医学博士号を取得する。帰国して衛生局長に昇進した後藤は、相馬事件という福島県の旧相馬藩主のお家騒動に巻き込まれ、結局は無罪になったけれども、一八九三年には一時は逮捕されて衛生局長を辞めさせられる非運を味わった。後藤が名誉を挽回したのは日清戦争の帰還軍人の検疫をめぐって、陸軍次官児玉源太郎を部長とする臨時陸軍検疫部の事務官長として必死の尽力をしたことによる。一八九八年には、後藤は児玉台湾総督の推挙によって台湾総督府民政長官に起用され、アヘン対策などで今日も語り伝えられている成果を挙げた[41]。

後藤が満鉄の初代総裁に就任して台湾を去るのは一九〇六年のことであるが、その前年の一九〇五年に、ドイツ人でありながらその一生の大部分をアメリカで過ごしたエミール・シャルクの遺著『諸民族の競争』がドイツで刊行され、後藤はさっそく原書を取り寄せて読みふけった。後藤がシャルクのこの著書からヒントを得て、新旧大陸対峙論の構想を練り上げたことは、しばしば指摘されている。

シャルクがニューヨークで亡くなったのは一九〇四年一月のことであったが、遺著となったこの本の刊行者が、刊行にいたるいきさつと、シャルクの生涯を記している。それによると、この本は、「自然と国家自然科学的社会論への寄与」という懸賞論文に応募して選外佳作となった。しかし、その内容が注目すべき重要なものであったので、受賞した六論文と並べて刊行された。シャルクは一八三四年にマインツに生まれたドイツ人であるが、青年時代にパリで学んだあと、アメリカ人女性と結婚してアメリカに渡った。彼はアメリカで南北戦争(一八六一〜一八六五年)を体験し、この戦争についての著書二冊を書いて好評を得た。その後いくつかの企業に関係すると同時に経済問題の論説をアメリカの雑誌や新聞に寄稿している。この本はアメリカという「新世界」の中で生まれ、「新世界」の精神を忠実に反映している[42]。

それでは、後藤に強烈な衝撃を与えたとされるこの遺著で、シャルクはどのようなことを論じているのであろうか。大多数のドイツ人が、アメリカについて明確な認識を有していなかったであろう二〇世紀初頭に、アメリカに実質上永住してアメリカをドイツ人としては例外的によく知っていたシャルクは、この本のいたるところでアメリカの強大化について警鐘を鳴らしている。こころみに、「合衆国」という章の一部、アメリカ人に共通する性格、人間類型を論じている箇所を訳出してみる。

「アメリカは最近の数年間に、アメリカは世界最大の工業国であり、それゆえに本来ならば他のすべての諸国民がその工業製品と生産物とを購入しなければならないのだ、という発見をした。その領事たちが報告書でたえず保証しているように、『アメリカの工業製品と商品、さらにはアメリカの牡蠣も、他のすべての諸国のものよりもはるかに優っている』ということになれば、特にそうである。新聞はこれらの報告書を公表し、月ごとに政府が発表する工業製品の輸出増大の数値を掲載している。その際にこれらの新聞は、よろこびにあふれた歓呼の声と誇りとをもってこれらの成果を記録し、新たなる努力を求め、良き忠告を与え、そしてまたしばしば、それらの国々との競争にうち勝つのが容易ではない国々、あるいは自国と自国の製造者をアメリカの製品の氾濫から保護するための対策を講ずる国々に対して、嫉妬の論調を公にするような論説をたいていの場合に添えるのである。このようにして、外部の世界に富を売りつけることによって自国の富を増大させる、まぎれもないアジテーションが始まった。合衆国の住民はまだまだ、原料と工業製品の増加ほどには増加していない。過剰な原料と工業製品を消費するためには、合衆国は小さくなり過ぎた。すべての必要な工業製品を自国に供給するだけですでに、何千人の百万長者、億万長者(五〇〇〇人以上)を創り出したとするならば、世界を征服して意のままにした場合の可能性はさらにどれほどのものとなるであろうか。

このような状況のもとでは、アメリカ人が、これまで土地と金(ゴールド)と、それによって豊かになることができると期待したすべてのチャンスに関して、自国で行ってきたのと同じ情熱、同じ貪欲さ、同じエネルギーと同じ容赦のなさをもって工業と対外貿易に専念することは驚くに当らない。アメリカ人は、工業での生存競争において、ヨーロッパ人とくらべて非常に有利な立場にある。アメリカは大工業国家の中で唯一、自国の全住民の生活必需品を自国で生産した上に、他の文化国家に供給する大量の余剰を有している。同様にアメリカは、他のいずれの国よりも多くの、工場に使う原料を所有している。ここでいう原料とは綿花、サトウキビ、価値の高い木材、そして鉱物に関してはそもそも存在する鉱物のほとんどすべてである。巨大な石炭と鉄鉱石の鉱床がほとんど各州に存在し、そしてその上になお、大きな航行可能な河川と湖、二十万哩以上の鉄道網が加わる」[43]

アメリカ人はこのように天然資源にことの他恵まれている上に、発明の才能においてもすぐれており、この才能は個々の発明に発揮されるだけでなく、仕事の割り当てや単純化、組織化にも発揮され、これが豊かな天然資源、過剰な資本と相まって、アメリカを世界最大の工業国にする。この精神的資質は、アメリカに移住してきた開拓民が、すべての仕事を他人にたよらずに遂行しなければならなかった、という事情に由来している。彼らは土地を自分で耕すばかりでなく、農業の道具を自分で修繕し、獣医の仕事まで自分でこなさなければならなかった。アメリカに移住してきた人々の大部分は農民であったし、今日でも人口の半分以上は農民である。農場経営者としての農民の、すべての努力を自分の農場に集中させなければならない生活が、アメリカ人の性格を形成した。彼らの対象への集中力は、農業以外の分野でも発揮され、ヨーロッパにとって恐ろしい競争力をアメリカがもつことになった。また、労働賃金は高く、それを節約するために機械を積極的に導入して人間の労働にたよる部分を少なくしようとする[44]。

このようにアメリカ人の性格を論じたあと、シャルクは次のように述べている。

「アメリカ人の次なる特性は、『はてしない』国土に対するかぎりない信頼である。そしてそこから、他のすべての国家に優越するという感情が生まれる。七八〇〇万の人口を有し、まだ数億の人々のための土地が十分にある、そしてけたはずれの資源に恵まれている国土が、偉大な未来を期待できるという事実は、もっとも頭の悪い人間にも必ず明らかになるに違いない。たとえば、海上の支配が次の三〇年か四〇年のうちに英国からアメリカに移行するであろうということを、アメリカ人はまったく当然で自明のことと感じている。一方では大西洋、他方では太平洋という太洋に面した卓越した戦略的位置にあり、ほとんど四〇〇万平方哩の後背地、とてつもない富を有し、地上のもっとも攻撃的で、もっとも精力的で、もっとも知的な種族が居住しているアメリカと、海上支配権をめぐって誰が争うことができようか。それにくらべると、三六〇〇万の人口の、イングランドとスコットランドという小さな島に何の意味があろうか。ロシアとアメリカが大きくなるがゆえに、英国とフランスは小さくなる。非常に大きな人口をかかえた非常に大きな後背地は、大きな海軍力をつくりあげる手段を提供する。そして、ローマ対カルタゴの場合のように、海軍力は最大かつ最強の後背地の結果として生まれる」[45]

「合衆国」という章の「アメリカの外交政策とモンロー・ドクトリン」の項目で、モンロー・ドクトリンとの関連でアメリカの外交政策を回顧したシャルクは、このドクトリンが布告された一八二三年以後、アメリカが人口、面積、鉄道網において急激な進歩拡大をとげた事実を指摘して次のように述べている。

「合衆国は今日、住民の富、知力、好戦的傾向の結果、地球上の最大、最強の国家となっている。脅威を受けているのは合衆国の安全ではなく、すべての合衆国以外の諸国の安全のほうである。五〇年の間に、『アメリカの危険』は重苦しい暗雲のようにヨーロッパにのしかかることになるであろう」[46]

それでは、このようなアメリカからの脅威に、ドイツならびにヨーロッパ諸国はどのように立ち向かったらよいのか。これについての、かなり強引な解決策を、シャルクは「ドイツ」という章の「ドイツの外交と他のヨーロッパ諸国」という項目のなかで示している。一八七一年にドイツに敗れてエルザス・ロートリンゲンを奪われ膨大な賠償を課せられるという屈辱への「復讐（ルヴァンシュ）」をめざして巨大な陸軍を創設したフランスが、ドイツに対抗する陸軍を保有するのと同時に英国と張り合うだけの海軍を所有することは到底不可能であると論じた後、シャルクはいう。

「もしドイツが大艦隊を所有すれば、ドイツは、隣接する諸国にとってばかりでなく、はるかに離れて位置する諸国にとっても、同盟国として望ましい存在となる。フランスにとっては、英国に対して上首尾の戦争を遂行するために、ドイツはまさしく不可欠の同盟国となるでもあろうし、ロシアとフランスが英国に対して共同しての戦争を準備することがあれば、英国にとっても、ドイツは同じように不可欠の同盟国となるでもあろう。しかしそれは、ドイツが大艦隊を所有する場合にかぎられる。ドイツは、フランス・ロシア間の交通通信の連絡線を国内に保有しており、それゆえに両国に対して非常に有利な立場にある。それとは逆に、フランスがロシアとの同盟からどのような利益を引き出すのかは、見通しが困難である」[47]

このようにシャルクは、大艦隊の保有によってドイツが同盟価値を高めるべきだと主張する。フランスについては、一八九四年に成立した露仏同盟から離脱して、ドイツ・オーストリア＝ハンガリー・イタリアの三国同盟に加わることを期待している。逆にフランスが、エルザス・ロートリンゲンを奪回しようとしてドイツとの戦争を開始することがあれば、フランスの損害が莫大なものとなる上に、五〇年にわたって戦争状態が続き、それはアメリカとロシアの利益となるだけである[48]。

アメリカと同様にロシアも強大化すると予想するシャルクは、ドイツ・フランス・オーストリア＝ハンガリー・イタリアなどの中欧諸国が団結して米露という巨大国家に対抗すべきである、と主張する。シャルクは次のように説いている。

「すべての中欧諸国の政治的ならびに経済的地位は、ロシアとアメリカという二つの巨大国家の急激な成長によって暗影におおわれ始めている。これら二国は、その急激に増加する人口、巨大な天然資源、多大の債権勘定に表現されている有利な貿易収支の結果、すべての中欧のより老いた国々をますます凌駕するに至っている。両国ともまだ若く、いうなれば生意気盛りである。より老いた文化国家に対して、

（北欧神話の最高神の）ヴォータンがジーグフリートの行く手を塞ごうとした時にジーグフリートが『老いたる者よ去れ』といって槍を投げつけ、ヴォータンをこなごなにして邪魔されずに前進した時のような態度をとっている。スペインは、ヴォータンのような体験を、すべての文化国家の中で最初になめさせられた。他の諸国もおそらくスペインに続くこととなろう。もし、すべての中欧諸国が一体化することがあれば、これら諸国は、さまざまな民族や言語の故に、全体として一種のオーストリア＝ハンガリーのようなものを形成することになるではあろうけれども、その大きな人口数、富と高度の文明によって、おそらく両巨大国家の活動を封じることができるであろう。もちろん、中欧国家連合を完成させるための困難は、非常に大きいものであろう。共感と反感、まったく異なる性格、さまざまな教育と伝統、とくに、その住民の発展と経済的強度を制約する国土のさまざまな可能性が、考慮しなければならない要因である。両巨大国家では状況はまったく異なる。両国は二つの巨大な民族へと成長し、それぞれ統一した政府、統一した意思、一つの言語、一つの立法と一つの共通の政策を有している。これら二つの巨大な民族は、加えて攻撃的であり、ますます多くを求める猛烈な食欲を有している。アメリカについての章で、我々は、いかにして合衆国が前世紀中に拡大したかを見た。そして同じ時期におけるロシアの成長もこれに類似している」[49]

このようにシャルクは、今日のヨーロッパ共同体、あるいはその前身のヨーロッパ経済共同体に似た中欧国家連合を提唱している。その際に彼が、一八三二年に成立したドイツ関税同盟をモデルに考えている[50]ことは興味深い。彼は言う。

「ここでさらに言及しておいてもよいであろう。国土ないしは関税集合体が大きければ大きいほど、それだけより容易に、かつより確実に国内の産業が破壊的な競争から保護されるという事実に言及しておいてもよいであろう。その理由はきわめて簡単である。小国は比較的わずかな生産物しか供給できない。その理由は、多くの場合に国土の持つ可能性が制約されており、それゆえに外国資本にとっては、商品を一時的に氾濫させることによってその小国の産業を破滅させるのは容易であるからである。これに対して、ほとんどすべての物が大規模に生産される大国あるいは関税集合体においては、そこに外国の商品を氾濫させるのは不可能であるか、あるいは少なくともそのような試みはあまりにも高くつく。このことに対する最良の証明を、ドイツ関税同盟が提示する。関税同盟の創設以前には、比較的規模の大きい産業は、ドイツのなかの比較的大きな領邦国家においてのみ成長が可能であったが、関税同盟の創設以後には、ドイツの全領域で工場が新たに生まれ、そしてすでに三〇年後には、関税同盟によってつくりだされたものは、一八六六年の戦争(プロイセン・オーストリア戦争)ですら、一瞬たりとも関税同盟の機能を中断させることはなかった程、きわめて強力なものとなった。

ドイツにとって、国際情勢から生ずる課題はそれゆえに、大艦隊の創設、保護関税の引き上げと、そしてもし可能ならば他の中欧諸国をみずからの関税連合に招き入れることである」[51]

後藤新平に大きな感銘と強い衝撃を与え、新旧大陸対峙論の発想の源泉となったといわれているシャルクの著書の一部を、訳出ないし要約して紹介したが、いささか奇異に思われるのは、シャルクの著書には、ロシアを中心とするユーラシア大陸ブロックの構想などはまったく見当たらないことである。この著書がもっとも力を込めてドイツ人に向けて警告しているのは、アメリカが巨大国家に成長しつつある事実についてである。ロシアに関する記述は、アメリカほど詳しくはないが、シャルクは、ロシアもアメリカと比肩する巨大国家に成長するであろうと予言している。そして彼は、ヨーロッパの中で、とくにフランスがドイツへの旧怨を捨てて、ドイツと提携することを希望し、でき得ればドイツと共に中欧国家連合ないし中欧関税連合に加盟することを夢想している。

おそらく、アメリカが巨大国家に成長しつつある事実を、くりかえしくりかえし指摘し強調した部分が、後藤に、そのアメリカに対抗するにはどうすればよいかを考えさせたのであろう。この著書が書かれたのは、一九〇四年に日露戦争が勃発する直前と思われる。シャルクは、自国の権益を擁護するために他の主権国家に干渉する、というモンロー・ドクトリンが他の列強に模倣されるようになり、たとえばフランスは、シリアとモロッコで同様の要求をし、そしてロシアは、アジアでこのドクトリンを告知するであろう、と述べている。この箇所に編者のハインリッヒ・エルンスト・チーグラーは、日露戦争の勃発を背景に、次のように注記している。

「旅順港の要塞化と満州の不法な私有化は、この（モンロー・ドクトリンの布告の）途上での措置であった。日本との戦争は、その結果であった。もし日本がこの戦争で勝利を得るならば、もちろんアジアの東岸でのロシアの諸計画は実行不可能となる」[52]

日露戦争は一九〇五年に日本の辛勝に終わったが、早くも一九〇七年七月三〇日には、日本は第一回日露協約に調印し、相互の領土・権利の尊重をロシアと約束しあっている。後藤がシャルクの著書を読んだのは、台湾での民政長官としての任期の終り頃である。一九〇六年一一月一三日に、後藤は満鉄総裁に就任するから、その少し前のことになる。後藤が、これから述べるように、広島県の厳島で伊藤博文に会って新旧大陸対峙論を伊藤に説くのは一九〇七年九月のことであるから、第一回日露協約成立直後ということになる。

シャルクの著書について、ここでかなり詳細に紹介した理由は二つある。第一は、後藤の想像力を掻き立てたであろうこの著書の邦訳が存在せず、その内容が我国ではまったく知られていないことである。第二は、後藤が当時の世界についてどのようなイメージをもっていたのかを具体的に追体験するためには、後藤が熱中して読んだこの著書の内容に立ち入ることが必要と考えられることである。後藤の側近で、後藤と同程度に、あるいは後藤以上にドイツ語の読解力が抜群であった森孝三は、おそらくこの著書を通読したであろうが、それ以外に後藤のあとでこの著書全体を熟読したのは、本書の著者（三宅）だけではないかと思われる。

6 『厳島夜話』に残る伊藤博文との対話

後藤新平は、自分の新旧大陸対峙論を実現してくれるのは、伊藤博文であると考えていた。後藤が伊藤にこの持論を披瀝し、はじめは容易に賛同しなかった伊藤を説得して、ついに伊藤とロシア蔵相ココーフツォフとの会談を実現させた。そのいきさつを記したのが、後藤の手記『厳島夜話《いつくしまやわ》』である。最近刊行された『〈決定版〉正伝　後藤新平　第四巻　満鉄時代』には、『厳島夜話』の文語体の原文とならべて、校訂者の一海知義による現代語訳が収録されている。この現代語訳によりながら、『厳島夜話』の要点をたどってみることにする。

満鉄総裁であった後藤は、国際情勢について、『厳島夜話』の初めに、一九〇七年初春以来、東アジアの形成はますます混沌の度を加え、「風雲の変は、推測することのできぬものを覚えるのみならず、当時西太后はなお院政の威権をほしいままにし、しきりに米清同盟説が喧伝されるのに次いで、唐紹儀が渡米して何かしでかすだろうという風聞が高かった」と記している[53]。実際、義井博の研究によれば、アメリカ留学の経験のある唐紹儀は、一九〇七年に奉天巡撫として満州に赴任し、直隷総督兼北洋大臣として清朝の内政・外交・軍事を指導していた袁世凱のアメリカへの接近政策を推進しており、アメリカの奉天総領事ウィラード・ストレイトがこれに呼応する動きを示していた。実際に唐紹儀は一九〇八年に清国政府特使として渡米している[54]。このようなかなり正確な情勢判断をした後藤は、韓国統監として京城に赴任していた伊藤に一九〇七年の初めに手紙を送り、伊藤にとって都合の良い場所と日時に会見して東亜の情勢について徹底的に話し合いたいと申し入れた。こうして、伊藤が京城に帰任する途中に、一九〇七年九月に広島県の厳島で会うことになる。後藤は次のように記している。

「思い起こすと厳島における公と私との会談は、私にとって実に終生忘れることのできない一大記念であると同時に、もっとも傷心に堪えない思い出の種となったのである。当時公と私とは初夏の瀬戸内海の風光を賞しつつ、三昼夜にわたってまったく人を交えず水入らずの縦横談を試みた。そしてその中心問題はすなわち東洋の将来、とくに対中政策の決定をどうするべきかにあった。私は冒頭まず公に対して率直に問うた。最近帝国の急務である対中・対露の根本策をたて、それをもって百年の長計を決定することより緊要なものは他に比すべきものはない。そしてこの解決実行の手段としては、一代の重望を負い、責任がもっとも大である公爵自らが進んでその難題に臨まれるのが当然である。私はもとより愚か者とはいえ、幸いに公の断固たる決意を聞くことができれば、またつき従ってわずかばかりの誠を尽くすことを辞さないと」[55]

ここに初夏とあるのは後藤の記憶違いで、会談が行われたのは初秋の時期であった。

ところで、後藤が大アジア主義を持ち出し、伊藤が中国に赴いて中国の有力者を「啓導」して大アジア主義の本旨に「悟入」させることこそ、東洋平和の根本策である、というような議論を始めると、伊藤は激しく反対した。大アジア主義というような論法を口にするものは、国際間の虚実を察知しないでややもすれば軽率なことをいうので、たちまち西洋人に誤解され、彼らに黄禍論を叫ばせるようになる、と伊藤は指摘した[56]。こうして大アジア主義をめぐって激論がたたかわされ、二日目の夜になって、伊藤はようやく、後藤の大アジア主義そのものには賛同する姿勢を示したが、今の中国に後藤の大アジア主義を理解するものがいるかどうか、いたとしても実行する力がなければどうするのか、と反論してきた。後藤は、その場合には「第二段の方策に出るだけである」、と答えた[57]。そしていよいよ後藤が新旧大陸対峙論を持ち出すことになる。後藤は膝を進めて、「それは欧州各国、中でも露独英仏と協力して、大勢に善処して、中国の安全と東洋の平和を確保することを指す」と述べ、伊藤が早く韓国統監を辞任して「何等形式上の使命を帯びない任意自由の旅客」として世界を周遊するように勧めた。ところが、後藤が「世界の今後の趨勢は、これを大処より達観すれば、すなわち新大陸と旧大陸の対峙に帰着するからで、そして欧州各国は東洋諸国と共にひとしく旧大陸として、共通の立場と利害を有する」と付け加えると、伊藤は後藤の言葉に憤ったように声をはげしくして言った[58]。

「いわゆる新大陸旧大陸の対峙とはいかなる意味か、これはじつに破天荒の議論である。博文は見聞が狭くていまだこのように奇異な言説を耳にしたことがない。おそらく机上の空想でなければ、すなわち痴人《ちじん》の戯言《ざれごと》にすぎないのではないか。由来何によるところがあって、この種の議論を唱道するのか。今またどのようにしてこの対策を講じようとするのかと。気色凄まじく私を難詰して滔々《とうとう》と数百言、外交史を引援して私の論旨を非難され、厳島の第二日目は、この論争のために夜半十二時をすぎて、第三日目に持ち越すこととなった」[59]

このように後藤の新旧大陸対峙論は、伊藤の頭脳をいたく刺激することになったが、後藤は落ち着いて答えた。すなわち、自分が台湾に在職していた当時、たまたま『自然と国家』という懸賞論文のシリーズの中にエミール・シャルクのものがあるのを見つけたことから始めて、それは独仏同盟論を骨子とするもので、ドイツとフランスがいがみ合いを続けていれば、必ず米国に乗ぜられ、欧州列国はやすやすと米国に征せられるほかなくなるであろうから、ドイツとフランスは旧怨を忘れて協調しなければならない、とシャルクが説いていることを伊藤に説明した。自分はシャルクに大いに共鳴したので、この本を翻訳させて児玉源太郎台湾総督をはじめ二、三の知人にさしあげて、読後感を聞いた、と[60]。

これを読んだ児玉は、欧米両大陸が大西洋を隔てて対峙する関係は行く行くシャルクの見方のようになるであろうけれども、日本はどのような地位を保てばよいのか、また東洋の将来は果たしてどうなるのか、と後藤に質問した。後藤は言う。「私は総督の質問に接して、さらに大いに考慮すること数日数夜に及んだ。そして私はシャルクの主張にかかる独仏同盟論では規模がなお狭小に失すると思い、熟考また熟考の末ついに到達したのが、新旧大陸対峙論である。」そして後藤は「欧亜旧大陸に対する新大陸米国の脅威はただただ時間の問題である」と深く自覚したと述べている[61]。「厳島夜話」の叙述に従えば、ここに新旧大陸対峙論の発想が生まれたのである。シャルクの念頭にあったのは、祖国ドイツの運命であったが、後藤の念頭にあったのは、政情不安定な中国の問題であり、新大陸に位置するアメリカが中国に進出しようとするのを、日本とヨーロッパ諸国との協力によって、「未然に制する」他に手段はない、と認識したことがこの発想の由来であった、と後藤は記している[62]。

三日目の深夜まで議論を続けても、伊藤は後藤の新旧大陸対峙論に同意する姿勢を示さなかった。ところが、後藤が伊藤を説得できなかったことを遺憾としながら、伊藤の宿舎であった紅葉渓の岩惣旅館から自分の宿舎の白雲洞ミカドホテルに戻って来た。後藤は、頭が冴えて寝付かれず、黙想にふけっていた[63]。この後の「厳島夜話」については、ここだけ後藤の漢文調の文章をそのまま引用してみたい。

「乍《たちま》チニシテ窓外声アリ。始メハ男女相会シテ私語スルガ如キナリシガ、四隣闃《げき》トシテ音ナキ折柄、彼等ハ『後藤サン』、『後藤サン』ト呼ブヤニ感ゼラレ、又『後藤サンノ宿ハ此ノ辺ナラン』トイウ声モ耳ニ入リ来《きた》レリ。サテハ何人《なんぴと》カ余ヲ呼ビ尋《たず》ヌルヤニト、戸ヲ排シテ推問セシニ、其ノ人ハ伊藤公ニ随従スル日高警部（憲明）ニシテ、他ハ岩惣《いわそう》ノ婢《おんな》ナリキ。日高警部ハ深夜ノ来意ヲ告ゲテ曰ク。公爵ハ先刻来頻《しき》リニ酒ヲ呼ビテ未《イマ》ダ寝ニ就カレズ、且ツ今ヨリ直《ただち》ニ貴下（即チ後藤）ヲ訪問セント云ワル、若《も》シ公爵ノ意ニ任《まか》シ置ク時ハ、夜陰ヲ冒《おか》シテ公爵自ラ此処《ここ》ニ来ラレントス、是レ老体ノ公爵ニ取リ聊《いささ》カ懸念セラルルヲ以テ、幸ニ貴下ノ同意ヲ得バ、即刻再ビ岩惣方ニ枉臨《おうりん》ヲ願ワレマジキヤ、コレ固《もと》ヨリ公爵ノ命ニアラズト雖《いえど》モ、公爵ノ足労ニ代エ、枉《ま》ゲテ貴下ノ容認ヲ得タク推参シタルノ次第ナリト。予答エテ曰ク。ソハ易《やす》々タル事ナリ、予ハ聊《いささか》モ労苦トスル所ニアラズ、大先輩ノ来駕《らいが》ヲ待チ迎ウルハ寧《むし》ロ礼ニ非《あら》ズ、後輩ノ予ヨリ参上スルコソ当然ナレ、直《ただち》ニ同行セント」[64]

こうして後藤は大急ぎで再び岩惣に赴いた。時は午前二時に近かった。伊藤はまだ酒を飲み続けていたが、後藤が到着したのを見ると、なぜ自分が来るのを待っていられなかったのか、などと後藤を散々からかった。しかし、女中たちを去らせて二人だけになると、伊藤はからかう態度を改め、後藤がここ数日来、伊藤に語った胸中をかつて誰かに洩らしたことがあるのか、と問うた。後藤が伊藤以外に話したことはないと答えると、伊藤は重ねて桂太郎に話したことはないか、と尋ねた。後藤が伊藤以外の誰にも打ち明けたことがないとわかると、伊藤は大いに安心したらしかったが、今度は、自分が承認を与えるまで、沈黙を守れるか、と問い、なぜそこまで後藤が他の人物にしゃべるのを禁じたかを説明して言った。事は重大機密に属するので、陛下のお考えを伺わなければならないことにもなるであろうし、陛下から山県や桂に御下問があるかもしれず、おそかれ早かれ山県、桂から後藤に洩らすことがないとは保障できないが、その時に後藤が、伊藤の言うところは実は自分の進言の結果なのだと放言するようなことがあれば、かえって意外な誤解をひきおこす恐れがあるだろうから、これが特に君（後藤）の真意を確かめた理由である、と。後藤が断じて他言しないと誓うと、伊藤は「可ナリ、熟慮ノ上奮《ふるい》テ之《これ》ガ実行ヲ期スベシ」と断言した[65]。

厳島での後藤と伊藤が密談したのは一九〇七年九月のことであったが、翌年五月には後藤は帝政ロシアの首都ペテルブルクを訪問してロシア蔵相ココーフツォフらロシア政府の要人と会っている。創立一〇〇年記念出版として拓殖大学から二〇〇五年一〇月に刊行された『ロシアと拓殖大学』には、黒岩涙香が創刊した万朝報《よろずちょうほう》の記者であった河上清の「露都における後藤男」という記事が再録されていて、ココーフツォフが主催した一九〇七年五月一八日の晩餐会での、ココーフツォフの歓迎の辞に接することができる。ココーフツォフは次のように切り出した。

「数ヵ年以前、本国に於て卓絶なる敏腕家にして現時我露国の尊敬すべき客人たる後藤男爵が露西亜に来遊せらるる報知に接するや、余は衷心より此報告を歓迎し、同男の健康勝れざるの報告に接するや、速かに平癒せられて露国行を実行せられんことを衷情より願へり、然るに今茲に尊敬すべき男爵を眼前に見るの光栄を得るに当て、同男爵が其卓絶せる才能及び進捗を以て裁決せらるるの責任重き複雑なる事業を一時抛て長途の旅行を意とせず遂に来遊せられたる、其心情に対しては満腔の同情を表せざる能はず（以下略）」[66]

この歓迎の辞は、社交辞令として美辞麗句を並べているのは当然であるけれども、後藤へのたんなる社交辞令以上の敬意を感じさせる。ロシア側の歓迎ぶりはかなりのもので、晩餐会の行われた日の午後には、ロシア皇帝ニコライ二世の側からの申し出で、後藤はツァールスコエ・セロの離宮でニコライ二世と会見している。河上の記事によれば、後藤にとっては英語よりドイツ語が望ましいことを確かめた皇帝は、ドイツ語で、卿は南満州鉄道会社の長と聞くが住所はどこか、などと質問し、後藤は、自分の住居は東京であるが、職務上ダルニーにとどまらなければならない、と答えた。皇帝はダルニーと聞いて急に何かを思い出したようであり、ダルニーは今や大連と改名されたと聞くがどうなのか、と問い、また、近頃日露関係は次第に親密になっていると聞くが喜ばしいことである、などと語った[67]。

ちなみに、この記事を書いた河上清は、一九〇一年にはアメリカに渡って、英語で多くの著書や論説を書いたが、一九〇七年にはロシアで後藤に随行したようである。ココーフツォフは一八九六年から一九〇二年まで蔵相ウィッテの下で次官をつとめ、一九〇四年から一九一四年まで、日露戦争終了後の短い時期を別にすれば一貫して蔵相をつとめた。ストルイピン暗殺の後、一九一一年に首相に就任する。『新版　日本外交史辞典』の「ココフツォフ」の項目によると、ラスプーチンに批判的であったために一九一四年にラスプーチン派の策動によって首相を辞任した。ロシア革命後、一九一八年にフランスに亡命したが、パリで一九三三年に出版した回想録は、一九〇五〜一九一四年の時期に関して史料的価値が高いといわれる[68]。

河上が伝えたこのようないきさつを知っていると、韓国統監を辞任した伊藤と東京の向島で再会した後藤が、露英独仏の各国を歴訪したいと言う伊藤に対して、まずココーフツォフと会見する気はないか、という問いを発したことも唐突とは思われない。伊藤は、それは大いに可であるが、どのようにして彼と会見の機会を作るのか、と問い返した。後藤は、ココーフツォフは、先だって私に、私が書簡を送って彼をハルビンに招待すれば、必ず名目を設けて極東に来る、と約束している、と答えた。伊藤は、君の言うことは例によって大仰《おおぎょう》だな、君が斡旋してもココーフツォフは果たしてそれに応じて来るかどうか、にわかには信じ難いと述べたが、これは当然の反応であったろう。しかし、後藤は試みに自分に一任して欲しい、と言いすぐにココーフツォフに手紙を出した。数週間で、貴書簡を拝受した、よろこんで承諾する旨の返電が来た。伊藤にこの電文を見せると、さすがの伊藤もよろこんで、「イヤ参った、参った、今度ばかりは兜を脱いで君に降参する」と言い、急いで出発の準備に取り掛かった[69]。

しかし、ハルビンへの出発こそ、伊藤にとっては死出の旅への出発であった。一九〇九年一〇月二六日、ハルビン駅の列車の中でココーフツォフと対談した直後、車両から降りたところで伊藤は銃撃を受け、間もなく絶命した。拳銃を握ってその場にいた安重根が逮捕され、狙撃した犯人として処刑されたが、この暗殺事件には謎が多く、真相はわかっていない。伊藤が韓国併合に消極的であったことから、併合を急いだ日本側が仕組んだ疑いが残る。後藤は、伊藤を死に追いやった責任は自分にある、と生涯みずからを責めたといわれる。

7 戴季陶『日本論』に見る桂太郎の構想

伊藤がハルビンで暗殺された後、後藤は首相桂太郎が自分の新旧大陸対峙論を実現してくれるのではないかと考えて、桂に希望を託すようになる。「厳島夜話」によると、そのきっかけとなったのは、当時たまたま福沢諭吉の創刊にかかる『時事新報』に掲載された桂の談話であった。第二次桂内閣は一九〇八年に成立して一九一一年に第二次西園寺内閣と交替する。後藤は第二次桂内閣の逓信大臣であった。桂はこの談話で、伊藤公がにわかに薨去しても、日本には桂がいるから前途を憂うる必要はない旨を語っていた。そこで、後藤は桂との懇談を希望し、三田の邸宅で桂と対座した際に、厳島以来の顛末を桂に告白した。桂ははじめ、なぜ事前に自分に知らせなかったのか、と後藤を詰問したが、後藤は秘密をまもることを伊藤と固く約束した次第を説明した。桂の態度は次第に和らいだらしい。そこで後藤は桂に、なるべく早く首相を円満辞職して、ヨーロッパ漫遊の旅に出ることをすすめた。間もなく桂は首相の職を辞して、後藤とともにロシアに赴いたが、ペテルブルクに到着した日に明治天皇の病状急変の知らせに接し、予定をあきらめて帰国の途についたが、その途中で天皇の崩御の電報を受け取り、一同無言で泣いた[70]。鶴見和子が、先にも引用したように、祖父後藤新平はモスクワに乗り込んでスターリンと会ったことで「伊藤博文に対する自分の責任を果たしたと思ったのです」と語っているのは、以上のような次第からである。後藤の念頭には、桂との、むなしい結果に終ったロシア訪問の思い出も、強烈によみがえっていたと考えられる。

ところで、後藤に説得されてヨーロッパ諸国歴訪の旅に出た桂の目指したものは、後藤が目指していたらしい日露協商の強化ではなく、日独同盟の締結であったと思われる。これを史料的に裏付けるのは、戴季陶《たいきとう》の著書『日本論』に記された証言である。むしろ別名の戴天仇として知られていた戴季陶は、『日本論』の市川宏による邦訳巻末の略年譜によると、一八九〇年に四川省に生まれ、一九〇七年から二年間、日本大学法学部に留学し、一九一三年には孫文に随行して来日し、通訳をつとめた。一九二五年には『孫文主義の哲学的基礎』を完成し、中国共産党に批判的な、中国国民党右派の理論的指導者となる。一九二八年に上海で『日本論』を出版、同年から一九四八年まで考試院院長をつとめて公務員登用試験制度の整備に尽力した。一九四八年には国史館館長となるが、一九四九年に広州で五九歳で亡くなった[71]。この『日本論』は、日本で長く生活した中国人知識人の、日本の歴史と現状に対する厳しい批判を込めた考察として興味深いものである。この本の中でとくに肯定的な評価を与えられているのは、桂太郎と日本海海戦で東郷平八郎の参謀をつとめた秋山真之である。逆に激しい批判と攻撃の的になっているのは、田中義一である。桂と秋山への戴季陶による高い評価は、孫文の二人に対する評価を反映している。『日本論』によると、桂の訃報に接した時、孫文は嘆息して「もはや日本には、ともに天下を語るに足る政治家はいなくなった」と嘆いたという[72]。

一九一三年の春、孫文が日本を訪問して六〇日滞在した時、戴季陶はすべての講演、宴会、交渉の通訳をつとめた。そこで、いつでも二度聞き、二度話すことになったので、その一つ一つのいきさつを、こと細かに記憶している、と彼は言う。東京滞在の四〇日間で、とくに記憶にとどめたいのは、孫文と桂太郎の会見であると述べて、のべ一五、六時間に及んだ会見での桂の発言の要旨を、およそ次のようにまとめている。

「清朝政府の時代には、腐敗した朝廷と政府には発展の可能性は見出しようがない状態で、そこへ北からは強大無比の武力によってロシアが、南からは強大無比の経済力によってイギリスが、圧迫を加えてきた。日本としては自力で生存をはかる他はなく、幸いアジアにおけるイギリスとロシアは利害が鋭く対立していたので、我々はこの対立を利用してイギリスと同盟を結び、僥倖にもロシアを破ることができた。しかし、日露戦争が終った今では、もう日英同盟の役割は完全に終った。今や太平洋において日本とイギリスは完全に敵対関係にあり、今後の日本の活路はイギリスとロシアの連携を分断し、ドイツとの連携を強化することにしか見出せない。日英同盟のかわりに日独同盟を結び、対露作戦のかわりに対英作戦をもってすることによって、是が非でもイギリスの覇権を打倒しなければならない。このように考えて、自分は先年モスクワを訪問した。世間では桂は日露同盟を締結するのではないかと憶測していたが、ロシアとの友好は結構であるが、日露同盟が出来る訳はないし、できたとしても何の役にも立ちはしない。実は自分が計画したのは日独同盟であった。このことは他人まかせにはできないし、ドイツを訪問すれば人目を引くおそれがあるから、ドイツ政府と打ち合わせてモスクワで画策することにしたが、先帝の病篤く、モスクワに到着した途端に帰国を促された。こうして日独同盟計画は今日まで棚上げになっており、まことに痛恨事であるが、自分は政権の座にある間に、いつかは成就させたいと願っている。これは自分の最大の秘密であり、万一この日独同盟の計画が洩れたとなると、日本は非常に不利な立場に追い込まれる。日独同盟成立前にイギリスが全力をあげて日本に対抗すれば、日本は到底イギリスに太刀打ちできない。このように日独同盟構想を孫文に打ち明けた桂は、現在の世界で、イギリスに対抗してイギリスを倒せる者は、自分と孫文とドイツ皇帝の三人をおいて他にない、と言い切ったという」[73]

戴季陶の伝える桂太郎の日独同盟構想は、多分に空想的な要素を含んでいて、仮に桂が政権を長期にわたって維持できたとしても、実現したとは考えられないが、日本とロシアとの間には、桂と後藤がモスクワに到着する直前、一九一二年七月八日にすでに第三回日露協約が成立していたから、桂がこれ以上の日露同盟など不要と述べたとしても不思議ではない。いささか奇異に感じられるのは、後藤が伊藤だけでなく桂にも打ち明けてしまった新旧大陸対峙論にもとづいて、桂に日露関係をさらに緊密にする働きを暗殺された伊藤にかわって果たしてもらうことを期待していたのに、桂のほうは、日露関係をこれ以上深めることには関心はなく、もっぱらイギリスに対抗するための日独同盟を目指していたらしいということである。桂の構想した日独同盟が、戴季陶の伝える通りのものであったにしても、それは同時期の霞ヶ関の外交路線とは異なっていた。桂は、日露戦争が終って日英同盟の役割も終った、と孫文に語ったとのことであるが、霞ヶ関の外交路線は駐英大使から第二次大隈内閣の外相に転じた加藤高明の唱えた「日英同盟骨髄論」に代表されるものであった。後藤は寺内内閣で短い間外相をつとめたが、後藤の新旧大陸対峙論とその延長線上の日露や日ソの友好を重視する立場もまた、霞ヶ関の主流に沿ったものとは見なしにくい。それでも、後藤が、みずからが暗殺される危険までおかしてソ連からヨッフェを日本に招いたことなどは、その後の日ソ国交樹立の基礎固めとして貢献したのであるから、霞ヶ関の外交と接点を有したということができる。

8 ロシア革命の切迫を予言した松岡洋右

外務省から見れば部外者の元老である山県有朋は、霞ヶ関の抵抗を排して、第一次世界大戦の最中に実質上の日露軍事同盟である第四回日露協約を成立させた。この時は、山県は外相加藤高明と激しく対立し、「日英同盟骨髄論」に固執して山県の要求する日露同盟に反対した加藤は、山県の圧力の前に一九一六年一〇月に辞任に追い込まれた。

このように山県は、第一次世界大戦のさなかに、ロシアとの軍事同盟を熱心に主張し、これに反対する加藤を大隈内閣から追い出した後、後任の外相となった石井菊次郎に圧力をかけて、事実上の日露軍事同盟に他ならない第四回日露協約に調印させた。協約の調印は一九一六年七月三日に行われた。山県の構想した日露同盟は、大戦後に山県が予想した黄色人種と白色人種との人種戦争に際して、ロシアを日本の味方に取り込んで白色人種の陣営に楔を打ち込もう、という意図にもとづいていた。そして、山県から見ると、日英同盟だけでは心もとなかった。日英同盟の他に日露同盟を締結することが、目下の急務である、と山県は考えた。このような山県の構想は、山県が大山巌、松方正義、井上馨の三人の元老の同意を取り付けた上で、一九一五年二月二一日に首相大隈重信に提出した「日露同盟論」という標題の付いた意見書の中で詳しく説明されていた。この意見書に従えば、平和が回復された後のヨーロッパ列強は、中国大陸への進出を目指すであろうが、日本は、独力で中国大陸を保全することはできない。ヨーロッパのある強国と同盟を結んで、中国における列強の競争が、我が国にはなはだしく不利とならないように配慮し、あわせて黄色人種に対する白色人種の連合が、成立する機運を未然に予防する策を講じなければならない、とされている。この意見書はさらに、目下ロシアは日本の軍事援助を大いに徳としていて、その結果日露戦争の恨みも忘れたように見えるから、ロシアとの同盟を締結するには、今が最善の時機であり戦争が終ってしまえば、同盟は困難ではないにしても、その条件が今ほど我が国に有利ではあり得なくなるのは疑いない、と述べている。また、戦時下の今ならばイギリスも日本とロシアの同盟を歓迎するであろう。また、同盟という名前に異議があるとすれば、現在の日露協商を拡張して、次の四項目を含むようなものにしてもかまわない、としている。その四項目は、次の通りであった。第一に、日本とロシアの両国は、そのうちの一国が第三国から挑発された場合、攻撃と防御のいずれについても援助しあうこと。第二に、中国の領土を保全すること。第三に、中国に対する外交、経済（特に鉄道）その他重要な事項はあらかじめ日露両国間で通知し協議すること。第四に、蒙古と満州に関して、とくに中国に対して交渉しなければならない重要な事項は、あらかじめ日露両国間で通知し協議し、蒙古と満州における日本とロシアの両国特有の関係については互いに尊重し保護すること[74]。

山県の挙げた四項目は、第四回日露協約の公開されなかった秘密協約の中に盛り込まれ、自分の意見を取り込んだ秘密協約を含めて、第四回日露協約が調印されたことを山県は手放しでよろこんだ。そして「手にとるも遅しと文をひらきみて眉も始めて開けつるかな」という、あまり上手とも思えない歌を詠んだ[75]。それだけにこの実質上の日露軍事同盟が、一九一七年の三月と一一月の二回にわたるロシア革命、とりわけレーニンの指導した一一月革命によって雲散霧消したことは、山県にとってはもちろんのこと、当時の日本の指導者層にとって大きな衝撃となった。

なお、山県はこの意見書の中で、目下ロシアは日本の軍事援助を大いに徳としていると述べているが、実際に、日本の革命直前のロシアに対する軍事援助は膨大なものであった。石井菊次郎は、回顧録の『外交余録』で、日本政府は国防上絶対必要な部分を除き、所蔵する兵器は全部ロシアに渡したばかりでなく、小石川と大阪の砲兵工廠を督励し、昼夜兼行で新兵器の製造に従事させた、と記している。石井の記憶では新旧の小銃六七十万挺に達した。その他、機関銃、小型砲、野砲なども供給し、同時に若干の民間工場を動員して被服、刀剣、靴にいたるまで約三億円にのぼる物資を供給したという[76]。

第四回日露協約締結に際し、その代償として日本が受け取ったのは、ほとんど松花江・長春間の鉄道の有償での譲渡の約束だけというわずかなものであった。しかも、一九一六年一二月になって、譲渡に対して八〇〇〇万ルーブルを要求してきて、日本側がこれは法外であるといって交渉しているうちに、三月革命が起こり、外相本野一郎とロシア大使クルペンスキーとの間で、二三〇〇万ルーブルという折り合いがついたのは、一一月革命の後の一九一七年一一月二二日のことであり、もはやこのような合意は何の意味も持たなくなっていた[77]。さらに、一一月革命後、『イズヴェスチヤ』紙上に、秘密協約の文中の日本またはロシアに敵意を有する第三国とはイギリスとアメリカとを指す、という注釈を付けて暴露された[78]。

松岡洋右の生家は、山口県熊毛郡室積浦で祖先は今津屋という富裕な回漕問屋であったが、長州征伐の時に長州藩に用立てた軍用金が貸し倒れになったこともあって、松岡が一八八〇年に生まれた頃には没落していた。荻原極執筆の松岡洋右伝によると、山県はある時、松岡が今津屋の倅であることを知り、宴会の席に紋服袴の厳粛ななりで現われて松岡を上座に坐らせ、長州征伐の際に軍用金の徴発に赴いて今津屋の財産を使ったことなどを述懐して、慇懃にもてなしたという[79]。

松岡は外務省二等書記官として、一九一二年一二月から一年間ロシアに勤務し、そのあとアメリカに勤務して、一九一六年七月に帰国した。一〇月、山県の別荘古稀庵に帰国の挨拶に二度訪れた松岡に、山県は二度とも第四回日露協約の自慢話をした。最初は黙って拝聴しただけであったが、二度目には松岡は、遠からずロシアは大動乱におちいって、ロマノフ家は滅亡するに相違ない、という見通しを述べた。第四回日露協約の締結に当たっては、こういう予見を勘定に入れたのかどうか、と山県に質問した。山県は非常に驚いて、長州弁丸出しで「そりゃあ、どへうしもない（大変な）ことを言うが」と言ったので、今度は山県の見通しの甘さに松岡のほうが驚いたという[80]。

松岡は三、四〇分の間、ロシアの内情について説明した後、結論として山県に、ロシアでは、クリミア戦争と日露戦争の時に、すでに二度も革命が企てられ、二度とも失敗すべき理由があって失敗に終ったが、今度こそ、この戦争が終るまでに革命が成功する、と語った。そして、もし自分の予言が当たらなかったならば、それは人類史上の奇蹟であるが、この二〇世紀に、そういう奇蹟は起こらない、と大見得を切った。山県は緊張して眼を閉じながら松岡の話を聞いていたが、やがて眼を開き、まっすぐに松岡の眼を見て、「どうもそう見ざあなるまいのう」と言った。そして、ロシアで三月革命が起こった一九一七年の四月の初めに、小石川の椿山荘を訪れた松岡が、山県に前年のことを言い出すと、山県は感慨無量の顔をして、「うう、とかあない（一言もない、降参した）」と言ったと、松岡は記している。これはすべて、雑誌『日の出』昭和八年新年号別冊に掲載された松岡の「山県有朋を語る」から松岡伝に荻原が再録したものである[81]。

これより少し前の一九〇六年一一月、松岡は遼東半島の関東都督府外事課長に任命され、同じ年の同じ月に満鉄総裁に就任した後藤新平の人となりを体験することになる。日露戦争の直後で、軍人が大いに幅を利かせていた時であった。松岡は、後藤が旅順の偕行社に行くのに随行した。そこで陸軍の軍人が満州問題について話をすると、後藤は突然大声で「満州に来て見ると皆が軍人病にかかっている」と言った。これを聞いた松岡は、「なるほど、後藤さんは脱線される。しかしその脱線は決して無意味の脱線ではない。あの空気、あの場所、ほとんど軍人ばかりのうちで、ああいう喝破されるという事は、この人、実に偉い」と感じたという[82]。

松岡はまた、ペテルスブルクでの短い勤務を終えて帰国する時、日本大使館の駐在武官に、ロマノフ王朝の滅亡を予言し、ロシアは二〇年ぐらい極東に関する限り力を行使する余裕はない、と語った[83]。一九一六年七月にサンフランシスコから日本丸に乗船して帰国する時は、のちに首相東条英機の暗殺を企てたといわれる中野正剛と一緒であった。松岡は中野に、第四回日露協約締結を祝う提灯行列について、日本人は気がどうかしている、世界の将来がどうなるかわからぬ時に、同盟のような協約をロシアと結ぶとは軽率極まる、と語り、元老の山県有朋以下が浮いた気分になっているのは苦々しいが、提灯行列までする国民にも呆れる、と慨嘆した[84]。

ところで、後藤もそこで内相、ついで外相をつとめた寺内内閣は、一九一八年九月に総辞職した。後任の首相に原敬を推薦することに反対しそうな山県は、原敬推薦に同意する。川田稔著『原敬と山県有朋　国家構想をめぐる内政と外交』は、その理由として、山県の意に添う適当な人物が見つからなかったことや米騒動の影響からだけでなく、むしろ日露同盟によって英米両国に拮抗しながら中国大陸での日本の勢力圏拡大をはかろうとした山県の外交構想が、一九一七年の二度にわたるロシア革命によって完全に崩壊したという事情が決定的に作用した、と見ている。こうして、以前から対米協調を強く主張し、日露提携や強引な大陸政策に危惧を表明していた原に政権をゆだねる他なくなったのだ、と川田は分析している[85]。

川田の叙述からも浮かび上がってくるように、日露同盟路線の崩壊は、山県を筆頭とする当時の日本の指導者層に深刻な打撃を与えた。しかしながら、大正外交史をめぐる通常の理解では、ワシントン会議での日英同盟の解消が、日本の孤立を招いた事実は強調されているけれども、ロシア革命による日露同盟路線の崩壊が、同じく、あるいはすでにかなり有名無実化していた日英同盟の消滅以上に、日本を孤立させた事実は、それほど強調されていないように見受けられる。その意味でも、吉村道男が大著『増補　日本とロシア』の中で、日露同盟路線の瓦解が、日本の頼みとする与国の消滅を意味し、それはやがて日英同盟廃棄に連なるもので、元老たちが危惧した日本の孤立を招いた、と断定しているのは重要な指摘である[86]。

このように、ロシア革命の直前まで、日本の政治指導者、とりわけ元老山県有朋は、ロシアを強大な国家と信じて、ロシアとの提携から多くを期待した。しかし、三月革命でロマノフ王朝が滅亡し、一一月革命でレーニンの共産主義政権が樹立されたあとでは、ロシアとの提携を唱える声は消えた。山県も共産主義のロシアとの提携などは夢にも考えなかったであろう。そのなかにあって、後藤だけがイデオロギーは何であろうとも、ロシアが地図の上で、ユーラシア大陸の東西にまたがる巨大な存在であることは変っていないと考えて、共産主義のロシアとの提携を模索し続けた。

後藤は、「厳島夜話」の記述の最後に、自分が「群議百難」のなかで所信を貫徹してヨッフェをソ連から招き、日ソ交渉の素地を作ったのも、伊藤と桂の「両公の霊前に焚香供華するための一事業に他ならない」と述べ、その因縁のはじめは厳島での伊藤との三昼夜にわたる会談であり、「故伊藤公を追懐し、併せて故桂公の晩年を想うたびに、胸裏に万感がまざまざと起こり、燈下に終宵眠りに就けず、晨鐘が耳に響いて辛うじて筆を擱く」と結んでいる[87]。

共産主義国家ソ連との提携をはかった後藤の具体的な動きは、一九二三年一月から八月にかけて、ソ連の外交官アドルフ・ヨッフェを日本に招いてたびたび会談したことであった。

9　日ソ国交の端緒を作った後藤とヨッフェ

東京市長であった後藤は、北京に滞在していたヨッフェを日本に招待する一九二三年一月一六日付けの電報をヨッフェに送った。日本とソ連ならびにチタに首都を置いて独立した国家の体裁を取っていた極東共和国の三国代表による長春での前年九月の会議は、九月末に決裂していた。この時のソ連側代表はヨッフェであった。二二年一一月には極東共和国はソ連に吸収合併された。日本の占領下にあった東シベリアにアメリカの同情を買うのを目的として作られた極東共和国は、一九二一年から二二年にかけてのワシントン会議で日本がシベリアからの撤兵に合意し、二二年一〇月末までに撤兵が完了したので、必要がなくなったのである。長春会議決裂のあと、二二年一〇月に北京に入ったヨッフェの手によって、ソ連と孫文の中国とのあいだで、日本を排除した提携が実現して、日本が孤立するのを恐れた後藤は、個人の資格でヨッフェを招致することを決意した。一九〇七年に唐紹儀によって清国とアメリカの接近が実現するのを恐れ、伊藤との会見を急いだように、今度はヨッフェと孫文の接近を恐れたことが、後藤にヨッフェ招致を急がせたのである。

ヨッフェは、一九二三年一月二三日に上海から後藤の招聘を受けて、二七日に日本へ向けて出発するという電報を打った。けれども他方で、上海のフランス租界で孫文と会見している。そして、一九二三年一月二六日に、孫文とヨッフェは、共同声明の形での孫文・ヨッフェ協定に署名する。この協定こそ、それ以後の孫文の連ソ容共、国共合作路線の出発点となった、重要な文書である[88]。

孫文は、ヨッフェの日本訪問に際して、腹心の廖仲愷に命じてヨッフェに同行させ、一カ月にわたってヨッフェの滞在した熱海で中ソ連合などの問題について懇談させたといわれる[89]。廖仲愷は、帰国後は中国国民党左派の指導者として活躍したが、一九二五年八月に暗殺された。日中国交回復に際して活躍した廖承志の父である。

ヨッフェは若い夫人や息子と秘書二名とともに一月二九日、アメリカ船エンプレス・オヴ・エイシア号で長崎に到着し、下関発の特急列車で二月一日に東京駅に到着した。東京駅の光景は「殺気プラットフォームに渦巻くやうな物凄いものであった」と鶴見祐輔が記しているように、二百数十名の私服の警官と刑事が一行を取り囲んで護衛し、襲撃に備える、というものであった[90]。同日、制服私服の警官と新聞記者、見物人などがとりかこむ中で、宿舎となった築地静養軒のヨッフェの部屋で行われたヨッフェと後藤との会談は三時間に及んだ[91]。後藤は、ヨッフェを招待したというので右翼団体の非難と攻撃の的となり、麻布桜田町の後藤の私邸は二度にわたって右翼団体に襲撃され、二度目の襲撃では後藤の長男一蔵が負傷している[92]。神経痛に苦しめられていたヨッフェは、療養のために二月一〇日に熱海に移り、後藤はしばしば熱海を訪れてヨッフェとの交渉にあたった。右翼団体は、今度は熱海で「過激主義社会主義実行ノ巨頭ヨッフェハ政治的野心ノ権化タル後藤子爵ト握手シ病ヲ名トシテ我熱海ニ隠レテ陰謀策源地タラシム」「赤化鬼ト共ニ売国奴ヲ葬レ」などの激烈な文言のビラを撒いた[93]。後藤はヨッフェ招致によって生命の危険にさらされたのである。

　交渉そのものは、後藤とヨッフェとの私的なものから、六月下旬に至ってポーランド公使川上俊彦を日本代表とする非公式予備交渉に変った。川上は、ハルビンで伊藤博文とココーフツォフの会談の通訳をつとめ、襲撃の際にみずからも肩に負傷している[94]。ヨッフェ来日の時、たまたま川上は日本に帰国していた。川上は日ソ交渉に積極的であり、日本側がこだわっていた、尼港（ニコライエフスク）事件の賠償請求を放棄する提案を含む意見書を外務省に提出していた[95]。尼港の日本人軍人と居留民合わせて一二二人が一九二〇年五月に虐殺された尼港事件の賠償問題は、ヨッフェも参加した先の長春会議でも、大きな障害となっていた。

　ヨッフェの健康状態は改善せず、ヨッフェは日ソ交渉をいったん打ち切って帰国することになる。二三年八月一〇日夜、ヨッフェは東京駅を出発して敦賀に向かい、そこから鳳山丸で帰国の途についた。関東大震災の二〇日前であった。交渉はポーランドに戻った川上によって継続され、一九二四年五月に駐華公使芳澤謙吉とソ連の駐華代表カラハンの間で交渉が開始されて、一九二五年一月二〇日には北京で日ソ基本条約が調印されて日ソ国交樹立の運びとなった。後藤によるヨッフェ招致が、そのための土台を築いたことは疑いない。それにしても、なぜ後藤は自分や家族の生命を危険にさらしてまで、ヨッフェを招こうとしたのであろうか。後藤が東京市長であった時の助役筆頭の永田秀次郎は、後藤が自分の心境を次のように語ったと述べている。

「永田は一九二二年に後藤がヨッフェを日本に呼び寄せると言い出した時、日本が列国に先んじてロシアと話し合うことを危ぶんだが、後藤は、欧米が無暗とロシアを怖がって躊躇している時がもっともよい機会であり、日本とロシアは隣国である、一日も早く通商を開始するのが両国の利益である、中国問題について日本はまずロシアと手を結んで三国の親善の態度を取らなければ解決ができない、と述べた。そして、後藤は、伊藤公をハルピンまで連れて行ってあの凶変に遭わせたのも自分の責任であり、桂公とロシアまで出かけていながらこころざしを達することができなかったのはいかにも残念である、と付け加えた」

永田は後藤に、首相加藤友三郎と提携するように進言し、後藤はこの進言はもっともであるとして、加藤の了解を取り付けた[96]。後藤の心中に伊藤の遭難と桂との、明治天皇の病気と崩御によって中断された旅行のことが重くのしかかっていたことが、「厳島夜話」からも、また永田の証言からも、はっきりと感じられる。

ロマノフ王朝の消滅によって、事実上の日露軍事同盟であった第四回日露協約を第一次世界大戦後の日本外交の支柱としようとした山県有朋らの構想は完全に崩壊した。その後に出現した共産主義国家と提携することは、山県にとっては論外であった。ところが、後藤新平だけは、その共産主義国家ソ連との提携を日本にとっての急務である、共産主義というイデオロギーは日本にとって問題ではない、という判断の上に立って、一九二三年にはソ連の外交官ヨッフェを日本に招き、一九二七年冬にモスクワに赴いて、翌年一月七日と一四日の二回、スターリンと会談した。後藤の新旧大陸対峙論からすれば、旧大陸すなわちユーラシア大陸の大きな部分を占めるロシアの西に位置するドイツやフランスとの関係も重要であるはずであった。一九二九年四月に世を去った後藤は、そのドイツにヒトラーの独裁政権が成立するのを体験することはなかった。桂太郎はドイツとの同盟をひそかに目指していたというが、一九一三年一〇月に歿した桂の知っていたドイツは、カイゼル・ヴィルヘルム二世の君臨するドイツであった。

一九一八年五月二七日の『時事新報』は、元東京アドヴァタイザー記者メーソンなる人物が首相寺内正毅と会見し、日独同盟の可能性についてたずねたところ、「それは一に目下の戦争がどのような形で終るかにかかっている。戦後の日本は『絶対孤立の地位』に安んじることはできない。それゆえに、もしも国際状況上必要な場合には、ドイツを同盟国にえらぶことがあるかもしれない。ただし、現在の情勢から判断するかぎりでは、そのようなことになるとは考えられない。日本と連合国との関係は、戦後もまたなんら変ることなく継続するものと信じる」と答えたという。この会見記は、はじめ五月一日発行の『ニューヨーク・アウトルック』に掲載されたもので、『時事新報』によれば、首相の発言は鶴見なる人物、おそらく後藤の伝記を書いた後藤の女婿鶴見祐輔が筆記したもので、首相、内相水野錬太郎、外相後藤新平に提出し、首相が手を入れた、とのことである[97]。不吉な予言とも取れるが、事態が急転するのは満州事変とヒトラーの政権掌握のあとである。

それにしても大正時代というのは、鈴木三重吉主宰の児童雑誌『赤い鳥』に象徴されるような、一見平和な時代に思われるが、清帝国とロシア帝国の崩壊のあと、日本が進路を探しあぐねていた不安な時期でもあり、その中で明治末期から大正時代を中心に挟んで昭和初期まで、新旧大陸対峙論から出発して共産主義国家ソ連との提携を熱望した後藤新平の軌跡を考えてみることは、大正時代とそれに続く昭和前半期を理解する一助となるであろう[98]。

第4章

世界経済危機から日本の国際連盟脱退まで

――松岡洋右の登場

1 後藤新平没後

後藤新平が一九二九年四月に亡くなってから一〇年の間に、日本をめぐる国際環境は大きく変化した。二九年一〇月末、ニューヨーク証券取引所での株の大暴落に端を発した世界経済危機は、世界各国に打撃を与えたが、日本とドイツにとって、打撃はとりわけ深刻であった。猛烈なインフレーションによる混乱のなかで、コミンテルンからドイツに派遣されていたカール・ラデックと、著書『第三帝国』で知られるメラー・ファン・デン・ブルックらとの間に、短い期間ではあったが、フランスの占領に反対する共同戦線が結成され、コミンテルンの「シュラーゲーター路線」と呼ばれた事実は前章で紹介した通りである。

しかし、コミンテルンとドイツ右翼陣営の間で「シュラーゲーター路線」が浮上し、ドイツに共産主義革命が起こりかねなかった一九二三年の混乱した状況は、同年八月に首相に就任したグスタフ・シュトレーゼマンが一一月にレンテンマルク発行に踏み切ったことによって収拾され、さらに一九二四年にアメリカの実業家チャールズ・ドーズが賠償委員会議長として当面五年間について毎年の支払額をきめたことによって、賠償問題も一応の解決に到達し、ドイツは「相対的安定期」といわれた時期に入った。ドイツの経済を安定させ、さらに一時的な繁栄へと向かわせた大きな要因は、ドーズの名を冠したドーズ借款をきっかけとして、利率がアメリカよりも高かったドイツに流れ込んだドル資金であった。ドイツ経済の繁栄は、ドイツがイギリスとフランスに、ドーズ案にもとづく賠償の支払いを実行するのを可能にした。イギリスとフランスは、アメリカからの借金である戦債を支払うことができた。こうして資金はアメリカに還流し、アメリカからのドイツへの貸付が可能となった。このような経済の循環が続いているかぎり、これら四つの国はそれなりに安定を享受できた。ヴェルサイユ条約にもとづく国際体制としてのヴェルサイユ体制も、この経済の循環に支えられて安定したものとなった。このような循環を断ち切ったのが一九二九年一〇月末にはじまった世界経済危機であった。アメリカからのドルの流入は止まり、逆にドイツはアメリカからの貸付金の支払いを迫られるようになる。ドイツはアメリカに発した経済危機の直撃を受け、深刻な不況に陥って失業者が急増する。詳しい事実は一切省略するが、この不況と失業の嵐の中で、アドルフ・ヒトラーのナチ党が急成長し、ついに一九三三年一月三〇日にヒトラーが首相に指名されるのである。

日本は、第一次世界大戦の戦勝国であったけれども、大戦後の経済の動向はあまり思わしくなかった。それでも、当時の日本経済は、主にアメリカへの生糸の輸出によって支えられていた。生糸をアメリカに売って得たドルで、日本はアメリカから綿花、石油、鉄、工作機械を買い入れた。日本のアメリカへの輸出品の中でもっとも重要であったのは生糸である。生糸は純粋の国産品であったから、原料を輸入する必要がなかった。

ヴェルサイユ体制を補完する、ヴェルサイユ体制の太平洋版といってもよいワシントン体制は、一九二一年一一月から翌年二月にかけてワシントンで開催されたワシントン会議で作り上げられた太平洋をめぐる国際政治の枠組みである。一九二一年一二月に調印された太平洋をめぐる日米英仏の四カ国条約によって日英同盟は解消され、一九二二年二月に調印された中国に関する九カ国条約によって中国に対するアメリカの門戸開放政策が日本を含む調印国によって国際的な承認を受けた。中国の門戸開放、中国における商業上の機会均等、中国の領土保全という三つの柱から成り立つアメリカの門戸開放政策を承認したことによって、日本は中国への軍事的進出を自制させられることになる。さらに、同じ時に調印された海軍軍縮条約により、日本の保有できる主力艦（戦艦）は、英米の五に対して三に抑えられ、この対米六割を超えた戦艦の石見、薩摩、安藝は、日本海軍自身の砲弾によって沈められた。ただし、アメリカの領土であるフィリピンやハワイ、英国の領土であるシンガポールなどの海軍基地は現状のまま補強せず凍結することもこの条約によって決定され、日本にとって英米の基地が軍事的脅威となる度合いは著しく減少した[1]。

海相加藤友三郎以下の日本全権団は、これら三つの条約に賛成して調印し、ワシントン体制をまもることを約束したが、この体制のもとで日本が生きてゆくためには、生糸を主とする輸出品をアメリカが気前よく購入して、養蚕を手がける日本の農家の生活を安定させるとともに、日本に原料や機械を輸入するドルを稼ぐことができるようにさせることが絶対の必要条件になっていた。また、ヴェルサイユ体制のなかでドイツが生きてゆくためには、アメリカが気前よくドルをドイツに投資してくれることが、やはり絶対の必要条件であった。ドイツの政治学者ギルベルト・チブラは、一九二一年から一九三一年までの世界経済と世界政治を分析して、アメリカがヴェルサイユ体制とワシントン体制をつないで維持する「ちょうつがい（シャルニーア Scharnier）」の機能を果たす「ちょうつがい国家（シャルニーア・マハト Scharnier-Macht）」となっていたが、二九年一〇月以降のアメリカの経済危機は、アメリカの「ちょうつがい」としての機能を破壊してしまった、と主張している[2]。これ以降、ドイツへのドルの流入は停止したばかりでなく、長期融資の額を上まわっていた短期融資を引き揚げる、という逆流が始まった。

こうしてドイツはアメリカに端を発した経済危機の直撃を受け、失業者数がうなぎ登りに増大し、一九三〇年一月には早くも失業保険金の支払いを受ける資格のある失業者だけで二五〇万人に達した。失業保険に生じた巨額の赤字は、ヘルマン・ミュラー内閣の崩壊という政治危機を引き起こした。赤字を埋めるためには失業保険給付金を引き下げるか、失業保険料率を引き上げるかしかなかったが、この内閣を支えていた社会民主党は労働者階級に不利益をもたらす前者に反対し、国民党は資本家階級に不利益をもたらす後者に反対した。とくに社会民主党の反対が強かったために、社会民主党員が首相であったこの内閣は総辞職し、議会に基礎をおく内閣はこれで消滅した。ヒトラーが首相となるのは一九三三年一月で、少しあとのことであるが、ドイツの議会制民主主義は一九三〇年三月にヘルマン・ミュラー内閣が退陣した時に事実上終わりを告げる。

失業者数は一九三〇年九月に三〇〇万人、一九三一年三月末には四七五万に達し、一九三一年からは四大銀行のうちの二つ、ダナート銀行とドレスデン銀行が倒産する。ドイツがヴェルサイユ体制の中で巨額の賠償を支払いながらも生きてゆくためには、アメリカからのドルの流入が不可欠であったが、それが止まってしまってドルの逆流が始まったために、ドイツにとって深刻な状況が到来した。そのなかでの賠償の支払いは、それまでよりはるかに重圧となる。ドイツからの賠償を受け取ることによって第一次世界大戦を戦うためにアメリカから借りた戦費を支払っていたイギリスやフランスにも、経済危機が波及する。

日本もまた、アメリカ発の経済危機の直撃を受けた。一九二四年から一九二九年まで、日本の生糸の対米輸出は、日本の全生産量の七八パーセントを占めていた。この生糸は、アメリカ国内では、景気変動の影響を受けやすいぜいたく品、たとえば婦人向けの上等の靴下の生産にふり向けられており、景気が悪くなれば生活必需品でないだけにたちまち売れ行きが悪くなった。人造繊維の生産も生糸輸出に脅威を与え始めていた[3]。当時の日本経済をロックウッドは「絹の糸」にぶらさがっている状態であったと形容していた[4]。一九二九年から一九三一年までの間に、対米輸出は百万円単位でほぼ九一四から四二五に落ち込んだが、この落ち込みは主として生糸の価格の下落によって引き起こされた。一九二九年に一ポンドが六ドルであった生糸価格は、一九三〇年から一九三二年にかけては一・五ないし一・二ドルにまで下落した。実に四分の一から五分の一まで落ち込んだ。日本経済を支えていた細い絹の糸は、プツンと切れてしまった。日本経済のアメリカに次ぐ第二の市場である中国への輸出も、この時期に半分以上減少した[5]。ワシントン体制のかなめの位置にいたのは日本であり、その日本がこのような状態に追い込まれたことによって、日本がワシントン体制の中で生き続けるのは困難となる。

アメリカに始まった経済危機は、ヴェルサイユ体制のかなめの位置にいたドイツと、ワシントン体制のかなめの位置にいた日本を直撃した。しかもドイツと日本の議会政治は、このような危機に堪えるほど成熟していなかった。そこで、ドイツではヒトラー独裁を成立させてしまい、日本では一九三一年に勃発した満州事変以後、軍の政治介入の度合いが増大の一途をたどり、一九四一年の東条内閣出現によって事実上の軍事独裁が成立する。ヴェルサイユ体制もワシントン体制も崩壊してしまったが、それについては「ちょうつがい国家」としてのアメリカが、経済危機からの回復ができなかった上に国際的な不況の中で輸入品にかける関税を引き上げるなど、両体制の「ちょうつがい」としての役割を果たさなくなったことが大きく響いた。

2 松岡洋右の登場

満州事変の勃発は一九三一年九月一八日、ヒトラーの政権掌握は一九三三年一月三〇日であったが、ヒトラー政権下のドイツと日本との接近が始まる。日本とドイツはともに国際連盟を一九三三年に相次いで脱退した。日本の関東軍は、満州事変によって、それまで満州、現在の東北を支配していた張学良と、彼のひきいる東北軍を満州から放逐し、そこに満州国をつくった。リットン報告で歴史に名を残したリットンは、英国領インドのベンガル州知事やインド総督代理をつとめた英国の外交官である。リットンを長とする国際調査団は、満州事変勃発のきっかけとなった、柳条湖にも足を運んで現地調査を行った。ここで関東軍による小規模の鉄道爆破が行われた。調査団の結論としてのリットン報告は、かなり日本に遠慮した表現によってではあるが、満州事変は日本の侵略行為であり、満州国は現地の住民の間には独立運動など皆無であったところに日本が無理に作り上げた偽りの独立国であると断定している。

リットン報告が国際連盟で審議された時に日本を代表して報告に反対したのは、松岡洋右であった。彼は一九二一年に外交官を辞任して満鉄に入り、満鉄副社長に就任したが一九二九年に辞職して政友会の代議士となっていた。一九三二年一〇月、松岡はジュネーヴで開催される国際連盟総会臨時会議への日本代表に任命された。松岡が選ばれた理由の一つは、アメリカ西海岸に留学して一〇年間を過ごした彼の英語の能力であった。松岡は聯盟脱退の英雄として人気を博したけれども、彼が初めから脱退を意図していた訳ではない。一九三〇年に外務省情報部長に就任していた白鳥敏夫は松岡とは仲が悪かったが、山浦貫一編による森恪伝に収録された白鳥の次の談話は、おそらく松岡の意図をある程度正確に伝えていると考えられる。

「森と鈴木（貞一氏）と自分の三人は聯盟脱退の急先鋒であった。当時国内には表面では兎も角、腹の中で聯盟脱退を希《のぞ》んでいた者は殆どない。斎藤首相然り、内田外相然り、聯盟脱退の英雄視された全権松岡洋右氏亦然りで、内田も松岡も、西園寺公に行って『聯盟は脱退せず』という方針を申し述べている。これが後に内田が廣田に代った原因となる。

松岡氏を全権に選んだのは、当時のアジア局長谷正之と情報部長の自分である。その理由は第一に言葉が自由に喋れなくては全権の醜態を招く。どうせ本省の訓令で動くのだから、人物の如何など大した問題ではない。森はこれについて『松岡では心もとない』と云った。けれども前のような説明で納得させたのである。聯盟会議の事情は佐藤尚武氏でさえ、脱退やむを得ずとする所まで進んでも、まだ松岡全権は脱退せずにすまそうと努力した。

聯盟脱退にはいろいろの経緯がある。脱退を衷心嫌っていた人の言動が却って英国邊をして観測を誤らしめ、聯盟総会があんな強硬な決議を通過するのを黙過し、その結果、いやでも日本は脱退を決意するの外なきに至ったのである。日本人中でも軟弱と思われる幣原、石井などという外務の先輩は最後の段階に於ては案外思い切りよく、事ここに至っては脱退するより外ないと云っていたが、最後まで脱退の決意が出来ず、何とか辻褄を合せて帰ろうとした者もある。然も国民はこう云う内部の事情を知らぬので、今日でも聯盟脱退の英雄として、こういう人を挙げているが、何と云っても森恪は聯盟脱退外交の中心人物である。彼が死の直前に近親に遺した言葉に『自分は世界を二つに分ける事に努力をし多少の成功をした事を快とする』と云ったのはこの邊の意味を含むのである」[6]

松岡がジュネーヴに出発する前後の日本では、聯盟脱退論と非脱退論が渦を巻いている状態であったが、その中でのちに二・二六事件の「首魁」として処刑されることになる北一輝は非脱退論を唱えていた。一時帰国していた国際聯盟事務局次長の伊藤述史が北を訪問した際に、北は、日本が聯盟を脱退し、かわりにアメリカが加入するという事態になれば、日本にとって容易ならぬことになるから、脱退せぬように努力せよ、と力説したという[7]。

松岡の一行は、敦賀港からウラジオストック経由、シベリア鉄道で西へ向かうが、一一月三日にモスクワに到着した後、七日まで四日間モスクワに滞在する。『松岡洋右　その人と生涯』に引用されている松岡の日記によれば、四日には外相リトヴィノフ、外務次官カラハンと会談し、カラハンとは五日にも再度会見して極東問題を論じている。七日には赤の広場でロシア革命一五周年記念観兵式を見たが、日記には「諸種の点に敬服すべきもの多し」と好意的に印象を記している[8]。ところで、松岡がモスクワに四日間も滞在したのは、聯盟総会開催が一週間延期されたことにもよるが、それだけではなく、スターリンらと日ソ提携について協議する目的のためであったという。『松岡洋右　その人と生涯』は、松岡がジュネーヴから帰って政党解消運動を展開した時の政党解消連盟員であった角田時雄の雑誌『民主評論』一九五七年一二月号への寄稿「風雲の人・松岡洋右」を引用して、松岡が角田に次のように語った、と記している。

すなわち、モスクワ滞在の意図は、角田の回想によれば、「聯盟の締め出しを防ぐ苦肉の策のつもりで内田外相とも打合せの上、スターリンに働きかけ、聯盟がわが言分を認めないで仲間から締め出すなら、よし、日本はソ連と結んで対抗するぞ、というジェスチュアを示すと共に、できればソ連との提携を計ろうとしたのだという。事実、話は九分どおり進展したが日本政府の内部に国体の相違とか、それはかえって危険とか、要するに踏みきりがつかなかった。というのはスターリンは『戦国型』であるのに、日本国内は平常時の『小役人型』であっては所詮、話にはならず、とうとう話は半煮えのままで、素手で聯盟に乗り込むほかなかった。考えてみると、どうせまとまらぬものなら、こんな芝居は打つのではなかったわけで、かえって手のうちを見すかされ、結果は失敗であったと思う」と、松岡が語ったという[9]。

このエピソードの真偽は確かめにくいが、後藤新平の二八年一月のスターリンとの会談や、四一年三月から四月にかけての、松岡のモスクワ滞在とスターリンとの会談と考え合わせる時、何か示唆的な一幕のようにも考えられそうである。

3 背後にソ連がいたのか？——田中上奏文と張作霖爆殺

ただし日本側の、たとえば外務省の決定的場所に、平常時の「小役人型」ではない人物がいたと仮定しても、ソ連が日本からの日ソ提携の呼びかけに簡単に応じたとは、到底考えられない。ソ連は日本を敵視し、満州での日本の動きを警戒していた。まして、独ソ不可侵条約締結直後の独ソ友好の時期ならばともかく、それ以前に後藤新平が悲願とした日ソ国交回復（一九二五年一月）以上の日ソ提携が可能であったとは思われない。日本を敵視し、警戒することにおいては、ソ連の態度は一貫していた。「田中上奏文」という、明らかに偽書ではあるけれども、日本の国際的な立場に打撃を与えた文書についても、ソ連の秘密警察が関与していたという。『アエラ』のライターの長谷川煕によれば、二〇〇五年の春先にロシア・テレビラジオ局（RTR）が二回に分けて放映した「世界の諜報戦争」シリーズの「ロシア対日本」編の中に、「日本の国際信用を失墜させるためにOGPU（オーゲーペーウー、旧ソ連の秘密警察であった統合国家政治保安部の略称、後のカーゲーベー）は、いわゆる『田中メモランダム』（田中上奏文）を製作して流布させた」との一コマが織り込まれていた[10]。これまで、「田中上奏文」を作成した人物が誰であるかについては、さまざまな学説があるが、もしこの番組のいう通りであるとすれば、ソ連秘密警察がモスクワに留学していた中国人か日本人に作らせた、ということであったかも知れない。

ちなみに、センセーションを巻き起こしたユン・チアン、ジョン・ハリデイ共著『マオ　誰も知らなかった毛沢東』の注記によれば、日本の関東軍参謀河本大作が首謀者とされている一九二八年六月四日の張作霖爆殺についても、ソ連情報機関の資料から最近明らかになったところによれば、「実際にはスターリンの命令にもとづいてナウム・エイティンゴン（のちにトロツキー暗殺に関与した人物）が計画し、日本軍の仕業に見せかけたものだ」とされている[11]。また、同箇所への原注を見ると、張作霖爆殺にあたって、主要な役割はゾルゲの前任者サルーニンによっても演じられた(key role also played by Sorge's predecessor, Salnin.)と記されている。そして、その根拠として、アレクサンドル・コルパキディとドミトリー・プロコロフ共著『GRU帝国』(モスクワで二〇〇〇年に刊行)を挙げている[12]。ゾルゲは、一九二九年以来GRU(赤軍参謀本部情報総局)、当時(一九二六〜一九三四年八月)の名称では赤軍本部第四局に、諜報員として所属しており、同年第四局の極秘の諜報員として中国に上海に派遣され、上海で活躍した。ゾルゲの前任者というのは、ゾルゲと交替する時まで、すなわち爆殺事件の時点で、中国に派遣されていた諜報員という意味である[13]。

ゾルゲは、一九四一年一〇月に逮捕された後も、赤軍に所属していた事実をかくしていたが、中山治一の考証によると、一九四二年七月一五日、第五回の訊問で予審判事中村光三に鋭く追及されてはじめて、この事実を明らかにした。ゾルゲは、赤軍に所属することを打ち明ければ憲兵に引き渡される、それを恐れたからであったと説明している。ただし、ゾルゲの調書では「赤軍第四本部」と訳されている[14]。

ここでひとつ言えることとは、後藤新平にしても松岡洋右にしても、さらには日本の敗戦直前の、和平工作をソ連に依頼しようという日本の上層部の動きにしても、ソ連についての冷徹な認識に欠けるところがあり、スターリンは日本の望む通りに行動してくれるであろうという、希望的観測が目立つ、ということである。

総理大臣田中義一が宮内大臣一木喜徳郎を通じて一九二七年七月二五日に昭和天皇に奉呈したことになっている「田中上奏文」では、内閣総理大臣田中義一が「我が帝国の満蒙に対する積極的根本政策に関する件を奏す」として、日本が、満蒙すなわち奉天、吉林、黒龍江のいわゆる東三省および内蒙古と外蒙古の利権を獲得すべきことを主張している[15]。これが偽書であることは、宮内大臣を通じて上奏するという、当時の刊行からはありえない形式からも、また、内容に含まれている多くの誤りからも、明らかである。偽書であるという考証を徹底させたのは、稲生典太郎の画期的な論文「『田中上奏文』をめぐる二三の問題」であり、最新の研究としては服部龍二の論文である[16]。

この偽書の中に、日本は、「機密の手段」によって赤露すなわち共産主義国家ソ連と提携して中国の勢力の「増長」を抑え、日本の満蒙での既得権を擁護すべきである、とか、「当時我が後藤新平が日露外交の恢復を唱え、ヨッフェを招致したる目的」は、その大半がロシアを利用して中国を「制する」ことにあった、という表現が見出されるのは何か示唆的に思われる[17]。

ジュネーヴにおける一九三二年一一月二三日の国際連盟理事会で、中国側全権の顧維均は「田中上奏文」に言及して、この文書の「真正なる事」には一点の疑いもはさむ余地がない、と主張した。これに対して、松岡洋右は、国際連盟理事会での同日の演説で、次のように述べて反駁を開始した。


「特に一言付言したい事は、かの有名な故田中大将の上奏文――支那の宣伝によって一躍有名になったかの上奏文に関してである。余は極めて率直に事実を述べるだけであるが、件《くだん》の如き上奏文は未だかつて日本に於て作成された事なく、いわんや上奏された事実は絶対にない。いやしくも我々日本人にして上奏文の形式並に用語の一端を知る者にとっては、かくの如き出来事の全貌がただ笑止千万というよりほかに片づけようがないのである(中略)余はかつて日本の総理大臣であった、故田中大将とは緊密な個人的関係にあったから、事件の真相はよく承知している(中略)。

一九三〇年四月、当時南京の国民政府の外交総長であった王正廷氏がこの捏造文の流布によって生ずべき弊害を防止するために適当な手段を講ずるであろうことを当時の駐支公使(佐分利貞男)に制約し、のみならず奉天の交渉員並に天津市長はそれぞれ当該地方の総領事に対して、同内容の誓約書を手交したという事実について、理事会の注意を喚起しておきたい。

近い過去においてかかる誓約事実があったにもかかわらず、今や支那代表は理事会の面前という凡そ最も責任ある立場において再び偽造文書の事に言及し、あまつさえ、該文書の真正なる事には一点の疑いも挿む余地なし、等と言語道断の保証を与えている。こはそもそも一体なにを意図してかかる言をなすのであろうか？　少なくともこれら支那官吏諸君は、いわゆる上奏文なるものに対して、その態度が終始一貫していない事を見事にバクロしたにすぎないのではないか」[18]

このあと、松岡は、「田中上奏文」には一九二二年二月六日にワシントン条約が調印された時、大正天皇はこの条約を破棄しようとして公爵山県有朋らを一堂に集めたとあるが、山県は同年二月一日に死去していることなど、細かい事実の誤りを指摘している[19]。また、彼は、この文書がある日本人によって作られて中国人に五万ドルで買われたものである、とも述べている[20]。しかし、彼は、この文書を作らせたのがソ連の政治警察であったことには思い至っていなかったようである。もし彼がこのことに思い至り、また張作霖爆死事件もソ連諜報機関によって仕組まれたものと想定していたならば、果して彼は、日ソ独伊四国の連携などが可能であると考えたであろうか。ソ連とその指導者スターリンについての彼の認識は、はなはだ甘かったといわなければならないであろう。

巧みな英語を駆使してのジュネーヴでの奮闘もむなしく、リットン報告書は賛成四二国、反対は日本一国、欠席一二国、タイ国だけが棄権という結果となって一九三三年二月二四日に採択された。松岡を筆頭に日本代表団は退席し、三月二七日に外相内田康哉は連盟事務総長に脱退通告文を通達し、日本は国際連盟を脱退した[21]。

松岡は落胆したらしいが、四月二七日に帰国してみると、国際連盟脱退の英雄として松岡にとっては予想外の歓迎を受けた。三輪公忠著『松岡洋右　その人間と外交』によれば、松岡の帰国前に発売されていた『婦人公論』三月号には、山川菊栄が「聯盟征伐の桃太郎」という論文で、国際聯盟という鬼が島の鬼退治をする正義の味方としての松岡洋右をえがいていたという[22]。

第5章 日独防共協定とその後

1 日独防共協定のヒント——ビヨルケの密約

いずれも一九三三年に相次いで国際連盟を脱退して孤立の道に進み出た日本とドイツは、やがて相互の提携を模索するようになった。日独それぞれ一人の人物が、提携の交渉を担当する。日独それぞれ一人の人物とは、ドイツ駐在武官大島浩とナチ党の外交機関長ヨアヒム・フォン・リッベントロップであった。大島は、当時の日本陸軍の中では抜群にドイツ語の会話の能力を備えていた。初めは大島のほうが積極的であったようである。大島がしばしば語ったところによれば、大島にとっての日独接近のヒントとなったのは、一九〇五年七月のビヨルケの密約であった。

著者(三宅)は、大島の生前、しばしば茅ヶ崎の大島邸で大島とのインタビューを試みた。当時キール大学史学科教授で、のちに国際歴史学会理事長となったカール・ディートリッヒ・エルトマンに同行したのが最初の訪問であった。この時、大島はエルトマンに向かってドイツ語でしきりに、ドイツ皇帝ヴィルヘルム二世とロシア皇帝ニコライ二世とがフィンランドのビヨルケで会見して調印したいわゆるビヨルケの密約が、日露戦争を戦っていた日本にとっていかに危険な協定であったかを語り、そのことが、自分がドイツへの接近を試みる際のヒントとなったことを語った。エルトマンはむしろ、日ソ独伊の四国連合の話を聞きたがったが、この時はそれについては、あまり詳しい話は、大島の口からは出なかった。こうしてドイツ語で話すのは何十年ぶりかだと大島は語っていたが、壮年の時期にはリッベントロップやヒトラーとドイツ語で突っ込んだ会話ができたであろうことは、この時のエルトマンとの応対で十分に想像できた。

2　ビヨルケの密約とは何か

ビヨルケの密約とは、日露戦争に際して、日本海海戦や旅順などでのロシア軍の敗北、国際的孤立と国内の革命運動とに苦しめられていたニコライ二世に、ヴィルヘルム二世が接近をはかり、フィンランドのビヨルケ水道に停泊していたニコライ二世のヨットのポーラー・スター号で一九〇五年七月二四日に両皇帝が調印した条約を指す。ヴィルヘルム二世の側が起案し、フランス語で書かれた条約は以下のようになっていた。

「全ロシア皇帝陛下とドイツ皇帝陛下は、ヨーロッパにおける平和の維持を確実にするために、防御的同盟条約の下記の条項を締結した。

第一条　両帝国の一つがヨーロッパの一国から攻撃された場合には、同盟国は、ヨーロッパにおいて、陸海軍の全力を挙げてこれを支援する。

第二条　締約国は、いかなる共通の敵とも単独講和を締結しないことを相互に約束する。

第三条　この条約は、ロシアと日本との間の講和が締結されると同時に効力を発生する。そして、一年前に廃棄されない限り、効力を持続する。

第四条　全ロシア皇帝は、この条約の効力発生の後、フランスに、この協定について通知し、フランスを同盟国として参加させるために必要な措置を取る」[1]

この条約は、ニコライ二世がロシアに帰国してから、首相セルゲイ・ヴィッテと外相ウラディミール・ラムスドルフの反対を受けて、あきらめてしまったために、条約としては効力を発生しなかった。ヴィッテは、この条約によればもしドイツがフランスと戦争を始めた場合には、ロシアはフランスとの戦争に追い込まれるから、露仏同盟と両立しないと考えて猛烈に反対し、ラムスドルフもヴィッテと同一歩調を取った。両名はニコライ二世に迫って、この密約を廃棄する旨の一〇月七日付けの書簡をヴィルヘルム二世宛に書かせ、ビヨルケでの皇帝同士の密約は正式の国家間の条約として成立することなく葬られた[2]。

大島は外交史の本でビヨルケの密約のことを知って大いに衝撃を受けたというが、それはこの密約がもし正式の条約となっていれば、日露戦争でのロシアの立場が飛躍的に強化されたであろう、と考えたからである。もちろん、この条約は第三条で日本とロシアとの戦争が終わって講和条約が締結された時に効力を発生すると規定していて、ドイツが日露戦争にまき込まれたりしないような配慮はなされていた。しかし、このような条約が正式に成立すれば、ロシアはドイツからの軍事的な圧力への恐怖から解放されたであろう。大島は、密約の段階でもロシア軍は勢いづけられ、四平街では攻勢に転じていた、と語っていた。大島の解釈では、この密約は日本にとって危険極まりないものであり、将来ビヨルケの密約のような事態がドイツとロシアとの間で再現することは、ぜがひでも予防しなければならなかった。そこで大島は、ドイツが当時のソ連に及ぼす軍事的圧力の「負担を軽からしめる（ドイツ語でエントラステン）」ことをしない約束をしてくれる協定を作ろうと考えた。大島がエルトマンに語り、また、彼が日独防共協定にこめた意図としてベルリン駐在時代、くりかえして語ったのは、このようなことであった。

ひとつの傍証として、若い外交官補としてベルリンの日本大使館に勤務していた古内広雄(一九七七年一一月没)が、読売新聞社の『昭和史の天皇』の取材班に語った回想を挙げておきたい。

「あの当時、大島さんはよく僕らをつかまえて『ビヨルケの密約』の話をしましたよ。あの約束によってドイツはロシアに対して軍隊を出して助けたわけではないが、ともかくロシアにドイツの方の心配はないと思わせた。つまりドイツ語でいうエントラステン(entlasten 負担を軽くする)したんですね。まあ、ドイツの親露的な言動のようなものがあって、それでロシアはヨーロッパから東へ兵力を移し始めたが、とどのつまりはそれがものにならないうちに日露戦争がすんだから、日本は助かった。

それを日本陸軍は身にしみて感じているので、二度とそういうことを繰り返したくないということを日夜考えておったと、大島さんは盛んに言っていましたね」[3]

ビヨルケの密約が、もし正式の条約になっていれば、ドイツは一八九四年に成立していた露仏同盟による、ロシアとフランスに挟み込まれた状態から解放されるか、少なくともロシアからの圧力から解放されていたであろう。よろこんだヴィルヘルム二世が、ドイツ首相ベルンハルト・フォン・ビューローに宛てた書簡の中で、次のように記していたのも無理からぬところである。

「ビヨルケにおける一九〇五年七月二四日の朝は、神のご加護によりヨーロッパの歴史の転換点となった。そして、我が愛する祖国にとって、情勢の大いなる緩和となった。我が愛する祖国は、ついに、フランスとロシアの、身の毛もよだつ「やっとこ(ドイツ語ではグライフツァンゲ Greifzange)」から解放されるであろう」[4]

ビヨルケの密約は、同時に、大島も見て取った通りに、日本にとっては危険な事態を招きかねなかった。ドイツとロシアの間に、今日でいう「デタント(緊張緩和)」がもたらされることは、ユーラシア大陸の東西にまたがるロシアにとって、西側からの軍事的脅威が取り去られることを意味する。そうなれば、ロシアは、東側、この場合には日本への圧力を強めることが可能になる。大島が恐れたのは、この状況がドイツ、ソ連、日本の間で再現される事態であった。

3 リッベントロップとリッベントロップ機関

大島は、このような発想にもとづいてナチ党員のヨアヒム・フォン・リッベントロップとの間に、日本とドイツの協定を成立させるための交渉を行った。リッベントロップはナチ党の外交機関である「リッベントロップ事務所」を主宰していた。「リッベントロップ事務所」は、ドイツ語では「ディーンストシュテレ・リッベントロップ Dienststelle Ribbentrop」と呼ばれていた。この機関は、一九三四年夏に開設された当時は控えめに「リッベントロップ事務室 ビューロー・リッベントロップ Büro Ribbentrop」と名乗っていたが、一九三五年六月に、リッベントロップがヒトラーから英独海軍協定の交渉のための特命全権大使に任命されると、このいかめしい名称に変った。この機関はベルリンのヴィルヘルム・シュトラーセ(ヴィルヘルム街)にあったドイツ外務省の向かい側のビルに陣取っていて、外務省と同じような業務を行っていた。明らかに外務省の権限を侵害していたのだが、ヒトラーを首相に就任させるに際して、大統領パウル・フォン・ヒンデンブルクは、取り巻きの人々の入れ知恵で、外相と国防相の人事はヒトラーの自由にはさせず、大統領がことにしたので、ヒトラーは、表面上はこの約束を守るふりをしながら、外務省と同一の職務を執行するナチ党の「並列装置」(ドイツの政治学者カール・ディートリッヒ・ブラッハーによる)として、リッベントロップ機関やローゼンベルクのナチ党外交政策局、ナチ国外組織、宣伝省といった組織を次々に設置して、外務省を骨抜きにすることにつとめた。『二十世紀の神話』の著者で古参のナチ党員ハンス・ローゼンベルクは、一九三二年五月の入党でナチ党員としては新参者であるリッベントロップとはひどく仲が悪く、これらの組織も相互に協力でなく競合したが、それが外務省を骨抜きにする上では役に立った[5]。

4　大島とリッベントロップの仲介者

ところで、大島が「ビヨルケの密約の教訓にもとづく」という日独協定をリッベントロップに持ち込んだのはいつ、どのようにしてであったのか。これについて、田嶋信雄の『ナチズム極東戦略――日独防共協定を巡る諜報戦』は、武器商フリードリッヒ・ハックという人物の記録にもとづいて、一九三五年九月一七日、グライダー供給に関して長時間ハックと会談したベルリン駐在武官の大島が、会談の後半で日独協定締結の可能性についてハックに打診し、日独両国の外務省を通じての交渉は望ましくないとして、リッベントロップの意向を打診するように、ハックに要請した事実を明らかにしている[6]。田嶋によれば、ハックという人物は、博士号を持っていて、第一次世界大戦前に満鉄総裁としての後藤新平の顧問となり、第一次世界大戦ではドイツ軍に志願して青島(チンタオ)で日本軍の捕虜となった。一九二〇年にドイツに帰国して、日本のベルリン名誉領事でもあった退役陸軍少佐アードルフ・シンツィンガーと貿易会社「シンツィンガー&ハック」社を設立、ハックの日本との人脈を活用して、とくに日独海軍の武器取引に活躍した。ベルリンに日独協会を設立して、みずからその理事にも就任している[7]。

このような経歴からしても、日本との人脈が乏しいナチ・ドイツの中で、ハックが日独接近に大きな役割を果たしたことが理解できるが、田嶋は、ハックの記録の集成である「ハック文書」にドイツでアクセスし、従来我が国では知られていなかった事実を、前掲書の中で明らかにしている。田嶋によれば、九月一九日、大島はふたたび数時間にわたりハックと会談して、反ソを軸とする日独協力の可能性に就いて協議している。以下、田嶋の記述を引用する。

「その際大島は、『総統(ヒトラー)とリッベントロップ氏が、この交渉においてより明確な解決策を与えてくれるだろう』と主張し、ふたたび外務省を迂回する交渉様式を示唆したのである。以後一一月半ばまでの約二カ月間、交渉は大島とハックの間で予備交渉として進められ、その間ハックはリッベントロップおよびカナーリスとの間でドイツ側の対応を調整するという間接的な形態をとることとなる。

さて大島は九月二〇日にふたたびハックと会談し、日独協定の形態に関し、以下の三種類の選択肢を提示した。

一、一方の当事国がソ連邦と戦争状態に入った際、他方の当事国がソ連邦といかなる協定も締結しないことを軸とした『保証協定』。

二、一方の当事国がソ連邦と戦争状態に入った際、他方の当事国が自動的に参戦する義務を規定する『かつての日英同盟に類似する協定』。

三、『一種の攻守同盟』

早くもこうした具体的な提案がなされていたことは、大島の日独協定案が決して一時の思いつきではなく、長いこと準備・検討がなされていたことを示唆しているといえよう。また、大島の提案がきわめて軍事的色彩の強いものであったことは注目されてよい。こうした軍事同盟色は、以後、日本側の躊躇と、ドイツ政府内部での反対派の活動により、徐々に後退していくこととなろう」[8]

引用中、とりわけ最後の一文は、同書全体の展開を予告するものとしても重要である。この後、同書ではドイツ国防省防諜部(アプヴェーア)部長ヴィルヘルム・フランツ・カナーリスが反ソ反共という立場から大島やリッベントロップに協力したのに対して、中国との軍事協力を重視するドイツ国防軍やリッベントロップを敵視するドイツ外務省の抵抗がどのように展開され、ヒトラーの独裁体制のもとで挫折して、日独防共協定が成立するに至ったかを、史料にもとづいて検証している。秘密交渉の内容が東京の駐在武官オイゲン・オットからオットが信頼していた友人のリヒャルト・ゾルゲにどのようにして伝えられたか[9]、汪兆銘を中心とするドイツへの日中仲介交渉が日独交渉とどうからんだか[10]、などの史実が次々に明らかにされ、興味は尽きないが、これらの史実については田嶋著同書の記述に譲ることにして、ここではなぜ大島の積りでは日独軍事協定のはずが日独防共協定というイデオロギーを全面に出した名称に変えられたかだけを、少したどってみることにする。なお、結局のところ、大島の挙げた第一の選択肢に近い条約が成立することになる訳であるが、もし第二か第三の選択肢が選択されたとするならば、独ソ開戦と同時に日ソ戦に突入することになっていたであろう。

5　防共という「マント」

日独の協定をめぐって東京の参謀本部から、敗戦時の陸軍次官となる陸軍中佐若松只一が連絡のためにベルリンに派遣されることになり、一九三五年一一月末に到着する。その数日前の一一月二六日、リッベントロップ事務所の重要なスタッフであるヘルマン・フォン・ラウマーが、「アンティコミンテルンパクト(Antikominternpakt)」、文字通りに訳せば「反コミンテルン協定」という名称の協定案を大島に提示した。のちに西ドイツの週刊紙『ディー・ツァイト(Die Zeit)』の主筆となったテオ・ゾンマーの一九三五年から一九四〇年までの日独関係に関する部厚い博士論文の中で、このラウマーの経歴について、次のような説明をしている。

ヘルマン・フォン・ラウマー博士は二〇年代に航空会社のルフトハンザとミトローパ(中欧寝台食堂株式会社)の代理人としてロシアと東アジアに滞在し、一九二八年と一九三四年の間に自分が旅行した地域について地政学的性格を帯びたさまざまな論文を公表した。一九三五年一〇月に、ラウマーは、これらの論文を読んでいたリッベントロップに懇望されて東欧と極東問題を担当するということでリッベントロップ事務所に迎えられた。しかし、リッベントロップが一九三八年二月に外相に就任したあと、激しい意見の衝突を来たしてこの事務所を去っている[11]。

ラウマーは戦後、タイプ一〇六枚の回顧録を作成していて、ゾンマーはもっぱらこれに依拠してラウマーの動きを追っている[12]。田嶋もこの回顧録をラウマー夫人から示され、「ラウマー文書」として利用している。田嶋によれば、この文書には、リッベントロップ事務所に就職した時の事務所のひどい乱雑さと無秩序ぶりをラウマーが嘆いた箇所も見出されるとのことである[13]。

ゾンマーは、「ラウマー文書」から、ラウマーが「アンティコミンテルンパクト」という協定の名称に思い至った経緯を次のように再構成する。アメリカ国務省がソ連外務人民委員部すなわちソ連外務省に一九三五年当時にコミンテルンとソ連政府とはいかなる関係にあるのかを問い合わせたところ、ソ連外務省は、ソ連政府はコミンテルンの活動には一切関係はなく、一切責任も負わない、と回答した。スターリンの後藤新平への言明を思い出させる、この回答を利用することをラウマーは思いついた。一一月二三日に、彼は全文と三条とからなる協定案を作り上げ、二五日にはリッベントロップに提出した。リッベントロップはすぐにこの協定案をヒトラーの許に持ってゆき、帰ってきてラウマーに、総統はこの案に完全に満足しておられ、これについて即刻大島武官と交渉する権限をラウマーに付与された、と告げた。この案は残っていないけれども、ラウマーの記憶によれば、実際に調印された協定とほとんど違いはないとのことである。大島は、一一月二六日にラウマーから示されたこのラウマー案に同意した[14]。

ラウマー案の提示を受けた大島は、東京の参謀本部に宛てて、ドイツ側は、反共産主義という大きなマントをかぶせた新提案をして来た旨を打電したが、このような電報はすべて、マントという用語まで、ソ連側の諜報機関に筒抜けになっていた。これについては、少し後で触れたい。

ドイツ側はなぜ、マントをかぶせたのか。日独防共協定を扱った『昭和史の天皇』第二〇巻は、おおよそ次のように推定している。大島の考えたビヨルケの密約の再現を防ぐためのソ連の「負担を軽からしめない」協定は、消極的なものではあっても、対象をソ連と明記する軍事同盟であり、ソ連への刺激が強すぎる。ところがラウマー案は、対象をぼかして、刺激を弱めている。しかも、一九三五年当時、ドイツとソ連の間には、一九二二年のラパロ条約も、それを再確認した一九二六年のベルリン条約も効力を持ち続けていて、ヨーロッパの平和を維持する支柱となっていた。そこにソ連の「負担を軽からしめない」協定を日独間で結んだということになると、両条約を実質的に破棄したことになる。しかもそれは、ソ連を対象とした消極的な軍事同盟なのだから、ソ連がドイツへのなんらかの報復手段に出ることも予想される。さらに、共産主義反対ということで、共産主義が体質的に大嫌いな英国などの諸国を反共の旗のもとに結集するのも夢ではないかも知れない、と[15]。以後、ラウマー案の線で大島とリッベントロップ事務所との交渉が進み、交渉は途中から日本外務省が引き継いで、一九三六年一一月二五日、日本大使武者小路公共と、ヒトラーから一九三六年七月にヒトラー直属という形でイギリス大使に任命されたリッベントロップとの間で、アンティコミンテルン協定、日本語では日独防共協定が調印された[16]。

ドイツ外相コンスタンティン・フォン・ノイラートは、日独交渉が始まった時から、リッベントロップが大島を相手に進めているこの交渉にかかわりを持たず、協定の調印式にも出席しなかったし、もちろん、協定に署名することもなかった。この意味でも、それは異例の協定であった。

6　日独防共協定秘密附属協定

日独防共協定の最も重要な部分は、秘密附属協定であった。その第一条にこそ、特に協定をめぐる交渉で中心的な役割を演じた大島浩が望んだ内容が盛り込まれていた。そこには、次の表現が見出される。

「締約国の一方が『ソビエト』社会主義共和国連邦より挑発に因らざる攻撃を受け又は挑発に因らざる攻撃の脅威を受くる場合には、他の締約国は『ソビエト』社会主義共和国の地位に付き負担を軽からしむるが如き効果を生ずる一切の措置を講ぜざることを約す。

前項に掲ぐる場合の生じたるときは、締約国は共通の利益擁護のため執るべき措置に付き直ちに協議すべし」[17]

ドイツ語の条文は以下の通りである。

„Sollte einer der Hohen Vertragsschliessenden Staaten Gegenstand eines nicht provozierten Angriffs oder einer nicht provozierten Angriffsdrohung durch die Union der Sozialistischen Sowjet-Republiken werden, so verpflichte sich der andere Hohe Vertragschliessende Staat, keinerlei Massnahmen zu treffen, die in ihrer Wirkung die Lage der Union der Sozialistischen Sowjet-Republiken zu entlasten geeignet sein wurden.

Sollte der in Absatz I bezeichnete Fall eintreten, so werden sich die Hohen Vertragschliessenden Staaten sofort daruber beraten, welche Massnahmen sie zur Wahrung der gemeinsamen Interessen ergreifen werden."[18]

この秘密附属協定第一条こそ大島浩が望んだ内容であり、秘密附属協定の核心をなすものであった。大島が一九〇五年の帝政ドイツと帝政ロシア両国の皇帝の間で一旦は調印されたビヨルケの密約によって生じたかも知れない、日本にとって危険な事態の発生を防ごうという意図は、これによって防止されたはずであった。その意味では、第一条が日独防共協定への日本側の期待するところを表現していた。しかし、ドイツ側がこの趣旨を公開される本文に盛り込んで公表するのはソ連に対する刺激が大きくなり過ぎると考えて、「アンティコミンテルン」という「マント」をかぶせることを提案したいきさつは、前節で詳述した通りである。

このように秘密附属協定第一条は条約への日本側の期待を盛り込んだ、条約全体のもっとも重要な部分といえるであろうが、秘密附属協定第二条もまた、第一条に劣らぬ重要性を有していた。そして、以下に引用する第二条は日本側とドイツ側のぎりぎりの妥協の結果であった。

「締約国は本協定の存続中、相互の同意なくして『ソビエト』社会主義共和国連邦との間に、本協定の精神と両立せざる一切の政治的条約を締結することなかるべし」[19]

ドイツ語の条文は以下の通りである。

"Die Hohen Vertragschliessenden Staaten werden während der Dauer dieses Abkommens ohne gegenseitige Zustimmung mit der Union der Sozialistischen Sowjet-Republiken keinerlei politische Verträge schliessen, die mit dem Geiste dieses Abkommens nicht übereinstimmen."[20]

このような秘密附属協定を含む日独防共協定の交渉が本格化した一九三六年当時、ドイツはソ連との間に締結されていた「ラパロ条約（一九二二年）」と「中立（ベルリン）条約」という二つの友好条約は効力を持ち続けていて、ナチス政権が一九三三年に成立したばかりのドイツとしては、これら二条約を日独防共協定のために廃棄するなどという意向はまったく持っていなかった。日本側もソ連との漁業協定をめぐる交渉が進行中という事情があった。そこで、特に独ソの友好条約と日独防共協定を両立させるために、ドイツと日本の間ではなはだ複雑な交渉がおこなわれた。この交渉の全体については、読売新聞社編『昭和史の天皇』第二〇巻が徹底した考証を行なっているので、詳細は同書に譲りたい。結論だけを言えば、日独交渉のこの時の主役となった一九三六年八月に英国駐在大使に任命されたばかりのリッベントロップが特命全権大使として日本のドイツ駐在大使子爵武者小路公共に宛てた一九三六年一一月二五日付秘密書簡の中に次の文言が入れられることとなった。

「本日共産『インターナショナル』に対する協定の秘密附属協定に署名するに当り、独逸国政府は独逸国及ソビエト社会主義共和国連邦間に存する千九百二十二年のラパロ条約及び千九百二十六年の中立条約の如き政治的条約の条項は、本協定の実施当時の事態に於いて客体を欠如せざる限り、本協定の精神及び協定より生ずる義務に抵触せざるものと認むる旨、閣下に通告するの光栄を有し候」[21]

ドイツ語の文言は以下の通りである。

"Ich beehre mich, Ew. Exzellenz anlässlich der heutigen Unterzeichnung des geheimen Zusatzabkommens zu dem Abkommen gegen die Kommunistische Internationale mitzuteilen, dass die Deutsche Regierung die Bestimmungen der zwischen dem Deutschen Reich und der Union der Sozialistischen Sowjet-Republiken bestehenden politischen Verträge, wie des Rapallo-Vertrages von 1922 und des Neutralitätsvertrages von 1926, soweit sie unter den gegebenen Verhältnissen zur Zeit des Inkrafttretens dieses Abkomens nicht gegenstandlos geworden sind, nicht als im Widerspruch mit dem Geiste dieses Abkommens und den sich daraus ergebenden Verpflichtungen stehend betrachtet."[22]

この「客体を欠如(gegenstandlos)せざる限り」という奇妙な文言は、ラパロ条約及び中立条約がなお生きているが、秘密付属協定の前文では日独両国政府はソ連政府がコミンテルンの目的の実現に努力し、そのためにその軍を用いようとしていることを認め、この事実は締約国の存在のみならず世界平和全般をもっとも深刻に脅かすことを認めているのだから、これらの独ソ条約は「客体を欠如」してしまっているのだ、という暗黙の合意を示すために考え出された、綱渡りのような日独両国の妥協の産物であった。このあたりの両国の交渉については、前出の『昭和史の天皇』が当事者からの聞き取りも交えて実に詳しく説明している。その当事者からの聞き取りの中には、ベルリンの日本大使館一等書記官としてドイツとの交渉にあたった柳井恒夫の次のような証言も含まれている。

「わたしの長い外交官生活の中で、条約文中に『客体を欠如せざる限り——』なんていうことを言ったのは、これがたった一つ。異例中の異例なんですよ。そして協定文を見ればわかるように防共協定というのは矛盾だらけで、すべて逃げ腰、わかったような恰好を備えてはいるが、なんともおかしな協定なんですねえ」[23]

この時の駐独大使武者小路公共の以下の回想もまた『昭和史の天皇』に引用されているが[24]、当事者による重要な証言なので孫引きを許されたい。引用に当り略字体に改めた。

「要するに防共で日独が提手をした瞬間にラパロ協約等で握られた独ソの手は解かれるが條理であった。それは日ソ間の国境問題や漁業問題、石油採掘問題等の未解決協定は本来政治とは縁遠い関係故防共とは決して矛盾しないと解釈されるのであるが、ラパロとベルリンの両条約は何といつても政治條約である。従つて秘密協定で共産インターナショナルとソ連政府を同心一体と認めた以上独ソ間の政治的握手を續けることは理路が立たない。然し潔癖にその条理を徹底させる必要もないし、一方萬一秘密協定が鼓表された時を考え、可成く事勿れ主義に止めて独ソ間従来の政治條約は存続させることにしよう、ということになつた。処が日本にとつて見ればドイツがソ連政府の責任を認めつつ然かもまだラパロ條約などを通してソ連と握手を続けることは如何にしても無理があると考えた。それで両国間でとても奇妙な文句を考案したのである。

即ち、「一九二二年の『ラパロ』條約及一九二六年の中立條約の如き政治的條約の條項は本協定の実施当時の事態に於て客体を欠如せざる限り本協定の精神及本協定より生ずる義務に抵触せざるものと認む」というのである。そして何か問題が起れば右二條約は引続き有効であると表面には主張し得る余地を残しながら、日独間の解釋ではもう客体を欠如しているのだから、消滅しているという肚であつた。

そしてそれを念押しにする為、私は有田外相へこんな謎の電報を打つている。

「リッベントロップ大使と交渉の結果上述の秘密協定の意義のみがソヴィエト連邦に対するドイツの将来の政策に決定的なものとたるの確信を持つに至りました。私はこの電報をリッベントロップ大使に示し彼の同意を得ました」

その秘密協定の意義というのは、ソ連政府が國際共産の目的の実現に努力し且つこれが為その軍を用いんとするのであるから、締約国の存立のみならず世界平和全般を最も深刻に脅かすものである、という前文を指している。

即ち日独の存立を脅威するから客体を欠如している。従つて実際はラパロとベルリンの両条約も無効だといおうとしたのである。実に込み入った経緯であつた」[25]

そして、『昭和史の天皇』は、「結局、防共協定が協定らしい形として日独間にはっきりと合意されたのは、大島武官が考えた『ソ連の負担を軽からしめない(エントラステンしない)』条項だけだった」[26]と結論づけている。妥当な結論と言えよう。

7 トラウトマン工作挫折以後のドイツ極東政策

日中戦争をめぐるトラウトマンの和平工作については、二冊の旧著[27]で詳しく論じてきたので、ここでは深く立ち入らない。ただ、改めて注目しておきたいのは、和平工作をめぐる政府と参謀本部との対立の存在である。参謀次長多田駿がこの工作の継続に最後まで熱心であったのに対して、第一次近衛内閣海相米内光政は継続に正面から反対した。首相近衛文麿、外相広田弘毅をはじめとする第一次近衛内閣全体が継続に熱意を示さず、結局、一九三八年一月、「国民政府を対手とせず」という政府声明を発表してドイツの和平仲介工作を打ち切らせてしまった。日中戦争全八年を通じて、日本側はくりかえして国民政府への和平工作を試みたが、正式に日中両国政府の間に和平をめぐる話し合いの通路が成立したのは、トラウトマン工作の時のただ一回だけであった事実もあわせて注目しておきたい。

以下では、工作が挫折した後のドイツの中国と日本に対する政策の展開をたどることとする。注目を引くのは、一九三八年一月二六日に駐日ドイツ大使ディルクセンがドイツ外務省に宛てて発信した詳細な報告である。この報告は、第一章「仲介工作の終焉」、第二章「中国の紛争と独日関係」、第三章「軍事顧問」、第四章「軍需物資の供給」、第五章「満州国の承認」、第六章「中国北部への転換」から成る外交電報としては異例といえる程詳細で包括的なものである。

第一章は、ドイツの和平工作の挫折によって戦争の、ドイツにもかかわりのある外交的波及効果をともなう新しい局面が開始されたと説き起こしている。蔣介石が日本側が提示した和平の条件を真剣に考慮しなかったことを批判したあと、中国が、英国と米国を当てにしない限り、ますますロシアの路線に引き込まれるに至るであろうとの予想を述べている。

第二章は、我々ドイツ側が日中双方に対する我々の態度をドイツの無条件中立の言明によって確定してきたことは、日中紛争の第一段階にたいしては疑いなく正しかったとの確認から始まる。ただし、ドイツ人軍事顧問を中国に留めておくことと、戦略物資の供給の継続とは一方的に中国の利益になったのであり、しかもその中国とはソ連との不可侵条約の締結によって我々の最も激烈な敵国との密接な結合を希求し、さらに西側諸国とジュネーヴのイデオロギーとに依存する南京政府なのであると述べている。さらに、ドイツ人軍事顧問とドイツの軍需物資供給に対して、日本側が不快感をつのらせているのであるから、このことについて我々の態度を明確にし、これを日本側に説明するのが良い結果を生むであろうと述べている。

第三章はドイツ人軍事顧問の中国での活動に対する苦情と批判である。そして、フォン・ファルケンハウゼン将軍と彼の協力者たちが中国人と共に徐州から南京へ、そこから漢口へ、そしてさらに重慶やさらにより深くアジア南部へと後退することは我々の軍事的名声にとって有利とはならないであろうと予告している。軍事顧問たちは長期的には、中国の敗北がどれほど、まさしくドイツ側から与えられた助言の無視によって引き起されたものであるにせよ、この敗北への責任を共有しなければならなくなるであろう。これによって同時に、彼等が召喚された場合にはロシア人が彼等にとってかわるであろう、というドイツ人軍事顧問たちの残置のために使われた議論も効力を失うであろう、とディルクセンの報告は論じている。同報告はまた、ロシアの航空機や操縦士の派遣の形でのロシアの援助はますます表面化している事実にも言及している。

ディルクセンは、我々の中国との関係に対しての、我々の軍事顧問の意義を十分に評価しつつも、私は今やここに述べた理由から、武官オット将軍と意見を等しくして、全てのまだ中国で活動しているドイツ軍事顧問の即刻の、全面的召喚に賛成するものである、と述べて第三章を終わっている。

第四章でディルクセンは、軍需物資のドイツから中国への輸出を全面的に停止するように勧告している。ドイツ政府から発令された輸出禁止は、輸出の継続によって日本をなだめる効果を失った。軍需物資供給停止をドイツ政府の措置によって実行するに際しての技術的困難に言及するというようなことは、日本では理解されない。私的資本主義的な商人たちに対する独裁的ドイツ国家のちからへの日本での信頼は、そのような言い逃れを許すにはあまりにも巨大なのである、と。

第五章でディルクセンは、ドイツ政府による満州国の早期承認を勧告している。満州国承認は、日本に対して、友好的で、日本では必ず正当に評価される意思表示を行なうことに役立つであろう、と。

第六章は、次のように展開されている。華北が、黄河まで、更に山東省の境界線まで、恐らく数十年にわたって日本の直接の影響下に置かれるであろうし、上海と、南京の向こうまでの上海の後背地が、数ヶ月のうちには漢口の向こうまでの後背地が、かなりの間、恐らくは数年間にわたって日本軍による占領下に置かれるであろうという事実を考慮にいれなければならない、という見通しから始められている。そこから、河北五省が中国の長期にわたり最も平穏な地域となるであろうという見通しが生ずる。華南の沿岸地帯では戦闘、少なくとも空襲の影響のもとで、正常な政治的経済的生活は期待出来ないし、華中についても事態は同様であろう。以上の事実から、我々はドイツの対中国政策の重点を経済的、政治的に華北に置くべき、との結論を引き出さなければならない、と[28]。

このように、ナチ党に入党していたディルクセン駐日大使の本省への報告は、日本側の主張を全面的に肯定し、受容するものであった。これに対して、当時漢口に駐在していた駐華ドイツ大使トラウトマンの見解は、ディルクセンとは正反対で、中国国民政府の立場を肯定し、支持するものであった。東京から漢口に転電され、一九三八年三月二日に漢口に届いた同年一月二六日のディルクセンの報告については、トラウトマンは、これを内容に立ち入って批判し、反駁する長文の報告をベルリンの外務省宛てに送信している。トラウトマンは、ディルクセンの報告に含まれている提案は次の三つの前提の上に構築されているとして、これら三つの前提に逐一反駁を加える。

第一の前提　和平交渉は挫折し、そして、東京の政府は蔣介石を最早承認しないのであるから、将来においていかなる仲介も最早不可能であり、従って我々は中国に一切配慮する必要はない。

第二の前提　日本はこの紛争から勝利者として立ち現れる。

第三の前提　中国は益々ソヴィエトの路線へと滑り落ちてゆく。

第一の前提については、トラウトマンは次のように述べてこれを否定している。

和平交渉が挫折したことは事実である。しかし、挫折は主として日本側の破約によるものであることに留意されたい。そして、日本側が中国での政治状況を誤って認識して、国内の急進論者の圧力のもとに、最早蔣介石の政権とは交渉しないという声明を発したことは事実である。

しかしながら、この声明によって政治状況が変更された訳ではない。いつの日か、日本と中国の和平交渉は行われなければならない。また、この声明によって我々の中国における利益が抹殺された訳でもない。このことをディルクセンの報告はまったく無視している。日本人は、この声明によって、当地の政権がカルタの家のように崩壊する程の恐怖心を中国人にいだかせたと信じた。しかし、それは事実に反している。驚くべき事実は、日本軍部の中にも、蔣介石政権が共産主義者をこれまでまだ政府の中に受け容れていないが故に、蔣介石政権ともう一度交渉しようという傾向が見られることである。日本のラジオや新聞で毎日行なわれている、蔣介石政府がすでに全く赤化したという宣伝が、真実の意図的歪曲であることが、このことによって承認されている。ディルクセンの東京からの報告の第一の前提はこうして崩壊している。

第二の前提については、トラウトマンは、南京征服以後、日本軍による重要な軍事的成果は実現していないのが事実であるとしている。日本は中国軍が完全に崩壊して退却した時に、華中を手中に収めることが出来たはずであった。南昌への攻撃も可能なはずであった。そのかわりに、日本陸軍は四週間にわたって南京で略奪と放火を行ない、日本の新年と勝利を祝うことを優先させた。日本が仮に軍事的に勝利を収めたとしても、日本が戦争を、日本が初めに考えたように「政治的に」それ程簡単に終結させることが出来ないという可能性はあり得ないことではない。すでに今、日本の政策は他の列強に対してははるかに控えめになっている。米国に対して、日本の児童たちが一九三七年一二月一二日に日本の爆撃によって沈没したパネー号の犠牲者に対する募金を行なうというようなことが為されている。広田外相は議会で、ソ連との関係を「正常化」したいという希望を述べた。モスクワ駐在の中国大使は、新聞に対して、日ソ両国の外交が国交調整に努力していると述べた。防共協定が、ドイツの満州国承認によって日本が望んだ成果をもたらした後で、日本は現実に立ち返っている。広東と漢口への作戦を日本は放棄したように思われる。私（トラウトマン）は、戦争の頂点はすでに過ぎ去ったという感情をいだいている。また、中国の空軍はかなり強化されており、新しく編成された中国陸軍の装備は、これまでよりも改善されている。こういう次第で、東京のドイツ大使館の報告の第二の前提もやはり効力を失ったのである。

中国がますますソ連の航路へと逸脱しつつある、という第三の前提は正しいのであろうか。当地で観察出来るすべての事柄は、この前提が間違っていることを示している。国民党の左翼に、彼らの希望が実現され得るかどうかを示す機会を与えるはずであった孫科の使節団は、完全な失敗であった。この孫逸仙の息子は、スターリンに会っても貰えなかった。ロシア人は確かに飛行機と弾薬は供給してくれるが、他の諸国がしてくれる以上のことはしてくれない。中国にロシア人の軍事顧問が派遣されているというのは虚報である。戦闘で一〇万人以上の共産主義者を殺した蒋介石は、共産主義者から以前も今も不信の目で見られている。ソ中不可侵条約に署名した前のソ連大使ボルゴモロフは、モスクワで彼の運命に向って歩んでいる。

従って東京からの報告の第三の前提もこれまでのところ的中していないことが証明された。さらに、東アジアにおいて共産主義に対してこれまでよりもより大きなチャンスが存在しているとするならば、それはもっぱら日本の政策によってもたらされたものであるのは明白である。

このように、トラウトマンはディルクセンの東京からの報告が依存しているとトラウトマンが考える三つの前提のひとつひとつに、彼が把握している情報によって反駁を加えている[29]。

一九三八年二月四日に前任者のコンスタンティン・フォン・ノイラートにかわってドイツ外相に就任したヨアヒム・フォン・リッベントロップは、トラウトマンの切言に耳を傾けようとはしなかった。蒋介石はドイツ軍事顧問団の中国滞在を切願し、アレクサンダー・フォン・ファルケンハウゼンだけでも中国に滞在を続けてほしいと要望した。しかし、ドイツ軍事顧問団のこれ以上の中国滞在を認めようとしないリッベントロップは、同年六月二〇日の漢口のドイツ大使館宛ての電報で、中国政府が六月二三日までにドイツ軍事顧問団全員の引き揚げに同意しない場合には、トラウトマンは即刻、業務を代理公使に託して中国を離れ、ドイツに帰国すべし、そして、ドイツ軍事顧問団は全員その中国での業務を停止して可能な限り速やかに、場合によっては中国政府の意思に反してでも中国を離れるべし、という強硬な指令を伝えた。もしドイツ軍事顧問団がヒトラー総統自身によって発せられたこの指令に従わない場合には、これはドイツ国家への忠誠の明白な背信を意味し、彼らのドイツ国籍の取り消しと資産の没収という結果をもたらすであろう、と付け加えた[30]。

第6章 独ソ不可侵条約への道
——スターリン演説前後

1 スターリン演説直前の独ソ関係と日本——東郷茂徳とシューレンブルク

一九三九年八月二三日付けで、二四日の早朝に独ソ不可侵条約が調印されるまでの独ソ交渉については、さまざまな研究が公刊されている。しかも、一九三九年だけにかぎっても、その過程は複雑であって、それだけで数巻の大著となってしまう。したがってここでは、同年の独ソ交渉を詳細にたどることは、これらの研究に譲って、ごく目立った、それも初期の動きをとりあげるにとどめる。

独ソの交渉はモスクワで、ドイツの駐ソ大使シューレンブルク（詳しくいえば伯爵フリードリッヒ・ヴェルナー・フォン・デア・シューレンブルク，以下シューレンブルクと略記する）とソ連の副首相（人民委員会議副議長）兼外国貿易相（外国貿易人民委員）アナスタス・ミコヤーンとの間で、一九三九年二月一〇日に通商問題をめぐって開始されていたが、ソ連側の態度は積極性を欠いていた。それでも、前年一〇月に駐独大使から駐ソ大使となってベルリンからモスクワに移った東郷茂徳にとっては、ドイツのこのような対ソ接近の動きは、腑に落ちぬものであった。一九三九年二月二八日にシューレンブルクと会見した際に、東郷は、こういう経済交渉はソ連を勇気づける結果になるだけではないかと、シューレンブルクを非難した[1]。

東郷の批判はシューレンブルクの印象に強く残ったものらしく、ドイツ外務省通商および経済政策局長ヴィール（エミール・カール・ヨーゼフ・ヴィール）宛てに、東郷との会見についての二月二八日付け覚書をヴィール宛て電報と一緒に三月一日に送信している。参考までにこの覚書を訳出してみる。当時の東郷の心理状態まで読み取れそうな詳しい覚書である。三月一日付け電報のほうでは、シューレンブルクは次のように述べている。ミコヤーンとの交渉では、交渉を開始した二月一〇日には、前途にまったく希望が持てない状況であったが、一一日になるとミコヤーンの態度は一変して友好的なものとなり、二億マルク分の原料をソ連がドイツに供給することになったと報告したあと、シューレンブルクは、東郷が日ソ漁業交渉を成功させるために独ソ経済交渉を数週間延期してほしい、と要求している事実を報告している。それは少し要求がすぎる、とシューレンブルクは難色を示したが、結局ヴィールに彼の要求を伝えざるを得ない仕儀となった。当地の外交団の間では、東郷のソ連との交渉のやり方は、前任者の重光葵よりも拙劣であるといわれている、と[2]。

この電報に添えた覚書の全文は、以下の通りである。

「私は本日、日本大使東郷のもとで食事をしました。彼はディナーの後で私を彼のかたわらに招いて、私と次のように議論しました。

彼によれば、彼の漁業交渉ははかどらない。彼は今日もまたリトヴィノフを訪問したが、いささかの譲歩も見出せなかった。リトヴィノフの頑固さは、次のことからのみ説明できるものであり、このことについて、モスクワの全外交団は意見が一致している。それはすなわち、総統（ヒトラー）がベックに対して述べた、自分はウクライナに対して何等の野心も持っていない、という言明のおかげで、ソ連は、ヨーロッパ側からは心配はない、と感じ、それ故東アジアではその分だけますます断固たる態度をとることができる、と確信しているという事実である、とのことです。東郷氏の見解では、我々の現在進めているソ連との経済交渉もまた、モスクワを勇気付けるのに役立っています。彼は、この交渉を数週間延期してほしいと頼みました。

東郷氏は、彼が明日ベルリンに（三日間！）旅行し、そこでは日本の外交官の会合が開催されることに言及しました。

私は、東郷氏に、いつシュヌルレ氏が経済交渉のためにこちらに来ることができるのか、また、この交渉がそもそも一定の結果をもたらすかどうかは、まだまったくはっきりしていない、と答えました。どんなことがあっても、交渉の完了までにはまだ何週間もかかるであろうから、その結果、彼の希望はほぼ確実に自動的にかなえられるであろう、と。さらにその上に、彼は、彼の希望を彼の旧知のヴィール局長殿に直接伝えるために、彼の差し迫ったベルリン滞在を利用することができる、と。

東郷氏は、自分にはベルリンではおそらくヴィール殿かあるいはフォン・ヴァイツゼッカー男爵殿を訪問する時間はまったくないであろう、と述べました。（私の推測では、ベルリン駐在の（大島）日本大使が東郷氏にそれを許さないでありましょう！）彼は私に、私の側からベルリン（ヴィール殿）に彼の希望を知らせてほしい、と強く求めました。彼は、これは彼の個人的示唆であることを強調しました。彼はこの件に関して、自国の政府からは一切指図を受けていない、とのことです。

彼の強い要求に応じて、私は最後に、ヴィール殿にこのことをお知らせすることを約束しましたが、しかしその際にくりかえして、ソ連との交渉にブレーキをかけることは必要ないと強調しておきました。それはモスクワが単独でやってくれるから、と！

東郷氏は、ソ連の水域での日本の漁業権益を二〇〇〇万アメリカドルと見積もっています」[3]

電報と附属覚書から、シューレンブルクが、東郷の交渉能力をあまり高く評価していなかったことや、東郷と大島との確執を見抜いていたことがうかがわれる。覚書の中で、ヒトラーがウクライナへの野心を否定してみせたヒトラーとベックとの会見とは、一九三九年一月五日に、ベルヒデスガーデンのヒトラーの山荘で行われた、ヒトラー、リッベントロップらとポーランド外相ヨーゼフ・ベックとの会見をさす。会見は友好的な雰囲気の中で行われ、ヒトラーはウクライナに一切関心を持っていないのであるから、ポーランドはこの件でドイツを恐れる必要はまったくない、とベックに向かって断言している。ヒトラーは、ドイツの植民地回復要求に西欧諸国がもう少し理解を示してくれるのならば、ユダヤ人問題解決のためにアフリカの一定の地域を差し出してもよい、とも語っている。ヒトラーによれば、この土地はそこにドイツとポーランドのユダヤ人を移住させるのに利用できる、しかし西欧諸国がドイツの植民地回復要求に理解を示さないために、西欧諸国もドイツも、膨大な軍事費の出費を強いられている、などともヒトラーは語った[4]。

2　第一八回ソ連共産党大会でのスターリン演説

モスクワで開催された第一八回ソ連共産党大会、初日の一九三九年三月一〇日にスターリンが行った報告演説は世界の注目を集めた。スターリンは、この報告のうちの外交に関する部分で、イギリスとフランスが一九三八年九月末のミュンヘン会談以後、不干渉政策と中立政策に移行した事実を強調した。この政策は、スターリンの形容によれば、「各国は侵略者に対して自分自身を防衛すればよい……我々は脇にとどまり、侵略者とも、その犠牲者とも取引するであろう」という性格のものである。日本は、不干渉のマントにかくれて中国と、「もっと望ましいのはソ連と」戦争を行うことを許されるであろうし、ドイツは「ヨーロッパでさまざまな戦争に巻きこまれ、ソ連との戦争に巻きこまれる」のを許されるであろう。英仏の狙っているのは、戦争参加国が疲れ果てて共倒れになることである。スターリンによれば、西欧諸列強はドイツを東方進出へとけしかけ、ソ連と戦争させようとしている[5]。

この演説が行われたのは、イギリス首相チェンバレンとフランス首相ダラディエとが、ミュンヘンで一九三八年九月二九、三〇両日にヒトラーならびにムッソリーニと会見し、ヒトラーの要求するチェコスロヴァキアのドイツ人が多数居住するズデーテン地方をドイツに与えることに同意したミュンヘン会談から半年後、ヒトラーによるチェコスロヴァキア解体が行われる一九三九年三月一五日の五日前であった。この演説から、ソ連もチェコスロヴァキアも協議に与からせて貰えないままに断行された英仏の、とくにチェンバレンの対ドイツ「宥和政策」が、スターリンにどれほど大きな衝撃と不安を呼び起こしたかを、容易に読み取ることが可能である。ドイツや日本に対する警戒の念もはっきり読み取れるけれども、スターリンの批判と罵倒の主な対象となったのは、このような「宥和政策」を選択した英仏両国であった。日本とドイツについては、ドイツの駐ソ大使シューレンブルクのドイツ外務省宛て報告によれば、スターリンは次のように述べた。

「例えば日本を例にとってみよう。日本が北部中国に侵略を開始する前に、有力なフランスとイギリスの全新聞が、中国の弱いことを、中国の抗戦力のないことを、日本はその軍隊をもって、二〜三カ月のうちに中国を征服できるであろうということを、大声をあげて叫んだことは、特徴的である。その後、欧米の政治家達は、何かを待ち受け、監視するようになった。だがその後、日本が戦争行動を展開した時には、中国における外国資本の心臓ともいうべき上海を日本に譲りわたし、南部中国における独占的イギリス勢力の根拠地というべき広東を譲りわたし、海南島を譲りわたし、香港を包囲させた。これらすべては、もっともっと戦争に深入りせよ、そこでどんな風になるかはまあ見ていよう、といって侵略者を勇気づけていることと非常によく似ているではないか。

あるいは、ドイツを例にとってみよう。オーストリアの独立を擁護すべき義務が存在したにもかかわらず、オーストリアをドイツに譲りわたし、ズデーテン州を譲りわたし、ありとあらゆる義務を破棄してチェッコスロヴァキアを、運命の成行きのままに放棄し、しかるのちに、ドイツ人をもっと東の方に押しやり、容易に手に入る獲物を約束し、諸君はただボルシェヴィキと戦争を始めさえすればよい、それから先は、万事うまくゆくだろうと言い足して、出版物上では、『ロシア軍隊の脆弱』について、ソヴィエト同盟における『騒擾』について、口やかましくウソをつきだした。このこともまた、侵略者を突っつき、勇気づけていることと、非常によく似ているということを認めなければならない。

英仏や北アメリカの新聞がソ連領ウクライナをめぐって引き起こした騒音は特徴的である。これら新聞人たちは、声がしわがれるほどに、こう叫んだ。ドイツ人たちはソ連領ウクライナに進軍する。彼らは、約七〇万の人口を有するカルパト=ウクライナを今や手中にしており、彼らはおそくとも今年の春までに、三〇〇〇万以上の人口を有するソ連領ウクライナを、いわゆるカルパト=ウクライナに併合するであろう、と。この疑わしい騒音は、ドイツに対するソ連の憎悪を生み出し、雰囲気を毒し、目に見える理由なしにドイツとの紛争を挑発する目的を追求したもののように思われる」[6]

この関連で特徴的なのは、ウクライナをめぐる西欧の新聞の騒ぎ方である、とスターリンは言う。西欧の新聞は、ドイツがソヴィエト領ウクライナと戦うであろう、ドイツはすでにカルパト・ウクライナを支配しており、おそくも一九三九年春には、三〇〇〇万以上の人口を有するソヴィエト領ウクライナを全体で七〇万の人口を有するカルパト・ウクライナに併合するであろう、と声も枯れんばかりに叫んでいる。この胡散臭い騒ぎ方は、スターリンによれば、「ドイツに対するソ連の怒りを掻き立て、雰囲気を毒し、ドイツとの抗争を、明白な理由がないのに挑発している」のではないかという印象を呼び起こす。スターリンは、ドイツのなかには、皮の硬い象すなわちソヴィエト領ウクライナを、皮の柔らかいテントウ虫(すなわちカルパト・ウクライナ)に併合しようと考える精神病患者もいるかも知れないが、こういう人々にはソ連の中に十分な数の拘束服が準備されるであろう、しかしドイツの中の正常な精神の持ち主は、このようなことは馬鹿げていると考えるであろう、と述べた[7]。

スターリンは、次のように言う。

「まず考えても見給え。テントウ虫が象のところにやってきて、両手を腰にあててそりかえって、さて彼は言う。『オイ、兄弟、僕は君がとても可哀相なんだ。君は地主も資本家も民族抑圧もファシストの親方もなしに暮らしているが、一体それは何という暮しだ。……僕はそんな君をみて注意してやらずにはいられない。実際君は僕の所に併合される以外に救われる道はないのだ。……なにかまうものか。僕の広大無辺な領土へ君のちっぽけな領土を併合してやるよ』」[8]

カルパト・ウクライナというのは、スラヴ系のルテニア人が主に住んでいるカルパチア山脈周辺のルテニアのことで、チェコスロバキア南部に位置し、ハンガリーに近い地方である。ミュンヘン会談でズデーテン地方のドイツへの割譲が承認される前後にハンガリーは、ルテニアのうちハンガリー人多数が居住する地域のハンガリーへの割譲を要求し、ポーランドが反対して紛糾した。独伊両国外相は、三八年一一月二日、いわゆる第一次ウィーン裁定でハンガリーがルテニアの南半分をチェコスロヴァキアから獲得する。ドイツはチェコスロヴァキアに残した北半分を、ソ連、ポーランド、ルーマニアのウクライナ民族を統合する「大ウクライナ」建設の中心にしようとする野心を一時抱いていたらしい。スターリンが演説のなかで、黄金虫が象を併合しようという報道がある、といっているのはそのためである。しかし、ドイツがこのような問題でソ連やポーランドとの関係を悪化させるのは得策でない、と考えたために、カルパト・ウクライナ問題は消えてゆき、チェコスロヴァキア解体の際、三月一五日にハンガリーに与えられ、ハンガリーが占領して併合する[9]。

モスクワ駐在ドイツ大使シューレンブルクは、ドイツ外務省宛ての三月一三日付けの電報の冒頭で次のように報告している。

「ソ連共産党第一八回党大会最初の、本月一〇日の集会で、スターリンは共産党の国内および対外政策について活動報告を行った。

従来の政策の変らぬ維持を認識させる演説の外交に関する部分で、注目に値するのは、スターリンの皮肉と批判が、イギリスに対して、すなわち現在統治しているイギリスの反動勢力に対して、たとえばいわゆる侵略国とりわけドイツに対してよりも、かなりの程度より辛辣なかたちで向けられた事実であった。同様のことが、マヌイルスキーのコミンテルンの活動についての報告においても示された」[10]

シューレンブルクは、三月二四日から四月一日までベルリンに滞在して、このようなスターリンのほのめかしを手がかりとして、独ソ接近が必要であり可能であることを説こうとしたようであるが、ドイツ外務省は三月一五日のドイツ軍によるチェコスロヴァキア占領の後始末に追われていて、シューレンブルクの提言に耳を傾ける空気は乏しかったようである。リッベントロップがシューレンブルクと話し合う機会があったかどうかも明らかではない。リッベントロップは戦後になって、ヒトラーにスターリン演説の内容を示して、この演説の背後にスターリンの真意がかくされているかどうか調査する必要があると説いた、と回想している。このようなリッベントロップの動きは、直接にかあるいは間接にか、シューレンブルクに影響されたものではないか、とフライシュハウアーは推測している[11]。しかし、スターリンの皮肉と批判が、ドイツに対してよりもイギリスに対してより辛辣であった、というシューレンブルクの観察は、あとから考えれば重要な指摘であったといえるであろう。

第7章 日独伊三国同盟、日ソ中立条約と独ソ開戦

1 松岡洋右の日ソ提携論

一九四〇(昭和一五)年七月二二日に成立し、一九四一年七月一六日に総辞職した第二次近衛内閣は、少なくとも四つの運命的な選択をしたと考えられる。これらは、多かれ少なかれ日米開戦とかかわったけれども、そのかかわり方は、それぞれに異なっていた。松岡洋右という特異な人物の外相への起用、日独伊三国同盟条約調印、日ソ中立条約調印、松岡の反対にもかかわらず強行された南部仏印進駐決定、そのすべての場面において、第二次近衛内閣の外相に起用された松岡洋右が主役を演じた。

満洲事変の結果としての国際連盟脱退で、首席全権である松岡は一躍時代の脚光を浴びたけれども、この脱退は彼の意に反した行動であったし、帰国時に華やかに迎えられたことも、彼にとって予想外の事態であった。それ以後、一九三五年八月から一九三九年三月まで古巣の満鉄に総裁として戻っていたが、近衛が首相となる時には、その内閣に加わろうと工作していた節がある。それを物語るひとつの証拠が、戦後かな

りたってから発見された。京都市右京区宇多野にある陽明文庫に収められていた「事変(日中戦争)を迅速且つ有利に終熄《しゅうそく》せしむべき方途」という、縦罫の罫一枚にびっしりとタイプされた文書である。防衛庁戦史室長、防衛大学教授などを歴任した野村実が発見したもので、最後に「十四・七・一九・稿」つまり昭和一四年七月一九日に書かれた、と記されているだけで、誰が作成したのかは書いていなかった。要約すれば、日ソ提携と、日独伊三国の陣営にソ連を呼び込むことによって、蔣介石政権を英国とともに支えているソ連という支柱を外してしまえば、日中戦争を終熄させることができるという内容である。この文書には、「日ソ独伊の四国連合が結成されれば、容易に世界戦争は起きないと思われるが、戦争になっても此の陣容ならば敗けない」という見通しが述べられていた。従来、この文書を作成したのは、イタリア大使をつとめた白鳥敏夫であると考えられてきたが、野村は、『太平洋戦争と日本軍部』のなかで、「作成日時とその持つ思想と世界観が、あまりにも松岡の行動と暗合し符合するので、その作者が松岡である可能性はきわめて高いと考える」と述べている[1]。

野村の推定が正しいとすれば、近衛文麿は、松岡洋右を外相に起用すれば、この日ソ独伊四国連合の成立が可能になるのではないかと期待したのではないかと考えることができる。読売新聞社刊行、松崎昭一執筆『昭和史の天皇』第三〇巻(一九七六年)に、当時内大臣であった木戸幸一の談話が収録されている。

「僕は松岡が外相になるのは困ると思っていた。ところが近衛さんが、急に『とる』と言い出した。『これは大変だ』と僕は思った。そうしたところへ伊藤文吉君(伊藤博文の長男)が飛び込んできて、『これは大変だぞ。松岡なんぞが外務大臣やった日には、えらいことになる。ぜひ止めてやらんといかん』と言う。『そりゃそうだ。君すぐ飛んでいけよ』って言ったのだ。それで飛んでったよ。そしたら近衛さんが、『いま、もう松岡に言っちゃったよ。ちょうどいま呼んで(外交就任を)話したら、松岡も受けて、帰っていったところなんだよ』ということだった。伊藤君は『まったくしまったことをした』と言っていたよ。一足違いだったんだからね」[2]

木戸は、「まあ、僕から見ると、彼はちょっと信頼が置けなかったね。いや、彼がウソを言ったりごま化したり――という意味ではないんだよ。そういう点では誠実なんだが、自信過剰と主観性があまり強いんで、〝先生〟の意見にはあまり賛成できなかったな」[3]とも述べている。

松岡洋右を外相に起用したこと自体、第二次近衛内閣の運命的な選択といえるであろう。荻窪の近衛邸、荻外荘で、第二次近衛内閣発足直前の昭和一五年七月一九日、いわゆる荻窪会談が行われ近衛、松岡、次の陸軍大臣東条英機、海軍大臣（留任）吉田善吾の四人が集まった。そこでの申し合わせを記した「組閣中四柱会議決定」という文書には、日独伊枢軸の強化を図ること、ソ連とのあいだに有効期間五年ないし一〇年の不可侵条約を締結すること、イギリス、フランス、オランダ、ポルトガルの東アジアにおける植民地を「東亜新秩序の内容に包含せしむるため、積極的な処理を行うこと」、アメリカに対しては、無用の衝突は避けるが、東亜新秩序の建設に関するかぎり、アメリカの実力による干渉をも排除するという「堅き決意」をもって、日本の方針の実現を期することが、列記されていた。近衛内閣発足直後の、内閣と陸海軍の大本営との連絡会議という、当時のわが国の国政の最高レベルで決定された「時局処理要綱」のなかには、外交の基本方針として、「先ず対独伊ソ施策を重点とし、とくにすみやかに独伊との政治的結束を強め、対ソ国交の飛躍的調整をはかる」ことが明記された。また、仏印に対しては援蔣行為遮断の徹底を期するとともにすみやかに我が軍の補給担任部隊通過および飛行場使用等を容認せしめ、かつ、帝国の必要なる資源の獲得に努めること、蘭印に対してはしばらく外交的措置によりその重要資源の確保に努めることなど、南進の基本路線が記されていた。ただし、南部仏印進駐の決定は、具体策については、一年あとの七月二日の御前会議で本格化する[4]。

以下、第二次近衛内閣の松岡の外相への起用以外の三つの選択について、それらにまつわる問題を項目別に述べる。

2 松岡・シュターマー会談と日独伊三国同盟条約調印

このような基本路線に即して、一九四〇年九月二七日には日独伊三国同盟条約がベルリンで調印された。交渉の詳細は『日独伊三国同盟の研究』(南窓社、一九七五年)に述べたので、ここではおおむね省略するが、以下の諸点だけは強調しておきたい。すなわち、第一に、一九四〇年九月はじめに来日したドイツ外相リッベントロップの特使ハインリッヒ・シュターマーが、九月九日と一〇日、松岡外相と秘密に会談したなかで、リッベントロップからの伝言として、まず日独伊三国間に同盟条約を成立させて、そのあと直ちにソ連に接近するのが最も良い、ドイツは、かつてベルリン会議において宰相ビスマルクがドイツの立場について述べたような、「正直な仲買人」の役割を果たす用意がある、日ソの親善は、ドイツが仲介にはいる以上、大した困難なく実現するものと思われる、と述べたことが、松岡に決定的な印象を与えたのである。これで松岡は、日独伊枢軸の強化と日ソ国交の調整が一挙に実現すると考えた。

松岡シュターマー会談は、一九四一年九月九日と一〇日に、千駄ヶ谷の松岡洋右私邸で極秘裏に行なわれた。新聞記者に気付かれないように細心の注意が払われたようである。この会談の要旨として松岡が作成した英文一五項目のうちの第一〇項目に、この「正直な仲買人」云々のシュターマー発言が含まれている。英文と試訳を掲げる。

"Better to reach agreement between Germany, Italy and Japan first and then immediately to approach Soviet Russia. Germany is prepared to act part of an honest broker on the question of rapprochement between Japan and Soviet Russia, and she can see no unsurmountable obstacle on the path, may be settled without much difficulty. German-Soviet relations are good, contrary to what the British propaganda tries to represent, and Russia is carrying out to the satisfaction of Germany all her engagements."

「先ずドイツ、イタリアと日本の間で協定に到達し、そのあと直ちにソヴィエト・ロシアに接近するほうがより好ましい。ドイツは日本とソヴィエト・ロシアとの間の接近の問題について正直なる仲買人の役割を果たす用意がある。そして、ドイツはこの道程に越えられないいかなる障礙も認めることは出来ないし、大した困難なしに解決されるであろう。

独ソ関係は、英国の宣伝が述べようとしているのとは反対に良好である。そして、ロシアは独逸が満足出来るように、全てのみずからの約束を履行しつつある」

この会談要旨の第一四項目には、シュターマーの言は直ちにリッベントロップの言葉と受け取られて差支えない（"Stahmer's words may be regarded as coming directly from Ribbentrop."）と記されていた。リッベントロップは、日本を三国同盟に引きずり込むためだけに、自身は全く考えてもいなかった日ソ間の仲介のためにドイツが「正直なる仲買人」の役割を引き受けるなどと、シュターマーに語らせたのであろうか。一九三九年八月にモスクワで独ソ不可侵条約を調印した際の彼の親ソ的な姿勢から考えても、また、一一月のベルリンでのモロトフとの会談に際しての態度から考えても、シュターマーを東京に送り出す際には、リッベントロップは本心から「正直なる仲買人」の役割を引き受けることを考えていたと推測される。彼のこのような親ソ的な姿勢が失われるのは、モロトフとヒトラーとの会談が一一月一三日に事実上決裂して以後のことと考えてよいであろう。松岡が一九四一年三月から四月にかけてベルリンでリッベントロップと会談した時には、リッベントロップの側から「正直なる仲買人」の主題を持ち出すなどということは全く無くなっていた。ちなみに、「正直なる仲買人」(honest broker オネスト・ブローカー、ドイツ語ではehrlicher Makler)という言葉は、一八七八年のベルリン会議で、ロシアと英国、オーストリア・ハンガリーとのバルカンをめぐる対立をドイツが調停した時にビスマルクがドイツの立場について述べた言葉である[5]。

第二に、この会談の後、シュターマーと松岡の間では、日独伊三国同盟条約第三条が想定している独米戦争勃発の際に、日本は自動的に参戦の義務を負うのではなく、日本が参戦するかしないかを日本は自主的に決定するという問題をめぐって、議論が続けられた。松岡は、参戦の自主的決定を条約の付属交換公文に書き込むことを要求した。結局、シュターマーの独断でドイツ大使オットから松岡宛の書簡に、一締約国が条約第三条の意味で攻撃されたか否かは三締約国間の協議(consultation)により決定せられるべきは勿論のこととする、という文章を入れることで決着した。

日独伊三国同盟への日本海軍上層部の反対を鎮め、枢密院での審議を容易にするために、松岡は、オット(Eugen Ott オットーではない――三宅)大使に、条約調印当日の一九四〇年九月二七日の日付で、条約第三条に記された三国が攻撃を受けた場合について、攻撃を受けたかどうかは三締約国間の「協議(consultation)」によって決定されるべきことは勿論とする旨を含んだ秘密書簡「G、一〇〇〇号」を書くことを強要したのである。

日独伊同盟条約第一条には「日本国は独逸国及伊太利国の欧州に於ける新秩序建設に関し指導的地位を認め且之を尊重す」、第二条には「独逸国及伊太利国は日本の大東亜に於ける新秩序建設に関し指導的地位を認め且之を尊重す」と規定され、第三条には次のように規定されていた。

「日本国、独逸国及伊太利国は前記の方針に基く協力に付相互に協力すべきことを約す更に三締約国中何れかの一国が現に欧州戦争又は日支紛争に参入し居らざる一国に依て攻撃されたるときは三国は有らゆる政治的、経済的及軍事的方法に依り相互に援助すべきことを約す」（"Japan, Germany and Italy agree to co-operate in their efforts on the aforesaid lines. They further undertake to assist one another with all political, economic and military means when one of the three Contracting Parties is attacked by a power at present not involved in the European War or in the Sino-Japanese Conflict."）

第三条だけを見る限り、日独伊三国のうちのいずれか一国がアメリカから攻撃を受けた場合、他の二国はただちに自動的にアメリカとの戦争に参戦するように見える。ところが、ドイツ大使オットが署名したこの「秘密書簡G、一〇〇〇号」は、「一締約国が条約第三条の意味に於て攻撃されたりや否やは三締約国間の協議に依り決定せらるべきこと勿論とす」（"It is needless to say that whether or not a Contracting Parry has been attacked within the meaning of Article 3. of the Pact shall be determined upon consultation among the three Contracting Parties." ドイツ語の正式な文面では "Es bedarf keiner Erwähnung, dass die Frage, ob ein Angriff im Sinne des Arrikels 3 des Paktes vorliegt, in gemeinsamer Beratung der drei vertragschliessenden Teile entschieden werden muss."）という内容をドイツ側が承認したことを意味していた。攻撃を受けたかどうかは三締約国間の「協議」（consultation, Beratung）によって決定するというのは、自動的に戦争にひきずりこまれることを回避することを意味する、と松岡は考えた。これによって、松岡は、日本の自主参戦の権利が確保されたと主張して、ドイツによって世界戦争にひきずりこまれるのを恐れた日本海軍を説得したのである。

この書簡には、「日ソ関係に関しては、ドイツは力の及ぶ限り友好的了解を増進することにつとめ、いかなる時にも右目的のために周旋の労をとる」("With regard to the relations between Japan and Soviet Russia, Germany will do everything to promote a friendly understanding and will at any time offer its good offices to this end." と記され、ドイツ語の正式文面では "Was die Beziehungen zwischen Japan und Sowjetrussland anbelangt, so wird Deutschland alles tun, was in seinen Kräften steht, um eine freundschaftliche Verständigung zu fördern, und zu diesem Zweck jederzeit seine guten Dienste zur Verfügung stellen.") と記されていた[6]。

このオット発書簡G、一〇〇〇号については、リッベントロップは、条約調印の時にも、またそれ以後にも知らされていなかった。このことについては、アメリカの歴史学者ヨハンナ・メンツェル・メスキルの、ドイツの学術雑誌『現代史四季報』一九五七年第二号に発表した論文「三国条約への秘密日独覚書交換」と、のちにドイツの代表的な週刊新聞Die Zeitの主筆となったテオ・ゾンマー(Theo Sommer)の博士論文『列強のあいだのドイツと日本』の綿密な考証がある[7]。極東国際軍事裁判検察局(International Prosecution Section, IPS)の記録に含まれているオットとシュターマーの訊問記録からも、両名が東京から電信でリッベントロップの許可を求める努力をせず、この秘密書簡を両名のいずれもリッベントロップに提示しなかったことが証明出来る。この書簡をめぐる当時のドイツ大使オットの説明については次節で、東京裁判国際検事局尋問調書にもとづいて詳述する。しかし、この書簡は、日本海軍と枢密院の抵抗を鎮める上では大いに役立ったのである。

ひとつの例を挙げたい。日独伊三国同盟条約のベルリンでの調印の前日、九月二六日の枢密院での「日独伊三国条約ニ関スル枢密院審査委員会議事概要」によれば、G、一〇〇〇号は、条約に付随する交換文書として提示された。第一次世界大戦中にフランス大使、ついで外相をつとめた枢密顧問官石井菊次郎の「第三条に依り一国が攻撃せらるるときは直に参戦義務を生ずるものなりや何等か此の点に付話合ありたるや」という核心を衝いた質問に対して、松岡外相はG、一〇〇〇号を援用して次のように答えた。

「交換文書中に『一締約国が条約第三条ノ意義ニ於テ攻撃セラレタルヤ否ヤハ三締約国間ノ協議ニ依リ決定セラルベキコト勿論トス』(在京独逸大使館来翰)トアルハ御質問ノ点ヲ明確ナラシムル為本大臣のノ要求ニ依リ挿入シタルモノニシテ攻撃アリタルヤ否ヤニ付テ協議シ協議纏マレバ自動的ニ共同シテ戦ハザルベカラザル処何時如何ナル方法ニ依リ援助スルヤハ締約国各々自主的ニ決定シテ協議スルコトトナル次第ナリ」

石井は「条約中ニ「直ニ」トイウ字句モナキニヨリ外務大臣ノ説明ハ自分モ同感ナリ」と述べて、これ以上追及しなかった。G、一〇〇〇号は、条約に恐らく最も懐疑的であった石井の追及をかわすのに役に立った訳である。ここで引用されているのは、松岡外相の実質上ただ一人の相談役であった外務省顧問斉藤良衛が三国同盟成立後まもなく作成し、極東国際軍事法廷に国際検事局文書第三三七六号として提出された「日独伊同盟条約締結要録」である[8]。

松岡が交換文書のなかの在京独逸大使館来翰として枢密院でも振りかざしたオット発書簡は、このように、ドイツ外相リッベントロップの承認を得ていない文書であり、この文書を唯一のよりどころにして日本には自動参戦義務はないのだと強弁したことは、まことに危うい綱渡りであったといわなければならない。

さらにここで、もう一つの問題を提起することができる。もし、オットとシュターマーのいずれかひとり、あるいは両名がそろって、東京からの電信で秘密書簡G、一〇〇〇号の内容をベルリンに送信したと仮定すれば、その電信はただちにアメリカの諜報機関によって捕捉され、解読されていたであろう。そうならば、アメリカは、公開された三国同盟条約第三条の自動参戦の条項は、この秘密書簡によって骨抜きにされ、アメリカを威嚇する効果は消滅していた事実を知ったであろう。三国同盟がアメリカに対するこけおどしに過ぎない事実をアメリカが把握していたならば、アメリカが三国同盟をあれほど敵視することはなくなり、三国同盟が日米関係をあれほど悪化させることもなかったかも知れないのではなかろうか。このあたりについては、岩波書店刊行の雑誌『世界』二〇一一年七月号に掲載された、朝日新聞千葉総局記者渡辺延志《のぶゆき》の『虚妄の三国同盟　ヒトラーに知らされなかった秘密条項』ならびに渡辺延志著『虚妄の三国同盟　発掘・日米開戦前夜外交秘史』を参照されたい[9]。

敗戦の直後の一九四五年一二月から翌年一月にかけて海軍の首脳陣の人々が集まって海軍戦争検討会議という座談会を四回開催した。一九四六年一月一七日の座談会では日独伊三国同盟が主題として取り上げられた。一九四〇年九月五日に吉田善吾に代わって海軍大臣に就任したのは及川古志郎であるが、この座談会には吉田、及川、そして、シュターマーが来日した一九四〇年九月七日に海軍次官に就任した豊田貞次郎や、近藤信竹、井上成美らの五人の元海軍大将をはじめ、住山徳太郎ら三人の元海軍中将、四人の元海軍少将、七人の元海軍大佐、三人の元海軍中佐、そして榎本重治書記官が出席している。

このなかで、第三次近衛内閣発足と同時に松岡に代わって一九四一年七月一八日に外相に就任した豊田貞次郎が、核心に迫る証言をしている。豊田は、証言の初めのほうで、次のように述べている。

「松岡の同盟の趣意は七、八項目あったが、その主眼点は、英独戦争においては日本の援助を要しないこと、および日、独、伊、ソ連にて米の参戦を牽制して、なるべく早く世界平和を回復したいというにあり」

この証言から、松岡がシュターマーとの会談記録にあった要点を豊田に伝えたらしいことが見て取れる。

この後の証言はとりわけ重要と思われる。

「すなわち支那事変解決のため、日本の孤立を防ぐため、米参戦を防止するには、ソ連を加えて四国同盟の他なく、このたびは自動的参戦の条件もなく、平沼内閣当時、海軍が反対した理由は、ことごとく解消したのであって、できた時の気持は、他に方法がないということだった」[10]

3　東京裁判国際検事局尋問調書に見る元駐日大使オットの証言

元駐日ドイツ大使オットに対する尋問は、一九四六年二月一四日に明治生命ビル七四八号室で開始され、駐華ドイツ大使トラウトマンの日中和平工作など、さまざまな項目について検察官フランク・S・タヴェナーとオットとの一問一答が展開されていることがわかるが、外相としての松岡洋右が尋問の中に登場するのは、外相就任直後の松岡がオットを自宅に招いて、オットが驚くほどの歓待ぶりを示したという、二月二七日の証言からである。オットは日本に接近するなという警告をドイツ外務省極東部長クノルの警告に従って、松岡とのこの会談についてベルリンにはごく漠然とした報告しかしなかった。松岡がドイツとの緊密な連携を希望しているという印象を駐ドイツ大使来栖三郎から得た外相リッベントロップは、日本との軍事的協力に熱心でないオットに不信感を抱いてシュターマーを東京に派遣することにしたのだと思われる、とオットは証言している[11]。

次に尋問は日ソ不可侵条約問題へと進んでゆき、ここでオットは尋問に対して次のよう答えている。

「**答え**　私は個人としては常に中国ならびにロシアと提携することによって、我々の状況は非常に強力で安全なものとなるという考えを抱いていました。とくに三国条約の後では、私はこの目的を達成するために私のなし得るかぎりの全力を尽くしました。しかし、それ以前は（おそらくタヴェナーの質問が入ったために、ここで中断されている——三宅）。

質問　言葉を変えていえば、将軍、もし日本とロシアのあいだに不可侵条約があり得たとすれば、日本は南進するあいだ背後からの攻撃から保護されるであろう、ということではありませんか。

答え　たぶんそうです。

質問　そして日本はシンガポールに進撃しようとする前に、背後からの危険に対してこの保護と保障を望んだ、というのが本当ではないですか。

答え　論理的にそうなります。

質問　さらに、ドイツは日本の利益になるように行動しようとしていた、すなわち日本が自由に英国を攻撃できるようにロシアを（三国）同盟の軌道に取り込む、ということではないですか。

答え　それはリッベントロップとヒトラーの考えであったかも知れません。私の個人的な考えは異なったものでした。三国条約を締結するにあたって、そしてその後の私の考えは、ロシアと、ひょっとしたら中国をも取り込んで、この条約はきわめて強力なものとなり、その結果合衆国との戦争の可能性はなくなるであろう、というものでした。

質問　このことについてはもうひとつの解釈もあるのではないですか。すなわち、このような同盟はきわめて強力なものとなり、その結果日本は合衆国からの危険なしにシンガポール攻撃を含む南方でのその侵略計画を続行することができる、という解釈です。

答え　その時にはそれはドイツの関心事ではありませんでした。我々が三国条約を締結する以前の時には。松岡との会談のあいだにそのことはドイツの関心事となりました。そして私はこれらの事柄を思い出そうとしているのです（以下意味がやや不鮮明なので中略——三宅）。たぶんリッベントロップとヒトラーの考えは常にこの通りでしたので、ヴァイツゼッカー（ドイツ外務次官）はこれらの考えを阻止しました。なぜならばたぶん彼はオランダ領東インドにおけるドイツのきわめて大きい利益が損なわれ、我々がフランスとの休戦においてある程度保証したインドシナ、そして休戦そのものが非常に損なわれることを恐れたからです。そしてフランスとの休戦は我々にとって常に悲しみの大きな根源でありました。なぜならば明らかにあの時フランスでは我が占領軍にとっての危険の諸条件が始まっており、そこで我々は非常に用心深くなりました。そして事態は変化しました」[12]

ここで、オットは松岡のベルリン訪問についての自分の印象に移ってよいかを尋ね、タヴェナーの許可を得て次のように語り始める。

「**答え**　昨日お話ししましたように、ヒトラーと松岡との最初のそしてただ一回の会談で、シンガポールのことが言及されたかどうかは記憶していません。私も参加していました。私はこのことをもう一度よく考えようとしています。そして私は、今まで以上に確信をもっています。なぜならば松岡の話は特別長くて、ヒトラーに非常に広範囲にわたるやり方で、彼の『八紘一宇』についての考えを説明することにとくに向けられていました。これは、世界の四つのすみについての難しい言葉で、日本人の、日本人が全世界に一種の平和をもたらす何らかの義務を持っているという、一種の神話的なヴィジョンであり、はなはだ漠然としていて神秘的な事柄であり、このことを彼は、ヒトラーがむしろいらいらして怒り出すような広範囲にわたるやり方で説明しました。そして私は、このことを非常にうれしく思いました。

なぜならば私は日本人が、大島が与えた、日本は非常に決然たる国家であるという印象とは反対に、彼らの考えにおいてきわめて漠然としているという事実を非常に重視しており、このことをヒトラーに示すことを非常に重視していたからです。このように、これらの事柄は（シンガポール攻撃とは）あまりにも対照的であり、ですから私はこの最初の会談でシンガポールの話が出たとは思わないのです。

質問　他に誰がこの最初の会談に出席していましたか。

答え　リッベントロップ、マイスナーと、リッベントロップの極東問題の代表としてのシュターマーです。シュターマーは三国条約の後でこの地位に昇進させてもらったのです。それから大島がいました。貴方が言われた三月二七日の会談のことを私はある出来事、アクシデントの所為で事実としてよくおぼえています。それは、リッベントロップがその会談を突然中座しなければならなくなったことです。そして私は彼が会談を突然中座しなければならなかった理由をはっきり記憶しています。なぜならば、彼は、完全に予想外の驚くべき出来事であったユーゴースラヴィアの革命についての電報を受け取ったからです。三日前、ユーゴースラヴィアの三国条約への加盟の調印がヒトラー、リッベントロップらの列席のもとにウィーンで行われました。そして三日後、突然ユーゴースラヴィアの革命があり、全ての状況は完全に逆転しました。ですから、この電報のためにリッベントロップは中座しなければならなかったのです。そして、その後の日々の全状況は、明らかに誰も考慮に入れていなかったこの非常に重要な出来事によって支配されました。今私が記憶しているこの会談で、リッベントロップがこれらの言葉（シンガポール攻撃に関する言葉）を使ってシンガポールに関して松岡に影響を与えたかどうか、このことは私は思い出せません。しかし私は、松岡にこのことが語られたかも知れないと思います。なぜならばベルリンでの松岡と過ごしたこれ等の日々の一つの結果として、松岡がすでにモスクワに向けて旅立った時に、ヒトラーは私に、日本をシンガポール攻撃へと動かすために私のできることをせよと命令したからです。ですから、ヒトラーが私にこの命令を与えたのならば、彼はこれらの考えを松岡にも、たぶんヒトラーが後に松岡と単独で行った会談の中で伝えたということについて、確信は持てませんがそう信じます。なぜ、たぶんというかといいますと、私が参加していたことを思い出せないからです。貴方にヒトラーが私にこの命令を与えたと申し上げることによって、私は松岡とのこの会談はそれほど重要ではないと考えます。なぜならば、私が受けた命令はこの時期の傾向を示しているからです。私が申し上げたこの会談の二日後に、私はヒトラーの住宅で昼食会があったことをおぼえています。そこにはすべての元帥達が円型の昼食の食卓におりました。明らかに彼らはユーゴスラヴィアでの戦闘に関する指令を得るために召集されていました。そして松岡と私自身は、あれほど有名なドイツの軍事指導者達、彼らはこの名声をポーランドとフランスでの戦闘で獲得したのですが、これらの軍事指導者達の列席によって松岡を印象付けるために呼ばれていたのです。松岡自身は、私の記憶するかぎりでは、ヒトラーが彼にシンガポールのことを質問したということを私に一度も話しませんでした。

質問　ヒトラーが貴方に、日本にシンガポールを攻撃させるためできることをせよとアドヴァイスしたヒトラーとの会談の時に出席していたのは誰ですか。

答え　リッベントロップだけです。それは四月八日でした。この日付けのことを私は正確に記憶しています。この日が私の誕生日だったからです。私がこの命令をどのように実行したかについては、後で私達はお話ができると思います」[13]

ついで尋問は日本のシンガポール攻撃問題に移り、この問題について将軍杉山元と話し合ったかというタヴェナーの質問に対して長考したあとでオットは以下のように答えている。

「私は今この瞬間に、私がベルリンへ出発する前の海軍軍令部次長近藤（信竹、一九三四年一二月から三七年六月まで少佐としてドイツ駐在、日本近代史料研究会編『日本陸海軍の制度・組織・人事』東京大学出版会、一九七一年、九六頁）との会談のことを思い出しました。彼はその機会に彼自身のほうから太平洋での戦争の考えについて話をしました。そして彼はきわめて気が進まない様子でした。そして、海軍は合衆国が参戦した場合に潜水艦や飛行機による補給ルートの切断を恐れなければならないということを強調しました。合衆国の参戦を彼は、もしシンガポール攻撃が行われるならば確実に起こると考えていました。この警告、これらの禁止する考え（prohibitive Ideas）、ドイツ語ならば私はベデンケン（Bedenken 危惧）というでしょうが、これらは私のリッベントロップに対する短い報告のなかでこの問題を強調することにおいて私に影響を及ぼしました。杉山については、彼あるいは私が会談を要求し、会談が行われたのでしょう」[14]

オットはユーゴースラヴィアの日独伊三国同盟条約調印式がウィーンで行われた時にリッベントロップに同行し、ベルリンに帰る列車の車中でここに話の出た報告書をリッベントロップに提出したと語ったが、東京からシベリア鉄道でモスクワ経由でベルリンに赴いた際に独ソ関係の悪化に気が付き、リッベントロップにその話をしたが、リッベントロップはこの話題を避けたという以下のような証言をしている。

「**質問**　車中での貴方のリッベントロップとの議論のなかで、ロシア問題は言及されたのですか。
答え　私の記憶では、私はリッベントロップに、自分のモスクワでの印象によれば、ロシアとの緊張の危険な傾向があるように思われると話しました。私の記憶では、リッベントロップはこの問題を確認することを避けました。そして私はこの問題について非常に心を痛めました。なぜならばベルリンへの旅行でモスクワを通るのは私にとって初めてだったのですが、モスクワに来て、私の友人フォン・シューレンブルクとの夜通しの会談で、明らかにベルリンはロシアとの抗争を準備していることを実感しました。そして我々両人はこれは非常に危険な事柄となるであろうということで意見が一致しました。そこで私はリッベントロップにこれは危険な問題であると包み隠さずに私の意見を述べようとしたのですが、彼はこの問題を避けました。これがこの部分に関しての偽りのない記述であると思います」[15]

オットは、前の駐日軍事アタッシェで、当時ドイツ陸軍参謀本部の要職にあったマツキー将軍とのベルリンでの私的な話し合いのなかで、マツキーが、ヒトラーがロシア攻撃を決定したらしいことについて悲しいと述べたことから、シューレンブルクのより漠然とした情報が事実であることを確認して強い印象を受けたと語っている。ドイツ陸軍参謀本部が駐日大使オットとシンガポールに関するオットの計画を討議することに関心を持っていたに違いない、というタヴェナーの問いかけに、オットはフォン・ブラウヒッチュ将軍とベルリン郊外にある参謀総長の防空壕での昼食会が予定されていたが、参謀本部はユーゴースラヴィアとの戦闘に完全に心を奪われていて、ブラウヒッチュとの会談は実現しなかったと答えている。元帥達との昼食会では公式な話し合いは行われなかったし、唯一の可能性はマツキーとの会談で、そこでシンガポールが話題になったかも知れないが、細かいことには立ち入らなかった、ドイツ陸軍参謀本部は日本の軍事問題には、技術的にも戦術的にもむしろ無関心であった、と答えている。また、この時期にドイツが、シンガポールで英国を半身不随にする機会を増大させるために日本の軍事力強化を望んでいたのは明白ではないか、という問いかけに対しては、オットは、我々は日本の軍事力を強化する可能性を一切有していなかった、と答え、東西の二つの戦場はあまりにも離れていて、日本の軍事力を強化する唯一の可能性であった空軍の派遣も、実現不可能であったと答えている。潜水艦による連絡はもっとあとになって考えられたものであり、ドイツの新しい発明の青写真の提供だけが軍事援助として可能であり、実際時折行われはしたが、シベリア鉄道が戦争によって切断されたので、見本の送付も不可能になった、と答えている[16]。

一九四六年三月五日に明治生命ビル六四三号室で行われた尋問は、一九四〇年六月二四日にオットが本国外務省に宛てた電報の要旨がオットに示されることから始まる。この電報は、現在ドイツ外務省外交文書D－シリーズ第一〇巻に収録されているが、この英文の要旨は、第一に、オットが拓相小磯国昭に、アメリカが参戦した場合に、もし日本が太平洋でアメリカを拘束することを約束するならば、ドイツは日本のインドシナでの行動に反対しないし、日本のフィリピンやハワイへの攻撃にも反対しないこと、第二に小磯と白鳥敏夫はロシアとの不可侵条約を希望していること、第三に、オットは日本、中国、ロシアのブロックは可能だと考える、それはアメリカを太平洋で拘束し、ヨーロッパにおけるアメリカの行動の自由を麻痺させるであろうと考えること、というものである。この英文要旨はドイツ外交文書の原文と対比してもほぼ正確なものであるが、オットは、フィリピンやハワイについて話題にした事実はなかったと、これを強く否定している。オットは、三国同盟をめぐっての松岡との交渉に際して、松岡が交渉の顕著な点について「非常に驚くべきやり方で、非常に正確にそして非常に明瞭に」記録を作成して、交渉の翌日にはこれがシュターマーの考えに間違いないことの確認を求めたので、ものごとは非常に速やかに進んだ、と証言している。先に挙げた一五項目の会談要旨は、そのうちの最たるものであったと考えられる[17]。

三月五日の尋問でとくに注目されるのは、松岡がソ連を日独伊三国同盟に加盟させることに非常に熱心であった、というオットの以下の証言である。

「**質問**　一九四〇年九月の条約締結をめざした交渉のあいだに、松岡はロシアに関して、もし見解があったとすれば、どのような見解をとっていたのですか。ロシアは交渉に参加したのですか。

答え　ロシアが参加したかどうかですか。
質問　そうです。
答え　松岡はこれらの交渉によってロシアを傷つけないようにするのに、そしてロシアを可能なかぎり早く条約に加盟させることに、きわめて熱心でした。
質問　日本によってロシアを条約締結後に条約に加盟させるために、もし何らかの努力がなされたとすれば、貴方の知るかぎりではどのような努力が日本によってなされたのですか。
答え　私が知っている最初の努力は、シュターマーが松岡を最後に訪問した時に、帰り道にモスクワのシュターマー宛てに、ソヴィエト・ロシアを三国条約に加盟させるために、東京で同じ交渉を開始することを可能にする訓令が送られることを求めたい、という松岡の示唆でした。私もその場におりました。
質問　この要求に関して、ドイツ外務省からどのような返事が来たのですか。
答え　この要求はシュターマーによってなされました。シュターマーがドイツ外務省に対してどのような処理をしたかは知りません。なぜならば彼は……(中断)。
質問　シュターマーはこの情報をドイツ外務省に伝えましたか。
答え　私は、彼が私の大使館からそれを伝えたとは思いません。彼は同じ日に出発して中国に行ったと思います。彼がそれを北京の中国(駐在ドイツ)大使館から行ったかどうかは知りません。
質問　貴方は、貴方のそれ以後のシュターマーとの会話から、彼がロシアでこの主題について会談をしたかどうかを知っているでしょうか。
答え　私は彼がそうしたとは思いません。そうしたとすれば、彼は一九四一年春に私が彼に会った時にそれについて話していたことでしょう。私が記憶している(一字不明)機会は新年の頃にモスクワに出発した建川大使のためのお別れの晩餐会です。その場所で松岡はロシア大使スメターニンの前で、私も出席していましたが、スピーチをしました。そして、日本がロシアとより緊密な関係になることへの希望と願望と、日本にその用意があることをきわめて強く表明しました。彼がその時にとくに三国条約に言及したとは私は思いません。彼がロシア政府に直接示唆を行ったかどうかは私は知りません。松岡がベルリンへ向けて出発する時に、私はもうすでに出発してしまっていましたが、最後の瞬間に彼がドイツ政府に、彼がモスクワに滞在することを不快に思うかどうか質問したと聞きました。ドイツ政府は彼に最初にベルリンで会うことのほうを好むという返事を彼は得ました。この場合に彼は、個人的交渉を進めることを考えていたのかも知れません。この個人的交渉を彼はあとにまったく変化したベースの上で行いました。

質問　条約締結に向けての交渉のあいだに、シュターマーあるいは貴方は、ドイツはロシアを条約に加盟させるために可能なかぎりのことを行うであろう、という約束を直接あるいは間接に松岡に対してしましたか。

答え　このことは我々が(条約の)第五条を討議した時に、シュターマーによって口頭で言明されました。そして、前に申し上げたように、我々が松岡との接触についての最初の電報を送信した時に、シュターマーはソヴィエト・ロシアに言及しませんでした。そこで彼は、リッベントロップからの、自分はこの非常に重要な問題がすぐに扱われなかったことに驚いた、という返事を受け取りました。このことは、リッベントロップがロシアを傷つけまいとし、シュターマーが言明したように、ロシアを三国条約に含めるために最善を尽くそうとしていたことの、もう一つの証拠であります。

質問　もし何かがなされたとすれば、何がドイツ外務省あるいはリッベントロップによって、ロシアを三国条約の軌道の中に取り込むためになされたのですか。

答え　私は個人的にはいかなる措置も知りません。ドイツ外務省の側から、ロシアをこの条約に加盟させるためにどのような努力がなされたのかという貴方の質問ですが、私は個人的にはいかなる措置も知りません。モロトフの(ベルリン)訪問の時に私はその場におりませんでしたし、モロトフの訪問について知らされもしませんでした。私が思うに、その当時ロシアとの摩擦はすでにある程度のものに増大していました。このことをシュターマーは知っていたに違いありません。彼はその時リッベントロップのアドヴァイザーでしたから。私は個人的にロシア大使スメターニンとの、数回にわたって行った非常に友好的な会談について電報を打ちましたし、この(友好的な)態度に対して一度も警告をしたりはしませんでした」[18]

このようなオットの証言は、少なくとも一九四〇年九月の日独伊三国同盟をめぐる交渉の時期には、松岡はソ連を三国同盟に加盟させることにきわめて熱心であり、リッベントロップも同様であったことを示すものとして重要であると考えられる。同年一一月、モロトフのベルリン訪問の時点では独ソ間の摩擦がかなり増大していたという観察も興味深い。

翌三月六日に明治生命ビル六四三号室で行われた尋問の記録を見ると、検察官タヴェナーは、日独伊三国同盟条約の第三条の「攻撃」という言葉をめぐって、松岡の草案では「挑発に依らざる」という表現が加えられていたのに、ドイツ側の要求によってこの表現が削除された時、どのような代わりの文言が提案されたのか、とオットに質問している。オットは、「挑発に依らざる」という文言が削除された時、自分が記憶しているかぎりでは、松岡は三国が攻撃を受けた時の協議が行われることや、条約を弱めないために、これを秘密条項に含めることを示唆した、と答えている。この秘密条項には、若干のそれ以外の項目も含めることが示唆され、自分の記憶では、経済的に三国が相互に援助し合う約束の繰り返しと、ドイツがソヴィエト・ロシアを三国条約に加盟させるためにドイツが最善を尽くすという明確な保証が示唆されていた、とオットは答えている。提案されたこの秘密条項をドイツ政府に伝えたのか、とのタヴェナーの質問に対して、オットは、シュターマーと自分がドイツ政府に伝えた、と答えている。それはいつ行われたのか、という質問に対しては、オットは、交渉の途中で、たぶん一九四〇年九月一八日に伝えた、と答える。ドイツ政府は松岡が提案した秘密条項に対してどのように反応したのか、という問いに対しては、我々の政府は秘密の義務によって問題のすべてを複雑にしない、という一般的な態度によって秘密条項が付け加えられることを拒絶した、とオットは答えている。この情報が伝えられた時の松岡の態度を完全に説明せよ、というタヴェナーの要求に対して、オットは、まず、シュターマーと自分とは、自国政府がこのような無愛想な態度で反応したことに非常に驚いた、と述べたあとで、次のように述べた。

「自分の記憶では、ドイツ政府のこの回答に非常に困惑した松岡は、自分が天皇と個人的な話し合いをして、そこではこの条約の一般的な傾向とこの秘密の部分のあらましを述べたので、この回答は自分を困難な状況に置くことになると明言しました。天皇にこのように報告して天皇の側である程度の賛同を見出したので、自分は、日本の伝統に従えば、自分の君主に、あとになって間違っていたことがわかった基礎に立って報告申し上げたというまずい状況におちいっているのだ、と。そこでこの状況を救うために松岡はなんらかの方法を探し求めました。彼への書簡というこの方法を示唆したのが彼だったのか、シュターマーであったのか、私自身であったのか、今となっては思い出せません。いずれにしても、我々は、個人的な書簡を、日本政府に認定済の私の署名とシュターマーの副署を付けて松岡宛てに書くことを決断しました。その書簡は、松岡に三国条約調印の成功を収めた努力に感謝し、我々が攻撃を受けた場合には協議することに合意したという旨の確認と、原料に関する相互援助ならびにソ連を三国条約に加盟させるためにドイツ政府が最善を尽くすことに関してのドイツ政府の保証についての確認を与えるものでありました」[19]

こうして、オット発松岡宛ての秘密書簡G、一〇〇〇号の問題が浮かび上がってくる。このあと次の問答が行われる。

「**質問**　貴方が述べた書簡は条約に付けられる秘密条項のかわりとなるものと考えられたのですか。

答え　そうです。

質問　そしてこの書簡によって貴方は実際に三国条約の諸条項に限定を付すことを意図された、というのは本当ですか。

答え　私は条約の調印を確実なものにしようと意図しましたし、私はこの協議ということについての責任を引き受けました。なぜならば私は、このことは結局は紛争が生じた場合に自動参戦をしない機会を与えるであろうと考えたからであります。

質問　このような私的な了解に入るために、貴方は、貴方の政府の前もっての承認を得ていたのですか。

答え　いいえ、承認を得る時間はありませんでした。

質問　貴方はなぜ承認を得る時間はなかったというのですか。

答え　なぜならば、それがちょうどベルリンでの調印のための確定した日付けが到着する直前で、枢密院の開会が決定していたからで、ベルリンは条約調印が九月二七日に行われることに固執しました。

質問　これは非常に異常な手続きではないですか。

答え　そうです。私はそのように確信していました。

質問　あの書簡を書くという貴方の行為は、貴方の書簡に宣言された事柄を達成することにおいて貴方方が誠実に為し得ることを行うことを貴方とシュターマーに義務づけただけであって、貴方の政府がこれらの諸目的を達成する義務を負うこととは区別されていると貴方は考えますか。

答え　私はこの書簡のなかで、それが外相（リッベントロップのこと）と一致している旨を表明しました。ですから私は私の責任において私の政府を義務付けたのです。

質問　貴方は貴方の政府に、このような書簡が書かれたという情報を伝えましたか。

答え　これはシュターマーの任務でありました。彼はこれを政府に提出する責任をゆだねられたのです。

質問　貴方は自分自身でこれについて何も報告しなかたのですか。

答え　私は致しませんでした。なぜならシュターマーが私に、これは自分の仕事になるであろうと頼んだからです。

質問　貴方はシュターマーがどのような行動をしたかご存知ですか。

答え　知りません」[20]

一九四六年三月一二日の尋問で、タヴェナー検察官はオットに、駐日イタリア大使インデルリと会談して三国条約について親しく報告したことを確認し、秘密書簡の問題をインデルリに知らせたかどうかを問いただした。オットは、条約本文を示して若干説明しただけで、秘密書簡については一切知らせなかった、と答えた。ここでタヴェナーはオットに秘密書簡の写しを示して、これが秘密書簡の写しに間違いないことの確認を求め、オットは一読して間違いないと答えた。ここに問題の秘密書簡の全文が再現されている。そして、この秘密書簡の原案をオットが準備して松岡に示したが、松岡が、オットが初めに作成した原案を拒否したのは事実かとただし、オットは事実だと答えた[21]。

そして、書簡執筆当時の事情をたずねられたオットは以下のように答えた。

「私が記憶しているかぎりでは、松岡は、前に私が貴方にお話ししたように、秘密条項を削除してしまうことによって、自分は非常に困惑した状況におちいっているというあの苦情をもちこみました。そこでシュターマーと私自身は、解決の出口を探すためによく考えて、非常に短い時間のあいだにこれと同じような、しかしはるかにより一般的な表現での書簡の草案を作り、私はそれをドイツ大使館から松岡のもとにおもむく自動車に乗っているあいだに翻訳しました。私はこの草案を急いではなはだ劣悪な英語に翻訳してこれを松岡に渡しましたところ、松岡はこれに憤慨して、内容と英語の表現に対して抗議しました。私の記憶によれば、松岡はそのあとでこのような書簡のための一種のより詳しい詳細な記述を提示し、それについてシュターマーと私自身は一部を受け入れ、若干の他の諸点を削除しましたが、どの諸点を我々が削除したかは、思い出せません。そこで、この書簡は松岡に一つの書簡を与えるという我々の考えと、一部は松岡によって持ち出されシュターマーと私によって受け入れられた内容との妥協の産物でした。最後の会談で松岡は書簡のこの草案を示し、我々はある部分を取り除き、他のある部分を受け入れました。そして、我々がこの瞬間に受け入れた主要な事柄は協議の条項でありました。これは主要な事柄でした。なぜならばこれはこの条約の真の恣意的な定義であったからです。そして私は、条約が平和のための手段であるという私自身の誠意を強調するために、このことを致しました。このことは、これが戦争の手段ではなかったことを意味します」[22]

このようにタヴェナー検察官は、オット大使発松岡外相宛て秘密書簡G、一〇〇〇号について執拗に問いただしている。オットは先に引用した三月六日の問答の最後のところで、この秘密書簡についてベルリンの政府、直接には外相リッベントロップに報告する仕事をシュターマーが引き受けたので自分は何もしなかったし、シュターマーがこの件でどのような行動をしたのか知らないといっているが、三時間半の休憩をはさんで三月六日の一五時四五分に再開された尋問では、先に示したようにシュターマーが一九四〇年一一月、ベルリンに帰ってからこの秘密書簡をどのように扱ったかについて具体的に答えている。そして、この秘密書簡について三国同盟条約調印後に誰かと話をしたかという質問に、ドイツ大使館参事官ボルツェにだけ話したと答え、この件についてあとでボルツェから何か新しい情報を得たかとの質問に答えてオットは以下のように証言している。

「**答え**　いいえ、彼は新しい情報を得ることはできませんでした。しかしながら私はシュターマーと話をしました。私は松岡と共にベルリンを訪問するためにベルリンに到着しました。私はこの件について何も聞くことがなかったことを不思議に思いました。そこで私はシュターマーに、『外相はどのように反応したのか』と尋ねました。シュターマーは私にこう話しました。『私はちょうどモロトフの訪問の進行中にベルリンに参りました。したがってこの書簡の主要な保証、すなわちソヴィエト・ロシアをこの条約に加盟させるという保証が実現されつつありましたから、私は書簡をリッベントロップに与えるのを差し控えたのです』。彼は私に言いました。『私は現在のところ必要ではないと考えました』、と。私は彼に言いました。『しかし、これは貴方の責任です。貴方は条約の交渉人だったのであり、貴方は外相にお知らせしなければなりません』と」[23]

三月一二日の尋問に戻ると、オットが「拙劣な英語」に訳した書簡草案をめぐって、タヴェナーの追求が続いている。

「質問　松岡が受け取ることを拒否した書簡とこの書簡とのこの問題についての違いはどこにあるのですか。

答え　私が思うに我々は最初の書簡の中にこの協議を入れませんでしたが、松岡の示唆で私は当事者全員にとって平和の意向の一つの証明であることをはっきり理解しました。そこで私はそれを受け入れ、シュターマーも同様に受け入れました。我々の書簡ははるかにもっと一般的なもので、我々の提案にはこの書簡とくらべると何等実質的な価値のある条項はありませんでした。

質問　盟約当事者のあいだの協議に関係するこの条項は、「攻撃」という言葉の常識的解釈に過ぎないのではありませんか。

答え　私はそれが一種の制約であると考えます。

質問　貴方はそれをそのように解釈するのですね。

答え　個人的には松岡もだと思います。なぜならば、それは攻撃の意味と攻撃の定義に関する我々の話し合いの中から出てきたのであり、条約の原文の中には何等の定義もなく、自動的に参戦の義務を負わせる攻撃という言葉があるだけなので、これは一種の制約であります。なぜならば、当事国が攻撃の場合を決定するために協議が行われるであろうと同意するからであります。

質問　さて、攻撃という言葉は定義が難しいのではありませんか。

答え　そうです。

質問　貴方は、条約の中での攻撃ということの言葉が使われていることは必然的に、攻撃に関する秘密条項があろうがなかろうが、当事国は攻撃が行われたか否かについて同意しなければならない、ということを意味するようになるとは考えませんか。

答え　一般的にはそうであるに違いありません。けれどもこの場合、というのは日本とドイツとの関係における場合という意味ですが、我々はすでに一度、敵対行為を開始する自動的な義務付けの問題が、それに関する同意を見出すのが非常に困難であったということを経験しています。それは、一九三九年における軍事同盟のための交渉においてでありました。そこでは、私の思いますのに、このことが失敗に終わった主な理由は、日本軍が攻撃があった場合に自動的に（参戦の）義務を負うことを拒否したためでありました。

質問　貴方がこの書簡で提案するこの限定はたんに、攻撃があった場合に当事国はこの出来事が実際に攻撃であったかどうかを決定する目的のために協議しなければならないということを意味するに過ぎません。にもかかわらず条約は、もしある国が日本を攻撃したならば、ドイツは自動的に軍事的援助を提供することを要求されるということを意味し、また意味することを意図されていました。貴方はこの手紙によって当事国のいずれをも、攻撃があった場合に軍事援助を免除したのではありませんね。

答え　その通りです。

質問　この書簡の唯一の限定力はたんに、問題になっている諸国にこの出来事が攻撃を構成するか否かに関して協議する権利を与えるということではありませんか。

答え　これはその通りです。しかし、この結果において、この出来事が真に攻撃であるかを考慮する権利は、同時に自動参戦を遅らせます。

質問　しかし、それは諸国が同意しなければならない事柄ではないですか。すなわち、貴方がこの秘密書簡を書こうと書くまいと、諸国は攻撃が行われたか否かを決定する権利を有するのではないですか。

答え　いずれにせよ、私はこのことを書くほうがよいと考えたのです。

質問　私は個人としては貴方の書簡のこの規定が締約当事国に彼等がすでに有してはいなかった何等かの権利を与えると理解することはできません。たとえば、貴方は条約の自動的（参戦）条項を一字たりとも変えませんでした。貴方はたんに、彼等が、攻撃が存在するかどうかを決定するために協議する権利を有すると言明しただけに過ぎません。いかなる場合においても彼等が行使したであろう権利です。そうではありませんか。

答え　ドイツが、この攻撃がすべての当事国によって攻撃と考えられるか否かを考慮することなしに、自動参戦を求められるということはあり得たかもしれません。松岡が示唆し、我々がいくらか熟慮した後に受け入れたということは、我々がこれを攻撃があった場合のトラブルに対する一種の保証と考えたことの証明であったと私は考えます。義務が法的には前もって決定されていたかもしれないということです」[24]

このように、タヴェナーはオット発松岡宛て秘密書簡G、一〇〇〇号をめぐってはなはだしく執拗にオットを追及している。松岡はこの書簡によって、日本が自動参戦の義務を負うのを回避できたと考え、この解釈にもとづいて海軍と枢密院を説得したのであったが、タヴェナーはこの書簡にそれほどの意味を付与することに賛成しなかったものと見受けられる。ただ、タヴェナーがここまでこの書簡にこだわったという事実は、タヴェナーを初めとして米国側がこの書簡の存在にこの時点まで気付いていなかったことを示しているものと考えられる。また、リッベントロップがこの書簡について知らなかったということも、これまでメスキルやゾンマーの研究によって推定されてはいたが、シュターマーがリッベントロップにこの書簡を提出しなかったというオットの証言によって、最終的に裏付けられたと考えてよいであろう。

4 松岡の訪欧と日ソ中立条約――松岡洋右尋問調書より

一九四六年三月一一日には、東京裁判国際検事局のジョン・D・シーア海軍少佐によって、松岡洋右のベルリン、モスクワ訪問と日ソ中立条約締結をめぐる松岡洋右に対する尋問が巣鴨拘置所で行われた。最初に、一九四一年三月末にベルリンに到着した松岡が、ドイツ外相リッベントロップとどのような話し合いをしたかが追求される。リッベントロップが松岡に、ロシアとの話し合いを「あまり深めない」ことが「おそらくもっとも良いであろう」と述べて、松岡のロシアへの接近を牽制しようとしていたことを、以下に訳出する松岡への尋問からはっきり読み取ることが出来る。また、シーア海軍少佐は、米国がドイツで押収したドイツ外務省外交文書に記録されている松岡とリッベントロップとの会談記録にもとづいて、リッベントロップが日本のシンガポール占領を求めたことを、松岡が認めるかどうかを問いただしている。米国がドイツで押収したドイツ外務省外交文書の中で、一九三九年から一九四一年までの独ソ関係に関連する部分は英訳されて、『独ソ関係　一九三九～一九四一年』という表題で米国国務省から刊行された[25]。同書には、一九四一年三月二七日と二九日の二回にわたるリッベントロップと松岡との会談の記録も収録されているが、シーア海軍少佐は、当時ドイツ語からの英訳が進行中であったと考えられるこの文書集を使って松岡を尋問している。

一九四一年三月二七日のリッベントロップと松岡の会談の記録のなかには、リッベントロップの発言として、次のことが記録されている。

「情勢は、グレートブリテンが完全に叩き潰されさえすれば、新秩序が達成され得るという状況である。

このことはドイツに対してよりもより強い程度に日本に対して当てはまる。ドイツは、ヨーロッパ大陸を今や支配しており、ドイツがこれに関心を有する限りは、地中海の領域とアフリカをもこの支配のなかに引き入れるであろう。ローズヴェルトが偽って主張しているように世界支配をドイツは求めているのではない。総統は、彼の建設作業にあらためて立ち向かうために、戦争を可能な限り早く終わらせたいという願望をもっている。彼がみずからに課した目標、すなわちドイツ国家に最大限の安全を調達するという目標は、本来すでに達成されている。

それに対して、大東亜圏における新秩序は、日本が南方をも支配しさえすれば建設され得る。しかしそのためには、シンガポール占領が必要である」[26]

一九四一年三月二九日の両者の会談の記録のなかには、リッベントロップの発言として、次のことが記録されている。

「ライヒ外相は、松岡との、松岡の差し迫ったモスクワでの会談に関する先の(三月二十七日の)会話を再開した。彼は、全体の情勢を考慮すると、ロシア人との事柄をあまり深めないのがおそらくもっとも良いであろうという意見を表明した。自分(リッベントロップ)としては情勢がどのように展開するかどうかは分からない。しかしながら、ひとつのことは確実である。もしロシアがいつか日本を攻撃することがあれば、ドイツはただちにロシアを攻撃するであろう。彼は松岡にこの確固たる保証を与えることが出来る。その結果、日本はロシアとのあり得べき紛糾を恐れることなく、南方へシンガポールめざして進撃することが出来る。ドイツ陸軍の最大の部分はライヒの東部国境にあり、いかなる時にでも攻撃を開始する準備が出来ていた。しかしながら、彼(リッベントロップ)は、ロシアは戦争に導くいかなる展開をも避けようと努めるものと信じていた。しかしながら、ドイツが若しロシアとの紛争に巻き込まれることがあれば、ソ連は数週間のうちに片付けられてしまうであろう。勿論この場合に日本は、若しシンガポールに進撃しようとするならば、そもそも何も恐れる必要が無くなるであろう。その結果、日本は、このような企画をロシアに対して現在抱いている恐怖から差し控える必要はなくなる。

勿論、彼はロシアとの事態がどのように展開するかを知り得なかった。スターリンがドイツに敵対する彼の現在の政策を強めるかどうかは不確実である。彼（フォン・リッベントロップ）は松岡に、いかなる場合においても、ロシアとの紛争は可能性の範囲内にあることを指摘しようとした。いずれにしても松岡は、帰国した後に天皇に、ロシアとドイツとの間の紛争はあり得ないと報告することは出来ない。逆に、情勢は、このような紛争が、ありそうもないにしても、あり得ると考えられなければならないものであろう」[27]

このリッベントロップと松岡両外相の会談記録にもとづいて、一九四六年三月一一日に、次のような質問と答えが繰り広げられる。

「**問い**　今朝、我々は貴方の一九四一年三月のモスクワ、ベルリン訪問、特にこれからはＲＡＭと呼ぶことにするライヒ外相との会話に触れようとしていました。特に一九四一年三月二九日頃に行われた会話についてです。

答え　それは私がベルリンにいた時のことです。

問い　そうです、ベルリンでです。さて、一七二号文書に従って、確認のために貴方に次の会話を読み聞かせて、その後でその日のこのような会話、乃至はこのような会話の要旨を貴方が記憶しているかどうかを貴方に質問しようと思います。『ライヒ外相は、松岡との先の会話を再開した』。

答え 誰ですって。

問い ドイツ外相です。

答え おお、フォン・リッベントロップのことか。

問い 『松岡との、後者の差し迫った、彼がそこを後にしたばかりのモスクワでのロシア人との会談に関する会話を再開』。さて、貴方は前もってフォン・リッベントロップと、予想されるロシアとの同盟、乃至は何事かについてのロシアでの貴方の会話について、会話をしましたか。明らかにこれは、前日の会話か何かを取り上げています。貴方は前もってロシアに行ってロシア人と同盟乃至はそれに類するものについて話し合うという貴方の意図についてフォン・リッベントロップと討議していたのですか？

答え いいえ。私は私がベルリンを去る前の日にフォン・リッベントロップとの会話の中でその主題について言及しただけです。

問い それでは、貴方は三月二九日より以前に何か会話をしたことは思い出しませんか。

答え いいえ。

問い 『それから彼は、全体の情勢を考慮すると、ロシア人との会話をあまり深めないのが恐らく最も良いであろうという意見を表明した』。貴方は、フォン・リッベントロップがこの示唆をしたことを覚えていますか。

答え いいえ。

問い 『自分は情勢がどのように展開するであろうかを知らなかった』。勿論、フォン・リッベントロップのことです。彼は、貴方にロシアについてこの説明をしましたか。

答え いいえ。

問い　さて、私はこれからは文章の一つ一つに立ち止まろうとは思いません。全部のパラグラフを読みましょう。『ライヒ外相は松岡との先の会話を再開する。松岡との、後者の差し迫った、彼がそこを後にしたばかりのモスクワでのロシア人との会談に関する会話を再開。彼は、全体の情勢を考慮すると、ロシア人との討議をあまり深めないのが恐らく最も良いであろうという意見を表明した。自分は情勢がどのように展開するであろうかを知らなかった』。
答え　ロシアとのですか。何ですか。
問い　あまり深く(Not too far)、です。『彼は、全体の情勢を考慮すると、ロシア人との討議をあまり深めないのが恐らく最も良いであろうという意見を表明した』です。これが、貴方に対して表明されたリッベントロップの意見です。ロシア人との会談をあまり大きく深めない、ということです。
答え　いいえ。
問い　『しかしながら、ひとつのことが言われた。すなわち、若しロシアが日本を攻撃するようなことがあれば、ドイツは直ちにロシアを攻撃するであろう』、と。この会話を覚えていますか。
答え　いいえ、思い出しません。
問い　これは、ロシアが若し日本を攻撃するようなことがあれば、ドイツは直ちに(ロシアを)攻撃するであろう、というリッベントロップの貴方に対する保証でした。これは三月二九日のことです。
答え　彼はそうしたかも知れませんが、私は思い出しません。私はあまり重要視していません。
問い　貴方は、貴方がこの言明に対して、たとえそれが為なされたとしても、一切重要視していなかった、と言われるのですか。
答え　そうです。
問い　『彼は松岡に対してこの積極的な保障をする用意があり、その結果、日本はロシアとのあり得べき紛糾を恐れることなく、南方、乃至シンガポールへ進むことが出来る』。貴方はこの会話の主要部分を思い出しますか。

答え　いいえ。

問い　『ドイツ陸軍の最大の部分はライヒの東部国境にあり、いかなる時にでも攻撃を開始する準備が出来ている。しかしながら、彼（リッベントロップ）は、ロシアは戦争に導くいかなる展開をも避けようと努めるものと信じていた。しかしながら、ドイツが若しロシアとの紛争に巻き込まれることがあれば、ソ連は数週間のうちに片付けられてしまうであろう。勿論この場合に日本は、若しシンガポールに進撃しようとするならば、今まで以上に恐れる理由がなくなるであろう。その結果、日本は、このような企画をロシアに対する現在抱いている恐怖から差し控える必要はなくなる』。貴方はこの会話を思い出しますか？

答え　私はフォン・リッベントロップとシンガポールについて議論したことは一度もありません」[28]

このように、松岡は、リッベントロップとの会談記録にこれほどしばしば登場する日本のシンガポール攻撃の問題について、リッベントロップとシンガポールについて議論したことは一度もないと言っているが、これほどしばしば繰り返された、リッベントロップの側からの、日本にシンガポール攻撃を求める要求を、松岡が忘れてしまってこのように答えているのだとは考えにくい。松岡は明らかにうそをついているのだと思われる。

ところが、最終的には日ソ中立条約のかたちを取ったソ連との友好条約に尋問が及ぶと、松岡は、シンガポール攻撃問題についてのような一切記憶にないという態度とは一変して、にわかに熱を込めて語り始める。

「**問い**　『勿論、彼はロシアとの事態がどのように展開するかを知り得なかった。スターリンがドイツに敵対する彼の現在の政策を強めるかどうかは不確実であった。彼（フォン・リッベントロップ）は松岡に、いかなる場合においても、ロシアとの紛争は可能性の範囲内にあることを指摘しようとした。いずれにしても松岡は、帰国した後に天皇に、ロシアとドイツとの間の紛争はあり得ないと報告することは出来ない。逆に、情勢は、このような紛争が、ありそうもないにしても、あり得ると考えられなければならないものであろう、と』。貴方は、フォン・リッベントロップとの、これらの事実の概略を描いたこの会話、乃至はその要点を思い出しますか？

答え　私は何も言いませんでしたが、フォン・リッベントロップは情勢を私に対して説明しました。

問い　貴方は彼が情勢をこのようなやり方で説明したことを思い出しますか？　これはだいたいにおいて彼が述べたことですか？

答え　だいたいにおいては正確です。しかし、私はシンガポールやそれに類することには言及しませんでした。彼はソヴィエト・ロシアとドイツとの関係を十分に説明しました。

問い　さて、若し彼がこのことを貴方に述べたのだとすれば、それは貴方に何を知らせるものだったのですか、松岡さん？　若し彼が『逆に、情勢は、このような紛争が、ありそうもないにしても、あり得ると考えられなければならないものであろう』と述べたとすればですね、貴方はこれが何を意味すると考えたのですか？　貴方は、この人間が貴方に何を述べているのかを熟考する外務大臣なのですよ。

答え　このことは私にとって非常に多くのことを意味していました。何故なら、三国条約の目的の一つは、別の日に説明しましたように、ドイツにソヴィエト・ロシアとの日本との間で尽力し、日本がロシアとの中立条約か不可侵条約を達成出来ることや、それ以外に両国の関係を改善するように日本を援助することを求めることでありました。あの三国条約が締結された時に、実際に私はフォン・リッベントロップにこのように行動することを求め、モロトフ氏がベルリンに赴いた時に、彼はそのように行動しようとしました。あれは一九四〇年の一二月のいつか（一一月の誤り——三宅）であったと私は思います。モロトフはモスクワに帰ってから一つの勧告をすると約束しました。そしてもう一度、私はフォン・リッベントロップに電報でもっと尽力するようにと迫りました。

問い　それは何時のことですか？

答え　それは翌年の何時か、翌年の早い時期——私がベルリンに出かける直前のことでした。

問い　貴方がベルリンに赴く直前に貴方はフォン・リッベントロップに電報を打って、貴方の政府がロシアから不可侵条約を獲得出来るようにドイツ側が尽力することを強く促したのですね？

答え　不可侵条約か或いは中立条約です。

問い　さて、松岡さん、貴方は何故、あの時に、ロシアとの不可侵条約か或いは中立条約が貴方の政府にとってこのように重要であると考えたのですか？

答え　それは最初からの私の計画でした。ソヴィエト・ロシアとより良好な関係になるということは、何年にもわたっての私の主張でした。

問い　貴方が三国条約の他方の強力なメンバーに、このことを達成するために貴方を助けるための尽力を求めた程に、このことは何故この時にそこまで重要だったのですか？

答え　私は、ドイツがソヴィエト・ロシアと極めて親しく、友好関係にあり、尽力してくれる機会を有していると考えていました。私が言おうとしたことを最後まで言わせて下さい。私がベルリンに到着した時、フォン・リッベントロップに、彼がこの件について尽力してくれるかどうかと言ったのは私なのです。それから彼は、情勢の説明を始めて、この現状ではこのように行動することはドイツにとって不可能であると結論付けました。

問い　何故貴方はこの時期に日本をめぐる国際関係の中でこのような条約をロシアと締結することが緊急かつ必要であると考えたのですか。
答え　ええと、それは私のプログラムでした。ご承知のように二つの草案がありましたが、中立条約か不可侵条約を獲得した後に、ソヴィエト・ロシアとの関係を調整したあとで、合衆国に赴いて大統領ならびにハル氏と太平洋について、そして中国問題を話し合うのに都合がよい時期を利用することが出来るかも知れなかったのです。
問い　そして貴方は、この不可侵条約が合衆国と中国問題について交渉する前の必要な措置だと考えたのですか？
答え　そうです。
問い　何故ですか？
答え　若し可能ならばわれわれの中国との友好的な解決のためにも、ソヴィエト・ロシアの協力を得るためでした。そして、私は貴方に、別の日に申し上げたように、ベルリンとローマへの私の訪問はおもに一種のカムフラージュであったということ、そして私が東京を出発した最初から、私の本当の意図は中立条約か不可侵条約をソヴィエト・ロシアと締結することであったということを申し上げなければなりません。
問い　大変結構です。このことは、前に貴方の政府とドイツ、イタリア、ならびに他の国家が参加した防共協定の諸原則と矛盾していたのではないのですか。
答え　いいえ、私はそれをそのようには考えていません。それに、いずれにしても防共協定はあの当時死文化していたも同然でした」〔29〕

なお、細かいことであるが、ここでシーア少佐が挙げている「勿論、彼はロシアとの事態がどのように展開するかを知り得なかった。スターリンがドイツに敵対する彼の現在の政策を強めるかどうかは不確実である。彼(フォン・リッベントロップ)は松岡に、いかなる場合においても、ロシアとの紛争は可能性の範囲内にあることを指摘しようとした。いずれにしても松岡は、帰国した後に天皇に、ロシアとドイツとの間の紛争はあり得ないと報告することは出来ない。逆に、情勢は、このような紛争が、ありそうもないにしても、あり得ると考えられなければならないものであろう」と英訳した形でシーア少佐が引用しているリッベントロップと松岡の一九四一年三月二九日の会談記録と、米国国務省が刊行した『ナチ・ソヴィエト関係』の中の、同日の会談記録とでは、若干の違いが見られる。ドイツ語の原文とも少し異なる部分もある。シーア少佐が引用している会談記録の原文は、以下のようになっている。

"He could not know, of course, just how things with Russia would develop. It was uncertain whether or not Stalin would intensify his present policy against Germany. He (von Ribbentrop) wanted to point out to Matsuoka, in any case, that a conflict with Russia was anyhow within the realm of possibility. In any case, Matsuoka could not report to the Japanese Emperor upon his return that a conflict between Russia and Germany was impossible. On the contrary, the situation was such that such a conflict, even if it were not probable, would have to be considered possible."[30]

『ナチ・ソヴィエト関係　一九三九〜一九四一年』のこれに対応する箇所は以下の通りである。

"Of course, we could not tell how matters would develop with Russia. It was uncertain whether or not Stalin would accentuate his present policy of unfriendliness toward Germany. He (the Reich Foreign Minister) in any case wanted to point out to Matuoka that a conflict with Russia was always within the realm of possibility. At any rate, Matsuoka could not report to the Japanese Emperor, upon his return, that a conflict between Germany and Russia was inconceivable. On the contrary, as matters stood, such a conflict, though not possible, still would have to be designated as possible."[31]

『ドイツ外務省外交文書』に収録されている一九四一年三月二九日のリッベントロップ・松岡会談の記録の原文は以下の通りである。

"Wie die Dinge sich mit Russland entwickeln würden, könne man natürlich nicht wissen. Ob Stalin seine gegenwärtige Politik der Unfreundlichkeit gegenüber Deutschland vertiefen würde oder nicht, sei ungewiss. Er (der RAM) wolle auf jeden Fall Matsuoka darauf hinweisen, dass ein Konflikt mit Russland immerhin im Bereich der Möglichkeit liege. Matsuoka könne jedenfalls bei seiner Rückkehr dem japanischen Kaiser nicht berichten, dass ein Konflikt zwischen Deutschland und Russland ausgeschlossen sei. Die Dinge lägen im Gegenteil so, dass ein solcher Konflikt, wenn er auch nicht wahrscheinlich wäre, doch als möglich bezeichnet werden müsse."[32]

以上の二つの英訳とドイツ語原文を比較してみると、英訳はいずれも押収されたドイツ外交文書に収録されていた一九四一年三月二九日の日独両外相会談記録に基づいてはいるが、同一の訳文ではないことがわかる。恐らく東京裁判の国際検事局による尋問のために、急いで英訳されたものが利用されたと考えられる。米国国務省によるドイツ外務省外交文書の『ナチ・ソヴィエト関係』という表題を付けられた英訳は、それとは別に訳出されたものであろう。ただし、二つの英訳文は、表現は異なっているが、意味するところはほぼ同じと考えられる。『ナチ・ソヴィエト関係』の刊行は一九四八年であるが、この尋問が行われた一九四六年三月当時に、早くもドイツ語文書からの英訳が行なわれていた事実を確認することが出来る。

同じ一九四六年の三月一一日に、シーア少佐と松岡洋右との間でさらに以下のような質疑応答が行われた。

「**問い**　さて、貴方がドイツにこの問題(日ソ接近――三宅)においてドイツが尽力してくれるようにとドイツにこの要求をした時に、貴方はドイツがその時ロシアへの攻撃を準備しつつあったということについて何等かの知識を持っていましたか?

答え　いいえ。それどころか私はドイツがヒトラーのモスクワ訪問と条約締結のために最善の関係にあると考えていました。

問い　ですから、フォン・リッベントロップが、この言明、すなわち、『逆に、情勢は、このような紛争が、ありそうもないにしても、あり得ると考えられなければならないものであろう』という言明を行なった時に、これは貴方にその時ドイツとロシアとの関係は友好的ではなかったことを示したのではないですか?

答え　友好的ではなかったですって!　ですから私は私の帰路に条約を私自身で獲得するために私の努力を倍にする決心をしたのです。

問い　事実としてそれでは、この言明に従えばその時貴方は、ロシア政府との条約に就いてドイツの助け乃至は援助なしに交渉したのですね。これは間違いありませんね?

答え　私たちは何年も……

問い　いいえ、私はこの問いへの答えを求めています――貴方はこの条約をドイツの尽力なしで締結したのですね？

答え　はい、間違いありません。

問い　ロシアとのこの条約を獲得することについての貴方の理由を提示するにあたって、貴方はロシア人に貴方が最近ドイツがいずれにせよロシアを攻撃しようとしていることに気が付いたということのあらましを述べなかったことは確かですか？

答え　そうです。

問い　私に終わりまで言わせて下さい。貴方方が三国同盟の一員であるが故に、そして、このような状況のもとではロシアに対する戦争にドイツとも一緒に参加することに同意するであろうが故に、貴方とこの条約を締結するのはロシアの利益になるのではないですか？

答え　いいえ。私はドイツのことには一度も言及しませんでした。

問い　これほど長い間、貴方はこのこと（ロシアとの条約締結）が難しいと考えていたので、貴方は貴方が言うようにフォン・リッベントロップに電報でこの条約を成立させるのに尽力してほしいとせっつきさえした——結局のところこの条約を、貴方が言うようにドイツの尽力なしに短い時間の中で締結することが出来たという事実を貴方はどのように説明するのですか。

答え　若し私がスターリンとじかに会うことが出来れば、と考えます。私はそれ以外の方法で私が条約を獲得出来たとは思いません（I think if I could see Stalin in person. I don't think I could ever have gotten that pact otherwise.）。私はモロトフ氏と二度か三度会見しましたが、しかし私は絶望していました。最後に、スターリン氏が私と会うことになり、そして私は率直に彼と話をし、私の政策は即興的に思いついた政策ではなく、彼が多分知っているように私はより多くの関係、ソヴィエト・ロシアと日本との間のより良い関係を求めて努力してきたことを彼に思い出させました。それどころか、過去何十年もの間はソヴィエト・ロシアは存在しなかったのですからロシアと日本とのより良い関係を求めて努力してきたというべきでしょう。（以下二行印刷不鮮明——三宅）」[33]

松岡への尋問は、松岡がドイツを訪問した時に、ドイツが独ソ戦を準備しつつあった事実に松岡が気がつかなかったのか、という問題に触れることになる。以下に訳出するのは同じ一九四六年三月一二日の巣鴨拘置所での同じシーア海軍少佐による尋問である。

「**質問**　さて、ドイツのロシア攻撃に必要とされた軍隊の数と装備の量を心に留め、そして貴方がリッベントロップとかわした貴方が提案したロシアとの不可侵条約に関する会話が三月の二九日頃か四月の早い頃に行われたことを心に留めると、少なくともドイツによる戦争の開始の後に、彼等があの時、すなわち貴方がリッベントロップとこの会話を行なった時、明らかにこの攻撃の遂行に向けてのたいへん多くの準備をしていたのだということは、貴方の心に浮かびませんでしたか。貴方はこれが本当だとは言いませんか。

答え　いいえ。私は、ケーニッヒスベルクがあるロシアとの国境には、約二百万の兵が常に置かれていて、必ずしも攻撃のためにそこに集められているのではないことに気がついていました。私は別の日に、状況、危険な状況を首相に報告し、にもかかわらずドイツが攻撃を意図しているとは私は考えないと付け加えました。それは、一種のブラフ(bluff　おどし)なのです。（中略）

質問　貴方は、貴方がドイツ外相と、貴方の言うところによれば彼が自分たちはこのような攻撃を行なう意向であるという報告を一切しなかった会話を行なった後三ヶ月以内の、ロシアに対するドイツによる攻撃は、三国同盟の精神における違反であったとは考えなかったのですか。

答え　私には質問の意味がよくわかりません。

質問　もっとわかり易く言いましょう。ドイツは、少なくとも、ロシア攻撃を行なった日より以前のいつかに、このような攻撃を行なうことを意図していたに違いありません。私たちは、このようなことの準備は何人かの人間によって、丹念な努力や計画などの後に行われるものと想定しなければなりません。貴方は、貴方が言われたように、この三国同盟のもとでの同盟国の一つを訪問するためにベルリンにおられました。貴方は、ヒトラーとの若干の会話を行なったことを認めています。三国同盟のこのメンバーはその時、彼らがロシアを攻撃する意図をもっていたことを知っていたに違いありませんが、貴方にこの事実を伝え損ねました。貴方がこの事実について何らかの評価があったことにここで同意した唯一の証拠はリッベントロップによる、貴方は天皇にロシアとドイツの間の戦争の可能性は全く問題外であると報告することは出来ませんという趣旨のこの言明でした。貴方はこのことを思い出しますか。

答え　いいえ」[34]

ここでの尋問の中で二度にわたってシーア少佐が引用している「リッベントロップによる、貴方は天皇にロシアとドイツの間の戦争の可能性は全く問題外であると報告することは出来ませんという趣旨のこの言明」という箇所に対応するのは、先にドイツ語の原文と並べて検討した、米国が押収したドイツ外務省外交文書のうちの、一九四一年三月二九日付けの「ライヒ外相と日本の外相松岡との間の会話の記録」の最初のほうに出て来る以下の箇所である。この箇所をドイツ語の原文から訳出する。そこには、リッベントロップは以下のように述べたと記録されている。

「勿論、ロシアとの事態がどのように進展するであろうかを予見することは出来ない。スターリンが彼の現在のドイツに対する非友好的な態度を深めるかどうかは明かではない。彼（ライヒ外相）としては松岡に対して、ロシアとの紛争は常に可能性の領域内にある、ということを指摘したい。いずれにせよ、松岡は日本の天皇に対して、ドイツとロシアとの間の紛争は問題外であると報告することは出来ない。事態は逆に次のようになっている。すなわち、このような紛争は、予想されることではないとしても、あり得べきことと言わなければならないのである」[35]

ドイツ外相リッベントロップによる、このように重要な言明について、松岡が思い出せないと言っているのはいささか不可解である。松岡の答えの中には、このように覚えていないという文言が頻出するが、本当に覚えていなかったのか、裁判で不利になることを恐れて覚えていないという答えを繰り返したのか、今となっては確認出来ない。いずれにせよ、松岡がベルリンでどのような警告を受けようとも、また、ドイツ軍の独ソ国境への集中という事実を確認しながらも、モスクワに赴いて日ソ中立条約を成立させようと決意していた事実は、松岡へのこれらの尋問記録によっても確認出来る。この時点での松岡の日ソ条約への執念はそれだけ強かったと見るべきであろう。

5 独ソ関係悪化を伝える大島電報とヒルグルーバーの分析

ドイツの歴史学者である故アンドレアス・ヒルグルーバーは、生前の一九七七年に刊行された論文集『一九世紀と二〇世紀におけるドイツの強国政策と世界政策』の第一三章「日本と『バルバロッサ』作戦：ヒトラーならびにリッベントロップと大島大使との一九四一年二月から六月までの会談についての日本の文書」[36]のなかで、五通の大島発電報を分析すると同時に、これら五通の日本語の電報のドイツ語訳を付属文書として提示している。当時マールブルク大学で博士論文を作成中であった日本学者エッケハルト・マイがドイツ語に訳出して協力した。これらの大島発電報は当時すでに稲葉正夫・小林龍夫・島田俊彦・角田順編『太平洋戦争への道　開戦外交史　別巻　資料編』（朝日新聞社、一九六三年）に収録されていた。

これらの電報は、以下の五通である。『太平洋戦争への道　開戦外交史　別巻　資料編』には電報の内容についてのタイトルは付けられていないが、ここでは二〇一二年に六一書房から刊行された外務省編纂『日本外交文書　第二次欧州大戦と日本　第一冊　日独伊三国同盟・日ソ中立条約』の記載に従った。

第一文書　一九四一年三月二日午後ベルリン発松岡外務大臣宛て第二〇八号「信任状奉呈後の会談におけるヒトラー総統の発言内容報告」

第二文書　一九四一年四月一日午前ベルリン発近衛外務大臣宛て第三四二号「ユーゴスラビア政変におけるソ連の策動を痛罵し対ソ軍備増強をヒトラー言明について」

第三文書　一九四一年四月一六日午前ベルリン発近衛外務大臣宛て第四一三号「独ソ開戦の可能性に関するリッベントロップおよびスターマーとの会談報告」

第四文書　一九四一年六月四日午後ベルリン発松岡外務大臣宛て第六三六号「独ソ戦は不可避である旨ヒトラーおよびリッベントロップ言明について」

第五文書　一九四一年六月五日午前ベルリン発松岡外務大臣宛て第六三八号「独ソ開戦の可能性に関するリッベントロップとの会談要旨」

第六文書　一九四一年六月五日午前ベルリン発松岡外務大臣宛て第六三九号「独ソ開戦の可能性に関するヒトラーとの会談要旨」

ヒルグルーバーは、ドイツ外務省外交文書に記録が残されている一九四一年二月二三日と七月一四日のヒトラーおよびリッベントロップと大島との会談の間に位置するはずのこれら三者の会談についての、ドイツ側の記録が欠如しているために、日本側やアメリカ側の記述の中に言及されている内大臣木戸幸一の日記の記録の信憑性を検討することがこれまでは不可能であった、と述べている。この日記の記録というのは、ヒルグルーバーによれば、ヒトラーは六月三日の大島との会談の中で、大島に対ソ作戦の開始がさしせまっていることを告げ、日本が対ソ戦争に参加するかどうかの決定は日本の自由に任せる、というものであった。

ヒルグルーバーのこの指摘に対応するのは、『木戸幸一日記』の一九四一年六月六日の項に見出される次の記録である。

「午前九時、近衛公より電話にて『大島大使ヒ総統に呼ばれベルヒテスガルテン(精確にはベルヒテスガーデン)にて面会す。独は愈々蘇聯を討つとのことなり。日本に対しては之に参加を希望すとは云はざるも、暗に之を望み居る様子なり。右につき今朝連絡会議を開催す。右言上を乞ふ』とのことなりき。

九時五十分より同五十五分迄、拝謁、右の趣を言上す。

十時二十分より十一時五分迄、御召により拝謁、右の件につき種々御話ありたり。

十一時十分、武官長と面談、右の件につき今後緊密なる連絡を依頼す。

近衛首相より細川〔護貞〕秘書官を以て大島大使の電報を届け越さる。よって詳細披見、返却す。

一時十分より同三十分迄、拝謁、電報の概要を言上す。

二時、松岡外相参内、クロアチア国の承認、並に大島大使の電報につき言上す。外相の見透は、大使の観測にも不拘、独ソの関係は協定成立六分、開戦四分と見るとのことなりき。

二時十分、松平宮相来室、汪来朝の件、侍従長更迭問題の経緯等を聴く。

三時、武官長来室、独ソ関係に関する陸相の見解も亦左迄急迫せりとは見ざる旨話ありたり。

四時四十五分より五時半迄、松岡外相と会談。

五時三十五分、御召により拝謁、六時迄松岡の奏上其他につき承る。

六時半一旦帰宅の上、紅葉館に於ける六日会に出席す」[37]

ここでヒルグルーバーは、一九六八年一月に角田順(当時国立国会図書館勤務)の好意によって、これまでは断片的な史料からは明らかにできなかったヒトラーやリッベントロップと大島の談話についての確実な典拠として、上述の期間内の大島からの近衛や松岡宛ての、一九六三年刊行の『太平洋戦争への道　開戦外交史第八巻　別巻　資料編』に収録されている電報の送付を受けたことを感謝の念とともに記している。たとえばヒルグルーバーによれば、ヒトラーは日本にシンガポール攻撃をけしかけることを目的として、三月二八日に松岡を歓迎する会食において、シンガポール攻撃の際には、日本の背後からのソ連の日本への攻撃に対するより確実な保証を与えるために、ソ連が日本を攻撃することがあった場合には、ドイツはソ連を武力で攻撃するのを辞さないであろう、と松岡ではなしに大島に向かって述べている。そしてリッベントロップは、ヒトラーのこの言明を日本に対する完全なる保障である、と述べた事実が第二文書から明らかになる、と述べている[38]。第二文書を原文で掲げれば以下の通りである。原文のカナ表記はひらがな表記に改めた。

「二十八日「ヒ」總統招宴の際「ヒ」は本使に対し「ユーゴー」革命の背後に蘇聯邦の策動ありしを指摘して蘇聯邦の態度を痛罵し獨逸は現在百五十師団を蘇聯邦に對し配置しあり若し日本を攻撃することあらは獨逸は武力を以て蘇聯邦を攻撃することを辞せすと述べたり

本使は先般山荘にて會談の際獨逸師団百個とのお話なりしか更に五十師団増加せられたるやと質問せるに「ヒ」は然り蘇聯か獨逸に對し種々意地悪きことを為すを以てその度毎に或は五師団或は四師団を東方に増加せるものによるものにしてかくすると不思議に蘇聯邦はその態度を改め居れりと答へたり尚傍にありし「リ」外相は後刻本使に對し總統か貴大使に對しかく明白に決心を述へられたることは日本に對する完全なる保障Garantieなりと述へたり右陸海軍大臣のみに極秘として傳へられたし」[39]

ヒルグルーバーによれば、松岡外相のベルリン訪問に際して、一九四一年三月二九日にリッベントロップは松岡に、独ソ戦争勃発の際に日本の独ソ戦争への介入は必要ないと述べ、シンガポール攻撃を日独伊三国同盟の共通の目標に対する日本の最善の貢献であると述べた[40]。また、四月一〇日にリッベントロップは、第三文書に示されているように、ソ連が日本を攻撃した場合のヒトラーの日本に対する保障をくりかえした。そして、このような事態が生じなくとも、ソ連の出方次第で今年中にもソ連に対して戦争を開始することあるべしと述べた。このようにドイツの対ソ攻撃の意図をはじめてほのめかされた後で、大島は外務次官エルンスト・フォン・ヴァイツゼッカー（戦後の西ドイツ大統領で二〇一五年一月三一日に九四歳で他界したリヒャルト・フォン・ヴァイツゼッカーの父）やリッベントロップ事務所の首席極東担当官で前年に来日して日独伊三国同盟を成立に導いたハインリッヒ・シュターマーとの話し合いから、独ソ戦争は近い将来に起り得るとの印象を得たことが第三文書からうかがわれる旨をヒルグルーバーは述べている[41]。

第六文書で大島は、ヒトラーとの六月三日の会談でヒトラーが独ソ戦争はおそらく不可避と考えていると述べたこと、また、ヒトラーが共産主義国家ソ連を除くことは自分の年来の信念であり、今日までこれを忘れたことはないと断言したことを伝えている。ヒトラーによれば、独ソ戦争に際して日本がいかなる態度をとるかはまったく日本の自由である。したがってもし日本がドイツと事を共にする場合にも、ドイツの対ソ宣戦布告より遅れて参戦するのも御随意であるとのことであった。しかし、大島は、ヒトラーのウラジオストックの状況、ソ連潜水艦の状態、大正時代のシベリア出兵の際に日本が進入した地域はどこであったのか等についての質問から、日本の協調をヒトラーが希望しているという印象を得たと報告している[42]。

翌六月五日、リッベントロップは大島により詳細に語った。第五文書について、ヒルグルーバーが省略をまじえて引用している箇所の前後を大島電報から復元すれば以下の通りである。

「一　最近に至り独『ソ』関係は特に悪化し戦争となる可能性甚た増大せり尤も必す戦争になるへしとは言えぬ　只前にも申上げたる通り一度戦端開始せらるれは二三ケ月にて作戦を終結し得へき確信を有す之に関しては自分(『リ』)が『ポーランド』戦開始以来貴使に申上けたることは尽くその通になりし事実に鑑み自分の言に信を置かれたしと述へたり

依て本使より戦争か起るとすれは時機は何時頃となるかと問えるに対し『リ』は何時戦争か開始せらるるは未定なるも若し日本として右に対し準備を為さるる要ありとせは一日も速に之を完成せらるることを御勧めしたしと答えたり(中略)

六　独『ソ』戦争の場合の米国の態度に付ては米国は既に対英援助にて手一杯の今日『ソ』聯に対し到底有効なる援助はなし得さるものと判断しあり又独逸か『ソ』聯に対し圧倒的勝利を得たる後には英国の為米の参戦することをも諦めしむる効果ありと認め居れり

七　独『ソ』戦争は世界の情勢に甚大なる変化を齎すへく実に大東亜新秩序建設の為絶好なる時機と考えらる此の場合日本の採るへき態度は日本の御考へに任すこと勿論なるも独としては若し日本にして準備の関係等にて南方進出困難なりとせは対『ソ』戦に協力せらるることを歓迎す」[43]

リッベントロップのこれらの言明のなかに、日本がシンガポール攻撃に踏み切るかどうかについて、初めて明らかな疑いの念が現われている、とヒルグルーバーは判断している。リッベントロップのこのような疑いの念は、特に四月半ばに開始され、ドイツ側には五月五日になって初めて通告された日本政府の米国との「暫定協定」に関する交渉、ならびにそこからドイツ側に生じつつあった日本の「神聖なる利己主義(サークロ・エゴイスモ)」の政策に対する不信感と関連している、とヒルグルーバーは述べる。「神聖なる利己主義」というのは、ドイツならびにオーストリア・ハンガリーと三国同盟を結んでいたイタリアが、第一次世界大戦勃発後にドイツ側を裏切って敵側の英国やフランスの陣営に走って一九四五年五月二三日にオーストリア・ハンガリーに宣戦を布告した時に、イタリアのこの行動は祖国の「神聖なる利己主義」にもとづくと説明したイタリア首相アントニオ・サランドラの言葉にもとづいている。第一次世界大戦前の三国同盟からイタリアが離脱したように、日独伊三国同盟から日本が離脱して敵側の陣営に加わるかも知れない、とリッベントロップらが憂慮したということになる。日本の、ドイツ側にとってははなはだ望ましからぬ日本外交の転換を背景として、今や、もともとヒトラーの戦争計画には入っていなかった日本の対ソ戦への参戦が、日本をドイツとの同盟に縛り付けるという意味をもつようになり、ドイツの指導部が日本の参戦をもとめるようになった、とヒルグルーバーは説明している。ところが、ドイツの東京にいる海軍アタッシェのヴェネッカーの六月一三日付の報告によれば、対ソ戦への日本の即時参戦へのドイツ側の働きかけは、日本の海軍指導部からだけでなく、陸軍指導部からも拒否された。東京駐在のオット大使がドイツの対ソ攻撃の開始を告げると、松岡外相は可能なかぎりすみやかな日本の参戦を約束した。けれどもリッベントロップは、ベルリンにいる大島と東京にいるオットを通じて日本のすみやかな参戦を実現するために彼自身かなりの努力をすることになる。ヒルグルーバーは、今は『ドイツ外務省外交文書』第一三巻に文書第三五号として収録されているリッベントロップからオット宛ての六月二八日付の次の電報の最初と最後の部分を引用している[44]。

「私は大島大使と、彼が彼の政府にソ連に対する速やかな軍事行動を起こすように働きかけることを申し合わせたが、貴下のほうでも貴地の政府ならびにそれ以外の決定的な影響力のある層に、同じ意味で働きかけることを貴下にお願いする。その際、以下の視点を活用することをお願いする。

第一に、ドイツとソ連との戦争は単に大なり小なり限定された個々の問題の解決をもたらすだけではなく、ロシア問題の最終決戦による解決をもたらすであろう。

第二に、我々の軍事行動によって比較的短い時間内に期待できるロシアの勢力の粉砕は、英国に対するドイツの勝利をも最終的なものとするであろう。ドイツがロシアの油井と穀物の耕地を手に入れるならば、それによって全ヨーロッパに対して十分な供給が確保され、その結果、英国による封鎖もまたそもそも全く役に立たないものとなるであろう。東アジアへの直接の陸上での連絡もこの機会にやはり確保されるであろう。

第三に、このようにして、枢軸国のめざすヨーロッパ空間の新秩序を可能にするすべての前提条件が与えられることになる。

第四に、日本にとっても現在の状況によって二度とない機会が与えられている。ドイツがこのことをヨーロッパのために行うのと同じように、日本は今、ソ連に対する軍事行動によって日本によって計画されている東亜新秩序のための諸前提を創り出すことができる。ソ連のちからが排除されたあと、極東においても、日本の望む意味での中国問題の解決は、もはやいかなる困難にも遭遇しないであろう。

第五に、日本の利益の観点からは、シンガポールの方向への進撃の考えが確かにこれまでも大変重要であったしそうであり続ける。しかし、日本がこのことにまだ準備ができておらず、それゆえにこのような進撃の可能性が現在の危機的状況においてはまだ与えられていないのであるがゆえに、いま日本に提供されているロシア問題解決の機会を極東においてもみすみす逃すことのないようにすることは、差し迫った日本の利益となる。このことによって日本は南方への進撃のためにも後方の安全を確保することにもなるでもあろう。

第六に、期待し得る事態の急速な進行にかんがみて、日本は、ソ連に対する軍事行動という意味でのみずからの決断をなすべきであろう。すでに打ちのめされているソヴィエトロシアに対して日本が行動を起こすようなことになれば、このことは日本の道義的ならびに政治的な立場を、かなりの程度に損なうこととなるであろう。

第七に、ソヴィエトロシアの急速な打倒は、ことに日本が東側からそれに介入するならば、それは合衆国に、その時には完全に孤立していて地上のもっとも強力な連合に対抗している英国の側に立っての参戦がまったく無意味であることを納得させるための最善の手段となるであろうことが見込まれ得るのである。リッベントロップ」[45]

このような見解を共有していた松岡は、六月の二七日、二八日と三〇日の連絡懇談会で彼の諸提案を押し通すことはできなかった、とヒルグルーバーは言う。このあたりのことは我が国の歴史研究者の間ではよく知られている。七月二日の御前会議は、英米両国との戦争の危険がそれと結びついていたにもかかわらず南進をさらに推し進めて南仏印占領に踏み切ることを決定し、これに反してソ連に対しては、ソ連が崩壊した時にただちに介入してウラジオストックからバイカル湖までの、日本が渇望していた地域を占領できるようにしておくための軍事的準備は行うが、ソ連が重大な軍事的要因であり続けるかぎり、中立を維持することを決定した。このあたりについての史料としてヒルグルーバーが利用しているのは、ノブタカ・イケの編纂した『日本の戦争への決定――一九四一年の政策会議の記録』(一九六七年)である[46]。ヒルグルーバーによれば、こうして松岡は、天皇と軍事的ならびに政治的な指導的機関を極東ソ連領への早めの攻撃に賛同させるという試みに関して挫折した。松岡外相が日米交渉への障害でもあると見なされたために、松岡の追い出しを可能なかぎり「エレガントに」遂行する目的で、近衛内閣は七月一六日(ヒルグルーバーは誤って七月一五日と記している)に総辞職した。豊田提督を外相に起用した次の第三次近衛内閣は、米国との「和解」をみずからの主要な課題と見なした[47]。

独ソ開戦までの、大島電報を重要な手がかりとするヒルグルーバーの叙述の大要は以上の通りであるが、このあと、第三次近衛内閣総辞職までの時期に、対ソ参戦をめぐってドイツと日本との間で行われた交渉の経緯についての彼の叙述を簡単にたどっておくことにする。東京で第二次近衛内閣が第三次近衛内閣に代わる直前の七月一四日に、ヒトラーは、東プロイセンのラステンブルクに置かれていたヴォルフスシャンツェの総統司令部で、日本を対ソ参戦へと動かすための、効果を挙げなかったリッベントロップの働きかけに、さらにもうひと押しを加えようと試みた。同日の一七時から一九時まで行われたヒトラーと大島との会談についての、ヒルグルーバーが編纂した『ヒトラーのもとでの政治家たちと外交官たち』の第八三章大島の綱目に収録された記録には、ヒトラーの次のような発言が見出される[48]。

「米国と英国は常に彼らの目から見て孤立している者に敵対するであろう。現在相互にいかなる紛争の可能性をも有しないのは二国のみであり、これら二国とはドイツと日本である。米国はその新しい帝国主義的精神において、ある時はヨーロッパの、ある時はアジアの生活圏(レーベンスラウム)に圧力を加える。我々から見れば、東にはロシアの脅威が、西には米国の脅威が迫っており、日本から見れば西にはロシアの脅威が、東には米国の脅威が迫っている。それゆえに、彼(ヒトラー)は、我々が彼らを共同して壊滅させなければならないという見解を有している。諸国民の生活には困難な任務が存在する。これらの課題に心を閉ざすか、あるいはのちの時点を当てにすることによっては、これらの課題は解決されない。（中略）彼（ヒトラー）はこの戦いを単独で遂行することができる。しかし、彼は日本の将来を考えている。我々がロシアを撃滅する瞬間は、日本にとっても運命を決定する瞬間である。米国が何をするであろうと問われるならば、自分はこう言えるだけだ、それならますますよろしい、と。いったい米国は何をしようというのか。いったい米国はどのようにして戦争を遂行しようというのか。ロシアの壊滅はドイツと日本の政治的な生涯の事業とならなければならない。しかして我々は、我々が同時に行動するならば、我々が同時にロシアの生命の糸を断ち切るならば、この事業を容易に行うことができるであろう。我々がそもそも米国を戦争から遠ざけておくことができるとするならば、それはロシアの壊滅によってのみ、そして日本とドイツが同時に、そしてはっきりと立ち現れる時のみである」[49]

ヒルグルーバーは、ここでヒトラーが初めて日独の対米戦争に照準を合わせた発言を行ったことに注目している。さらにその後、大島のドイツ軍大勝利を伝える報告は、七月中に日本の陸軍参謀本部にかなりの印象を与えたと、ヒルグルーバーは考えている。ソ連崩壊に備えて、満州国に駐在する関東軍は四〇万から七〇万に増強され、陸軍参謀本部ではオムスクまでの進撃を予想した作戦計画が準備された、と彼は服部卓四郎著の『大東亜戦争全史』（原書房、一九六五年）の英訳版タイプ印刷にもとづいて述べている。同書はシュトゥットガルトの現代史研究所に所蔵されているとのことである。七月一五日に、ドイツ海軍提督ヴェネッカーは東京から、参謀総長杉山元帥の言明によれば、日本陸軍は数週間のうちにソ連攻撃を開始する予定と伝えてきた。この時点でドイツ軍はスモレンスクに迫っていたが、その後の二カ月半にわたる進軍の停止は、日本の陸軍参謀本部の情勢判断に大きな影響を与えたものと思われる。七月二九日には、ヴェネッカーは、一五日の報告を修正して、日本の攻撃開始の時点は不確定と伝えた。参謀本部の指導的立場にあった人物は、ドイツ軍がヴォルガ河に到達した時に初めて、日本は攻撃を開始するであろうと述べたと伝えてきた。しかし、ベルリンでは、日本の軍事アタッシェ坂西将軍はマツキー将軍に、杉山元帥の名前で八月四日、日本は準備完了後、おそらく九月にソ連と開戦するであろうと伝えていた。ヒトラーは八月二二日、レーダー提督との会談で日本は進軍完了後にはウラジオストックを攻撃するであろうという、驚くほど楽観的な見通しを述べていた。けれども同じ二二日に、ヴェネッカーは東京から、「日本はロシアを攻撃しないであろう。海軍は陸軍の中の北進への傾向を抑え込むことができると期待している。日本はウラジオストックへのガソリンの移送さえ禁止していない」と報告していた。この後、ヒルグルーバーは、日本陸軍参謀本部が七月八日から八月五日までかかったスモレンスク攻撃作戦から、独ソ戦はヒトラーやリッベントロップが常に主張していたのよりも、かなり長く続くという結論を引き出し、八月六日には関東軍はソ連軍とのいかなる境界紛争をも避けるようにとの命令を受け、八月九日には大本営は一九四一年内にはもはや独ソ戦に参戦しないことを決定した旨を、服部卓四郎の戦史に依拠して述べている。九月に入ると、日本の参謀本部の情勢判断ははっきりと悲観的なものに変わった。御前会議が九月六日にまだ限定的ではあるが米英との戦争を決定した後、関東軍の一部は南方に転出させられた。九月一〇日には、ヒトラーは日本へのこれまでの期待をとりやめにして、我々が日本人の援助を必要とするという印象を喚起しないように、日本に参戦への圧力をかける意志はないと言明した。一九四三年初頭のスターリングラードでのドイツ軍全滅まで、ヒトラーはこの態度を変えなかった。日本に対するこのようなヒトラーの消極的な態度は、米国に対するヒトラーの態度の修正を余儀なくさせ、同じ九月一〇日には、自分の生きている間はドイツと米国との戦争を自分は体験することはないだろうが、英国とドイツが共同していつの日か米国と対決するのをドイツ国民のために期待したい、とヒトラーは語ったという。東京では一〇月一八日に、新しい東条内閣の外相として、かつてベルリンとモスクワの大使をつとめた東郷茂徳が入閣したが、彼は独ソ戦開始の日に、「ドイツはレニングラードやモスクワ、ウクライナを占領できるかも知れないが、このことは戦局を決定するものではないであろう」と述べた人物であった。以上のように述べて、ヒルグルーバーはこの論文を終わらせ、この後に五通の大島電報のドイツ語訳が掲載されている[50]。

ここでヒルグルーバーが引用している七月一四日のヴォルフスシャンツェでのヒトラーの大島に向かっての談話を、七月一八日ベルリン発の大島電報第九二四号と対比してみると、米ソ両国をめぐるヒトラー談話の記録に若干の食い違いが見られる。日独関係についてヒトラーは、大島電報によれば、ヒトラーは、日独両国の提携は世界史新秩序建設の為是非とも必要なりと考えている、何となれば日独両国のみが真に利害関係の抵触がなく、しかも両国は欧亜に跨る二国を対象として有しているからである、すなわちソ連及び米国である、この二国はヨーロッパが弱ければヨーロッパに、アジアが弱ければアジアに出て来る国家である、別の言葉を以て言えば、日本が弱ければドイツはより多くの負担を負い、ドイツが弱ければ日本は米ソを背負うこととなるであろう、と述べたという。ドイツ側のヒトラー大島会談の記録では、ある時はヨーロッパに、ある時はアジアに圧迫を加えるのは米国一国となっているのに、大島電報では米ソ両国はヨーロッパが弱ければヨーロッパに、アジアが弱ければアジアに進出するとなっている。再び大島電報によってヒトラーの言葉を引く。ヒトラーは次のように述べた。この自分の考えは決して目前のことを考えているのではなく、長き将来にわたっての問題として考えている、これが、自分が一九三五年以来日独提携を終始目論んだ所以であって、決して一時の考えではない、また、このたびの戦においても、自分は他国の援けを借りてドイツの流す血を節約せんとするが如き考えは毛頭無い、ただ、欧亜に跨る大国を処理して日独両国の将来のため有利なる事態を作らんがため、日本の協力を希望することは勿論なり、と述べたという。ヒトラーは米国に対してはこれが日本の敵国であることを十分考慮せられたい、しかして自分は米国に対しては強き態度を示すことが最も必要であると確信している、兎角交渉なるものは種々害を及ぼすものであって、実は今回対ソ作戦開始にあたり、六月初旬自分はソ連に対し交渉を行なわんとする考えを有しており、交渉題目はソ連軍の撤退であったが、考慮の結果交渉を行なえば引き延ばされる惧れがあり、引き延ばされればその間に種々の弊害を生ずる、しかも仮にソ連がドイツの要求を容れて例えば二、三百キロ撤退することがあったとすれば、今日のように機械化兵団の発達した時代においては二、三百キロの如きは何等意義が無いが、ドイツとして攻撃を躊躇せざるを得ざることとなるべきを惧れて、自分は一切の交渉を行なわなかった、およそ大事を為すには決意が肝要であり、若し日露戦争当時ドイツがロシア乃至フランスを叩いておいたならば、欧州大戦も発生していないと考えるものであるが、当時のドイツ政府は近視眼的観点からロシア等を操り一時を糊塗した為にかえって大なる破局を来したのである。

大島は、このヒトラーの発言に括弧の中でとくに、「右『ヒ』の言は明白には日米交渉に触れ居らさるも彼の肚か日米交渉の不可を本使に暗示せんとするに在りたることは明かにして彼は日米交渉に付ては非常に不満を有し居ること観取せられたり」と説明している[51]。

この論文の最後にドイツ語に訳して収録されている大島発電報のうち、第一文書の一九四一年三月二日ベルリン発の電報については論文の中では直接言及されていないけれども、やはり独ソ関係の悪化を伝えたものである。再度駐ドイツ大使としてベルリンに赴任した大島は、三月一日に信任状を提出したあとリッベントロップ外相臨席のもとにヒトラーと約一時間会談した。話題は、イタリアのアフリカでの英国機械化部隊との戦闘での敗北、英本土上陸作戦の時期が予定し難いこと、ドイツは英国が完全に崩壊するまで戦争を継続する積りであるが、英国は世界に跨る大国であるが故に世界の至る所で叩く必要があることなどに及んだ。ヒトラーは、何分にもドイツ海軍は一九三五年から各種艦艇を作り始めたもの故に、大海軍を作る能わず、兵力不足なるは真に残念であり、日本の如く大艦隊を有しておられるのは羨望に耐えない旨繰り返していた。ここでリッベントロップが言をはさみ、先日(二月二三日)大島大使との会談に際してシンガポール攻略に関し言及しておいたと述べたので、自分(大島)から日本としてもこのことに関するあらゆる準備はしているが、その実施についてはリッベントロップ外相に申し上げた通りであるとして、外相に話したことをヒトラーに向かって繰り返しておいた、と大島は報告している。米国についてはヒトラーは同国は金権政治の国で国民の「モーラル」低劣なることを力説し、優秀なる精神なくしては結局戦争に勝ち得ず、自分は米国に対し何等の恐怖をも有していない旨を述べた。ヒトラーはさらに、ソ連についても自分は何等心配していない、ただ、ソ連は何分狡い国で、スラヴ民族に対しては民族主義を以て、その他の国にたいしては「ボルセビズム」を以て働きかけ、次にブルガリアにもあらゆる策動をなしたる旨を述べ、自分は独ソ間の条約には何等の信頼を置いていない、「自分が東方に配置したる百個師団の兵力に信頼しある旨」を述べた。次に日独伊三国同盟に言及し、「自分は一九〇四年の日露戦争当時からスラヴ民族に反感を有し日本との提携を考えていた、日独伊三国の対象は英米ついでソ連邦である」と述べ、日独のみが「武士道的民族(ゾルダーテン・フォルク)」なるが故両国の提携は百年否三百年にも亘り不動なるべく、自分は死すも独逸国民に遺言して日伊とは争を生ずるが如きことは絶対にやらせぬ積りである、と述べた。最後に今次戦争においては既に我等勝てりと認めおれるが、自分は神意が自分をして今日の戦争を行なわしめて呉れたことを感謝している、仮に今回戦争を避け得たとするも二、三年後、または十年後に必ず発生したるべく、従ってこの機会に目的を達成するまでは絶対に手を引かない旨を強調した[52]。

この節の初めに述べたように、ヒルグルーバーは、一九四一年二月二三日と七月一四日の間のヒトラーやリッベントロップと大島との会談の記録が、ドイツ側にはまったく欠如していると述べているが、二月二三日の記録というのは、ドイツ外務省外交文書集Dシリーズ第一六巻の一に収録されている同日のリッベントロップと大島との会談記録である。この記録は細かい活字で埋まった外交文書集の一〇頁分を占める詳細なものであり、扱われている対象は当時の世界のほぼ全体にわたっている。主にリッベントロップの談話を収録したものであるが、楽観的、楽天的な調子が支配している。大島も同様で、日独伊三国同盟締結時には日本国内にさまざまな意見があったが、西方でのドイツの勝利が与えた印象のもとで、日本国民の中の気分は三国同盟賛成に完全に切り替わった、と述べ、日本の陸軍と海軍はシンガポール攻撃の準備を終えているが、専門家の意見では海からシンガポールを攻撃するのはきわめて困難であり、残念なことにシンガポールのインド人部隊のもとで破壊工作を遂行する努力は為されてこなかった、今では武器によってシンガポールを占領することだけが問題となっており、攻撃は陸から行われなければならず、香港やフィリピン占領も計画されているが、フィリピン占領は、米国が参戦した場合のことである、と述べた。

リッベントロップは大島のこの意見に対して、フィリピン占領計画はあとに延期して、シンガポール奇襲だけをさしあたり考えるほうがよいのではないか、と述べた。そして、この占領がそれに対応する声明と動機付けをともなった日本の側から遂行されれば、米国は戦争に介入しないと予想され得ると述べた。日本海軍の中には、さまざまな困難が存在するので、若干の懸念がある、という大島に対して、何よりも次の三つの理由が迅速な行動にとって決定的であると答えた。リッベントロップはこれら三つの理由について、以下のように説明した[53]。

「第一に、シンガポール占領は英帝国の核心に対する決定的な打撃を意味する(インドが脅かされることや巡洋艦戦争等)。英国国民の士気への影響はきわめて深刻なものとなるであろうし、それにより戦争の早期終結に寄与するであろう。

第二に、シンガポールの奇襲による占領は、アメリカを戦争から引き離しておくのに適している。なぜなら、シンガポール占領によって、日本は南方と、それにより東アジア全体を支配することになる。

今日まだ軍備を整えておらず、ハワイ西方の自国艦隊を危険にさらすことをいずれにせよはなはだ好まない米国は、日本がシンガポールを占領するようになれば、ますます自国の艦隊を危険にさらすことはしなくなるであろう。さらに日本がその上にその時米国の権益を尊重し、フィリピンを攻撃しないとなれば、それによってローズヴェルトが場合によっては戦争をアメリカ人にとって納得のゆくものとすることができるかも知れない威信の議論は効力がなくなるであろう。日本が、米国が何ひとつ行動に移せない間に米国からフィリピンを奪う場合のように、米国が宣戦を布告し、その後は無力な傍観を続けなければならないために、宣戦を布告するということはほとんどあり得ないであろう。

第三に、まだ戦争中に、世界における来たるべき新秩序のために、東アジアにおいても、講和条約締結の際に手に入れることを望む地位を確保することは日本の利益になると思われる。なぜならば交渉を通しては、英国はシンガポールを放棄することには傾かないであろうし、自己の帝国をめぐる闘争を最後まで続けることをむしろ選ぶであろうからである」[54]

ソ連の問題については、大島がロシア人とソ連の三国同盟加盟について話し合われたのか、という大島の問いかけに対してリッベントロップは、その通りだと答えた。

「リッベントロップが言うには、モロトフはこれに対応する提案をスターリンに提示し、若干の前提条件のもとに基本的にはソ連の加盟に賛成である、と言明した。これらの前提条件に属しているのは、フィンランドへのロシアの関心、ブルガリアとのさらに一層緊密な関係への願望と両海峡問題である。両海峡問題に関しては、我々はモントルー条約改訂の努力する用意があると言明したが、トルコ人が広範囲にわたるロシアの希望に応ずる用意があるとはほとんど考えられないであろうという推測を表明しておいた。ルーマニアに対する枢軸国の保証（第二次ウィーン裁定――三宅）はロシア人にとってあまり共感の持てるものではなかった。しかし結局のところモスクワでは、我々がバルカンに対して、とくにルーマニアの石油に対して有する関心を考慮して、この保障と妥協した。その上に、ロシアとの政治的対話はまだ係争中である。バルカンの事柄がさらに進展するならば、この対話は場合によっては継続されるかも知れない。ロシアとの大きな通商条約は価格にして二五億ライヒスマルクを内容としている。

ライヒ外相リッベントロップの、日本のロシアとの関係に関する問いに対して大島大使は、モロトフはロシアに北樺太の利権が返還されるという条件のもとに、条約を締結する用意があるのだと答えた。日露関係は一般的に言って良好である。ロシア人は蔣介石に対して比較的わずかのものしか供給していないし、しかも支払いと引きかえにである。軍隊を南方に自由に展開できるようにするために、ロシアとの協定に到達することは重要であると大島は述べた。ライヒ外相はこれに対して、彼が日本にこの場合にどうすればお手伝いできるのかという問題を検討する用意があると約束した。

中国に関して、大島は、日本には二つの傾向があると言明した。一方は汪精衛の立場を強化しようと欲しているし、他方は蔣介石との合意を達成しようとしている。後者との交渉は最近打ち切られた。しかし日本の政治の方向は、今述べたように統一されていない。ライヒ外相は、ドイツ陸軍がふたたび行動に移るまで蔣介石との新しい交渉の試みをしないで待つように、と助言した。その目的は、ドイツの武力の成果の与える感銘のもとで蔣介石と諸関係の可能な限り広範囲にわたる固定化に到達するためである。拒絶はすべきではないし、ドイツはあるかも知れない仲介に際して、自分の言いたいことを早々と言い尽くしてしまうことは望まない。その上に、ドイツは日本が望むような形で日本を支援する用意がある。場合によっては汪精衛の立場の強化によってでも、日本を支援する用意がある。大島大使は、日本の軍隊を他の作戦に振り向けることができるようにするために、ロシア問題の解決が重要であると指摘した。大使の、ドイツは場合によっては汪精衛（政権）を承認する用意があるのか、という問いかけに対して、ライヒ外相は、自分は個人的には賛成であり、場合によってはこの問題をこの方向で総統に上申するであろうと答えた。

大使は、ついでヴィシー政権がタイとインドシナとの紛争における日本の調停の提案を受け入れるように支援を求めた。ライヒ外相はただちに、アベッツ大使（ヴィシー駐在のドイツ大使オットー・アベッツ――三宅）に干渉のための必要な指示を発する。

大島大使はついで、新しい時代は新しい概念を必要とする、と詳しく述べた。被抑圧者と植民地という概念は廃止されなければならない、と。彼はこの詳しい議論に際して蘭印、ビルマとアフリカを念頭に置いている、と。ライヒ外相は、これは容易な問題では決してなく、これについて新しい道を見出す為に注意深く検討されなければならない、と答えた。さらに、戦争に勝つことが、しかも可能な限り早く勝つことがさしあたり主要な問題である、と答えた（以下略）」[55]

以上の会談記録からうかがわれるのは、リッベントロップが日本のシンガポール攻撃をしきりに求めていることと、独ソ関係がかなり悪化しているのをほのめかしていることである。モロトフとの会談についての報告のなかに出てくるモントルー条約というのは、ボスポラス・ダーダネルス両海峡問題について一九三六年にスイスのモントルーで開催された国際会議で成立した条約をさす。会議には、英国、フランス、日本、ソ連、バルカン諸国およびトルコの代表が参加した。この会議で、一九二三年七月二四日に成立した、トルコにとって非常に不利であったローザンヌ条約は改訂され、平時における ソ連軍艦の両海峡航行の自由も認められた[56]。

モロトフとの一九四〇年一一月一二日と一三日のベルリンでのヒトラーとリッベントロップとの会談につ

いてのリッベントロップの説明は素っ気なく、また不十分なものである。また、この説明はドイツに着任した大島に、独ソ関係が悪化していることを初めて察知させるものであったと考えられれる。四一年二月二五日のベルリン発の大島電報第一五九号はこの点ではもう少し詳しい。

大島は、本使(大島)が日ソ国交調整に関しドイツはいかほど斡旋し得るかと質問したのに対して、リッベントロップは、先般モロトフ来独の際にソ連と日独伊枢軸との政治的提携に関して提案したのに対し、ソ連からは提携の条件としてフィンランドに関する新たなる権益の承認、ソ連とブルガリアの間の政治協定締結を求めてきたが、ドイツとしてはフィンランドに現在以上ソ連の勢力扶植を望まず、また、バルカンはドイツの生活圏と認めているを以てこれに応ぜず、ただソ連とブルガリアの政治協定の問題は結局ソ連勢力のダーダネルス進出を狙うものであるから、ドイツとしてはモントルー条約の修正に尽力する用意がある旨を述べたけれども、ソ連はこれに満足せず、そのままとなっていることを説明したあと、すでにバルカン情勢もドイツに有利に落ち着いたことであるから、日本側において御希望ならば再び斡旋に乗り出すことも考慮すべし、と述べた。本使(大島)より更に日本が将来南方問題解決に従事している際にソ連が武力を以て我れを脅かす如き場合のドイツ側の態度につき質問したところ、リッベントロップはドイツ軍八十乃至百個師団を東方に配置してある、右の如き場合起らばドイツとしては日本をして後顧の憂いなからしむるは勿論なり、と答えた。

ソ連の対中国援助問題から昨年一一月の対重慶和平に関するドイツの斡旋に関連して重慶の対英米依存の態度に言及したので、本使から日本において希望する場合ドイツは汪政権承認に何等か支障があるかを質したところ、リッベントロップは自分としては日本が承認を有利とされる場合は即座にこれに応じて可なるも、本件はヒトラー総統の決済を要する問題であるからそれ迄は電報を控えられたく、また、若し日本が更に蒋との妥協を考慮されるならば、現在はその時機ではないと考える、ドイツの春季における軍事行動開始の模様を見て、英米側の蔣に対する迫力減退の時を狙われることが有利なるべし、と答えた。[57]

以上の電報に続いて大島は、「日独伊三国同盟に対し日本は絶対忠実である旨リッベントロップへ強調について」という電報第一六〇号を同じ二月二五日にベルリンから発信し、さらに翌二六日に「シンガポール攻略問題に関しリッベントロップと会談について」という電報第一七四号をベルリンから発信している。これらの電報はいずれも松岡外務大臣宛てである[58]。リッベントロップとの会談を伝える三つの電報のうち、もっとも詳しく、またもっとも重要と思われるのは、先に紹介した電報第一五九号である。ドイツ側の記録とこれら三つの電報、とくに最初の電報第一五九号と突き合わせることによって、両者の会談のほぼ全容が明らかになると思われる。あとから見れば、日本側はドイツが切望したシンガポール攻撃ではなしに真珠湾攻撃によって日中戦争に加えて日米戦争に突入し、ドイツ側は日本の期待した日ソ関係の調整とそれによる日ソ独伊の四国連合の成立に努力するどころか、日本の期待していなかった独ソ戦争に突入したことになる。

なお、ヒトラーもリッベントロップも、米国の参戦は回避したいし、また回避できると考えていたが、それでも日本にシンガポール攻撃をしきりに迫ったということは、日本のシンガポール攻撃が米国の参戦をもたらさないで済むと判断したことを意味している。これは、日本陸軍の一部にもあった英米可分論にヒトラーやリッベントロップも立っていたことを意味するといえるであろう。もし日本が彼らのいう通りにシンガポールを攻撃し、真珠湾攻撃をしなかったとするならば、どうなっていたであろうか。米国はそれでも結局は参戦したであろうが、国内に強かった反戦論を考えれば、日本のシンガポール攻撃だけで米国国民に対日戦争を納得させるためには、かなり苦労したのではないかとも考えられよう。すべては歴史の中の「もし」「イフ」に属するが、想像してみることだけはできそうである。

6　南部仏印進駐と外相松岡洋右

一九四一年六月二二日、ドイツ軍はソ連領に侵攻し、独ソ戦が開始された。これに対する日本側の対応を協議した六月三〇日の第三六回連絡懇談会という国策決定の最高レベルの会合で、外相松岡洋右は突如、南部仏印進駐の中止と対ソ開戦とを主張した。松岡がこの席上で、我輩は数年先の予言をして適中せぬことはない。南に手をつければ大事になると我輩は予言する。それを（陸軍参謀）総長はないと保障出来るか。尚仏印に進駐せば、石油、「ゴム」、錫、米等皆入手困難となる。英雄は頭を転向する、我輩は先般南進論を述べたるも今度は北方に転向する次第なり[59]と述べたことはよく知られている。しかし、突如対ソ開戦を主張した松岡の真意が何であったのかについては、さまざまな解釈が可能であり、十分に説得的な説明がなされているとは言い難い。ここでは、一九四六年六月二七日に病死する三カ月半前、三月一四日に巣鴨拘置所でのシーア少佐の尋問に対する松岡の答えを訳出するにとどめる。

「**問い**　さて、もしあるひとびとが、あの会議（一九四一年七月二日の御前会議――三宅）か、この会議に先立つ連絡懇談会で、あるいは両方の会議で、貴方がロシアに対する戦争にその時入るべきであると主張した、と証言したか述べたということがあったとするならば、それは本当でしょうか。貴方は日本の対ソ戦参入を唱えたのですか。

答え　私はそう言った、それについて語ったと思います。それは最高の連絡懇談会においてです。トリックを用いて、私は、グレート・ブリテンとの衝突への増大する危険を伴うものである南東へ進むことよりは、私はむしろ日本が独ソ戦に参加するのを見たい、と述べました。しかし私はトリック

(trick 策略)の方法によってそのように述べたのです。すなわち、私がその当時、陸軍も海軍もロシアと戦わないであろう、絶対に戦わないであろう、とくに海軍はそのように行動することを嫌っていた、ということを十分に知っていたからなのです。それからまた、私は海軍当局と陸軍当局が、彼らがグレート・ブリテンとアメリカと同時に対抗でき、いくらか勝利の希望もあるけれども、もしソヴィエト・ロシアがイギリスとアメリカの側に立って戦争に加わるならば、いかなるチャンスもない、という考えを持っていたことを知っていました。彼らはこの意見については明確でありました。それですから、南東へ向かう傾向を阻止するために、私は我々がむしろソ独戦争に参加することを主張しました。このことを彼らが絶対にやろうとしないことを、今申しました通り私は知っておりました。そして、私の主張によるものかそうではなかったのかのいずれにせよ、日本はグレート・ブリテン、アメリカとソヴィエト・ロシアに関してそれぞれと中立であり続けました。そして、それがこれらの陸海軍の人々と対抗するためのトリックのためであったと私は申し上げることができます。私は私の主張を押し進めはしませんでした。そしてもちろん、私たちが陛下の前に参りました時には、私たちは私たちがソ独戦に参加しないであろうということに常に同意致します。そしてさらに、私は日本が成立したばかりの中立条約を破らないであろうということを知っておりました」[60]

このように松岡は、南進論、南部仏印進駐に反対して自分が突如言い出した北進論、対ソ開戦論は陸海軍を金縛りにするためのトリックであったと弁明しているが、同じ個所ですぐあとに述べているように、この主張を一九四一年七月二日の御前会議で貫徹することはしなかった。進行する肺病が彼からそのための気力を奪っていたのであろう。

7　国際検事局の追及と元駐独大使大島浩の回答

元駐ドイツ大使大島浩への国際検事局の尋問のなかで、日ソ中立条約は大きな比重を占めている。モスクワでの条約をめぐる交渉のためにベルリンをあとにした松岡と、独ソ国境まで松岡に随行した大島とが何を語り合ったかについても尋問のなかで大島が答えている。大島は駐ドイツ大使としてベルリンに赴任した一九四一年二月にドイツ外相リッベントロップと語り合った内容についても陳述している。最初に、一九四六年二月二五日に巣鴨拘置所で行われた大島浩被告に対するオズモンド・ハイド検察官（東京裁判での米国の検察官の一人）の尋問と大島の答えの一部を訳出する。先ず、独ソ関係について詳しく述べることを求められた大島は以下のように述べた。

「**答え**　ソヴィエトとの関係に関して私が貴方に最初に申し上げようとするこれらの事柄は、私が二度目に大使になる前に起ったことですが、それを私は松岡からのちに聞きました。

松岡は私に、一九四〇年、三国条約が成立した頃、ドイツと日本はロシアへの接近について話し合い、ドイツがこのような接近に最初の行動を起こすであろうことが決定されたと語りました。

質問　この主題に関する松岡とのこの会話の理由は何であったのかを私に話して下さい。

答え　私は日本を出発する前、二度目に大使に任命された後に松岡と話をしました。その松岡との話し合いで彼はまた、陸軍はこの動きに味方しており、加えて海軍省と近衛公爵もやはりこれに味方していると語りました。彼はそれからソヴィエトとのより緊密な関係をもたらすためのドイツの計画は、イランないしインドの方向へのソ連の拡大の邪魔をしないことであると語りました。のちに、（松岡でなく）

他の情報源から、私はモロトフが一九四〇年一一月にこれらの事柄を討議するためにドイツへ赴いたことを聞きました。さらに、私が聞いたことから知った限りでは、ロシアが三国同盟に加わるための何らかの具体的な計画が作成される段階にまで諸計画は進みませんでした。松岡はさらに私にソ連への接近に関するドイツとの討議の結果がどうなろうとも、ソ連と不可侵条約を結ぶある一般的な計画が日本政府によって決定的に計画されつつあると語りました。これらが総じて私が日本を出発する前に私が聞いた事柄であり、今からは私がベルリンに到着してから聞いたことを貴方に申し上げます。

私は、私がリッベントロップに会い、彼に独ソ関係について質問し、独ソ日のある種の同盟に関する所で可能性がどのようなものであるかを質問したのは一九四一年二月末頃であったと思います。この時、ドイツ外相は、モロトフがこれらの事柄について語り合うために一九四〇年一一月にベルリンに来たと語り、そして私は初めてこのことを知りました。しかしながら、リッベントロップは具体的なことは何ひとつ決定されず、話し合いは依然として進行中であると明言しました。私は三月のいつか再度リッベントロップに会い、もう一度どのようにソヴィエトとの討議が進んでいるのかを彼に質問しました。彼は、今までのところ何も決定されていないが、自分は松岡がベルリンに来る時までに、何か明確なことが決定されているであろうと思う、と語りました。

話の連続性を保つために、私は少し前に飛ぶことにしようとしています。松岡がベルリンに来た時、彼は私がいない場でリッベントロップと行った話し合いについて私に語りました。日本の外務大臣は私に、彼がリッベントロップに自分はソ連と不可侵条約を締結することを意図していると告げたと語りました。私が思い出すところでは、松岡はリッベントロップがこのことを行うように強くすすめたり、彼にこのことを思いとどまるように試みたとは言いませんでした。

少し前に飛びますと、私はロシアとの戦争に入る彼らの理由に関するドイツの声明の中で、彼が松岡にこの不可侵条約を達成するように強くすすめたと彼が述べたことを思い出します。このことが事実であるかないか、私は知りませんが、いずれにせよこれが彼が宣言した内容です。

質問　誰がこのドイツの宣言を発したかご存知ですか。

答え　ドイツ政府です。

質問　この宣言を発した人物の名前を知っていますか、リッベントロップかヒトラーか、それともそれは何か他の形で発せられたのですか。

答え　私はそれはまさにドイツ政府であったと考えます。一九四一年四月のいつごろか、ドイツの軍隊が多数東部国境に動員されつつあることは事実上ドイツの誰もが気付くようになりました。この事実はまったく明白であり、何らかの特殊な情報源からそれについての報道を受け取らなければならないということなしにでも、何かが進行しているということは自分の目で見ることができました。その当時ドイツのまわりには多くの噂が流れていて、沢山の噂が生まれていました。他の日に私は私の陳述の先回りをして、松岡がベルリンを去る時に列車の中での松岡との会話に関する貴方の質問にお答えしました。この会話はこれらの軍隊の動きについての私の観察の結果であり、この提案されたロシアとの不可侵条約についてゆっくり進む必要についての私の言明は独ソ関係が転換点に近づきつつあるという私の観察にもとづいていました。もちろん、このことによって私は、私が戦争が切迫していると感じたということを意味してはいませんが、松岡も私もおそらくドイツが西部戦線での事態を片付けたあと、その考えを東に向けるのがドイツの意図であると感じていました。これまでのところ私は、現実の不可侵条約に関するかぎり心の中でまったく反対はしていませんでしたけれども、私はたんに条約を可能なかぎり速やかに結ぶためだけの目的で大きな譲歩がなされるべきではないと感じていました。何らかのこのような譲歩がなされる前に日本は独ソ関係に関するかぎり出来事の変化しつつある傾向を注意深く、綿密に調べるべきであるというのが私の感じていたところでありました。

質問　なぜですか。

答え　私は松岡が彼の日本への帰り旅でこの条約を完成させるために急いでいるならば、彼はそれを早く実現するためにあまりにも大きな対価を払おうとしているかも知れないと感じており、それゆえに日本の北の国境を守るためには、大きな譲歩がなされる前に待つほうが良いと感じていました。

質問　なぜ貴方は不可侵条約のために彼が支払おうとしているかも知れない代価について心配していたのですか。

答え　たとえば、私が日本を出発する前に北樺太石油会社の社長の左近司政三海軍中将が私のところに来て、彼はロシアとの不可侵条約に賛成しているが、どのような譲歩を日本が行わなければならないかについて、どうかきわめて注意して頂きたいと述べました。これは一例です。もう一つの例は漁業権の問題です。言葉を変えていえば、もしロシアが強力であるならば代価はより高額になるでありましょうし、独ソ関係が緊張する場合には日本がより安い代価を選んでも条約は完成されるでありましょう。さらに、松岡も私も、その時には独ソ戦がこのような不可侵条約を完成することを事実上不必要にするであろうという結果になるであろうとは考えていませんでした。

質問　私は貴方のそこでいわれることが理解できません。なぜ独ソ戦が日本に、それによって日本とロシアとの間の抗争の危険がなくなるであろう立場にいることを不必要にするのですか。

答え　ロシアとの不可侵条約というものは、その動機として満州と樺太における日本の国境の保護を有するであろうからです。もっとも、樺太は大した重要性はないでありましょうけれども。もしソ連がヨーロッパにおいて戦争に巻き込まれることがあれば、ソ連は満州前線を攻撃するのには多忙過ぎるということが結果として起こるであろうからです。

質問　もし貴方がドイツとロシアが戦争に従事するようになる前に日本とロシアとの間に存在する不可侵条約を有していたとすれば、日本にとってこのような戦争にドイツの側に立って巻き込まれることになる理由はない、という結論が出て来るのではないのですか。

答え　それは必要ではないでしょう。三国条約はすでに、日本は独ソの抗争に参加する必要はないと明確に宣言しています。

質問　私は三国条約のことを考えていたのではありません。私はドイツと日本との間に存在した親善関係について考えていました。それゆえにドイツと日本との親善関係が、もしロシアがドイツによって攻撃された場合に、日本をドイツとの戦争（ロシアとの戦争の誤りか――三宅）に引き込まないという立場にいるということは日本にとってあまり当を得たことではないというのではないかと考えていました。

答え　第一に私は、私が不可侵条約に反対はしなかったということを絶対的に明確にしたいと思います。

さらに、松岡も私もその時戦争が迫りつつあるとは感じていませんでした。

質問　将軍、貴方はたった今、一時間も経たない前に、ドイツ軍隊は東部前線に移されつつあり、誰でも皆、このことはその地域での何事かを意味していたと私に話したばかりであり、私に対して貴方が口をはさんだことは、誰でもそのことがドイツとロシアとの間のトラブルを意味していたことを知っていたというものでした。そしてもしそれが本当なら、どうして貴方は私たちに貴方も松岡もドイツとロシアとの間に抗争があるらしいという考えはまったく持たなかったと言うことができるのですか。

答え　私はそのことにもっと十分にお話し申し上げるでありましょうが、ただ軍隊の動きからのゆえにだけ、戦争になろうとしているという結論に至るのは、結論を急ぎ過ぎることです。

質問　しかし貴方は私にしばらく前にこの記録の中で出来事の傾向としてそのことを申し出ました。そして今貴方は貴方も松岡も戦争になるという考えはまったく持っていなかったと私に話しています。これは少しつじつまが合わないのではないですか、将軍。

答え　私が戦争にはならないと思っていたとは言いませんでした。戦争はあり得ることでした。私が言おうとするのは、私たちのどちらも戦争がすぐに始まるとか、この瞬間に戦争の可能性がきわめて大であるとは思っていなかったということです。私が少し前に話の中で私たちは二人とも戦争はドイツが西部戦線を、すなわち英国を片付けたあと始まるかもしれないと考えていたと申し上げたと思います。

質問　もし私が貴方の言うことを正確に理解しているとすれば、貴方は私たちに貴方が外務大臣は不可侵条約にあまりに大きな代価を払うかもしれないことを恐れていたと言いました。そして貴方の心配は不可侵条約に対して石油会社社長であった海軍中将によって発せられた反対に関するものであったと思われ、また次に漁業に関するものであったと思われます。私は貴方が、提案に対する松岡の態度を圧倒するのに十分なものとしてこれらの事柄を提示しているのかどうなのか疑問に思います。

答え　実際問題として、私はこれが記録に留めるべきものとは考えません。なぜならそれはたんに私の意見だからです。しかし私は、松岡のベルリン訪問が何か重要なものをもたらさなかったがゆえに、彼は日本に『プレゼント』を持ち帰るために日本に非常に多くの譲歩を払わせる不可侵条約によってことを急ぐかも知れないと感じていました。松岡はこの譲歩の問題に関して私に同意しました。その上に、私が引き合いに出したこれらの石油会社や漁業の例は、論じられることができる多くのうちのたんに小さな例です。

質問　貴方は貴方自身をほとんど東京の政府の位置に置くことを試みたように私には思われます。将軍、私はもし外務大臣と東京の政府がこの条約を望んでいたのならば、大使に過ぎない時に、なぜ貴方がそれについて心配するのか理解できません。

答え　私は彼に私の意見を言うことが大使としての私の権利の限界を踏み外していたとは思いません。

私は彼に何かをするようにとかしないようにとかは言っておりませんでした。たんに私の意見を彼に述べただけです。

質問　別の日に貴方が私たちに、提案された不可侵条約とその時の彼との討論に関する私の質問への答えとして、松岡と列車に同乗したことを話した時に、貴方は、その時の彼との会話をうながした世界情勢にはある変化があったと述べました。何を貴方は心に浮かべていたのですか。

答え　この独ソ関係のことでした。そしてそれについて私はたった今貴方にお話していました。

質問　将軍、外相の、彼がドイツに到着した時のロシアとのこの不可侵条約に関する権限に関して貴方が話したことにかんがみて、彼は出発前に東京の政府から何らかの指令を得ていたに違いないと私には思われます。貴方は彼が何らかの指令を得ていたかどうかを知っていますか。

答え　はい。私は彼への指令が何であったかは知りませんが、彼は確実に何らかの指令を得ていたはずです。

質問　さて、東京の政府が彼にこのロシア問題に関して何らかの指令を与えていた以上、なぜ貴方が大使としての権限でか、あるいは非公式の権限でか、東京の政府の見解に反する何らかの反対やあるいは何らかの示唆を提示するのか、私には明らかではありません。

答え　私は何らかの具体的な反対は提示しませんでした。さらに、私は、たとえ明確な指令が与えられている時ですら、私は示唆を提示することができると日本の法律で明確に宣言されています。

問い　しかし将軍、これが私を困惑させることであります。貴方は日本からドイツへの大使であり、貴方は日本とロシアとの関係を非常に心配していました。

答え　そこで私が日本の大使をしているドイツの中でのさまざまな影響力から変化する情勢が生ずるならば、それらの影響力について語ることは私の権限内のことです。この事柄を明らかにするために、私は松岡が私の見解と一致しており、彼が有していたいかなる計画や考えに反対はしなかったということを、貴方が理解して下さることを貴方に望みます。

問い　彼とのあの列車での貴方の会話は、そのような意味のものではなかったでしょう。私は、貴方の松岡との列車に同乗した目的は彼にロシアとのこの不可侵条約を獲得することを説得してやめさせるための最後の瞬間の試みであったという意味の信頼すべき情報を持っています。そして、このことは貴方が今日の午後私に話していたことと一致しないと思われます。

答え　それは完全なうそです。あらゆる種類の虚偽が飛び回っています。一つは、リッベントロップが松岡に不可侵条約に調印しないように求め、松岡がいずれにせよ不可侵条約を進めてしまったというものです。これもまた完全にうそであります」[61]

このように、大島は自分や松岡が近い将来、独ソ戦が勃発すると予測していたかについて、あいまいでしばしば矛盾する答えを繰返している。また、大島がモスクワへ向かう列車に独ソ国境まで松岡と同乗した時に、日ソ不可侵条約を急がないほうがよいということで松岡と意見が一致したが、日ソ不可侵条約に反対はしなかった、というのも虚偽の陳述であろう。むしろ検察官が述べた、「貴方の松岡との列車に同乗した目的は、彼にロシアとのこの不可侵条約を獲得することを説得してやめさせるための最後の瞬間の試みであった、という意味の信頼すべき情報を持っています」という発言が正しかったと推測される。というのは、大島は著者(三宅)に、自分は列車の中で松岡に、独ソ戦がきわめて切迫しているから、日ソ不可侵条約に調印しないほうがよい、と説得を続けた、と語ったからである。また、その時大島は、自分があれほど反対したのにモスクワで松岡が日ソ中立条約に調印したことは理解できなかったので、モスクワの日本大使館になぜ松岡は自分があれほど反対したのに調印したのかと問い合わせたところ、松岡大臣はあれは大島のブラフだと言っておられました、との答えが返ってきて唖然とした、とも著者に語った。

なお、この尋問では一貫して、日本とロシアとの間の条約が日ソ不可侵条約と形容されているが、一九四一年四月一三日に外相松岡洋右が調印したのは日ソ中立条約である。ロシア側は不可侵条約を容認しようとはしなかったのである。

次に、一九四六年二月二六日に巣鴨拘置所で行われた大島浩被告に対するオズモンド・ハイド検察官の尋問記録の一部を訳出する。

発言をうながされた大島は次のように陳述した。

「**答え**　私の話の最初のステップとして…松岡はモスクワに戻り、ロシアと不可侵条約を結ぶことに関する交渉を続けました。モスクワを離れる一日前か多分二日前に彼は私に電報をよこして、そのなかで彼はロシアの要求はあまりに苛酷であり、自分は条約を完成させずに日本に帰国することを意図していると明言しました。次の日か或いは多分二日あとに、私は松岡からもう一つの電報を受け取りました。この電報の中で彼はロシアが最後の瞬間に完全に折れたと述べ、彼は彼の出発をおくらせ、それに乗って出発するはずであった列車を、条約に調印するために止めている、と述べました。この電報を受け取った時、リッベントロップがベルリンに居りましたので、私は直ちに彼に会いに行き、彼にロシアとの不可侵条約が調印されることになっていると話しました。彼は条約の成立に反対はしませんでしたが、そのことについてとくに満足そうでもありませんでした。私はこの会見で彼に独ソ関係はどのようになっているかを質問し、リッベントロップははっきり説明しない一方で、独ソ関係はいまだはっきりしない状態だと言明しました。さらに、彼は戦争になろうとしているとは言いませんでしたけれども、独ソ関係はこれまでそうであったのとは同じではないということをほのめかしました。私はそれからリッベントロップに、このロシアとの不可侵条約の調印は当面しばらくの日本の政策であり、ドイツ人がこのことを理解してこの考えを激励していたと確信していると述べました。リッベントロップは、自分は日本の政策をよく理解したと述べましたので、私はリッベントロップが理解したと語ったと告げる電報を松岡宛てに打ちました。その返事として、松岡に打電したのと同じ電報を東京の政府宛てに送るように求めるもう一つの電報を松岡から受け取りました。

質問　なぜ貴方は、松岡からの彼が不可侵条約に調印しようとしているということを貴方に知らせる電報を受け取った時に、リッベントロップにこのことを告げたのですか。

答え　このような出来事が生じた時に外務大臣に知らせるのは、明確に大使の義務の一部です。

質問　それではなぜ松岡はリッベントロップに自分が不可侵条約に調印する目的でモスクワに赴こうとしていると言わなかったのですか。

答え　私は別の日に貴方に、松岡がリッベントロップに自分が不可侵条約に調印する目的でモスクワに赴こうとしていると言ったと申し上げたと思います。

質問　次に、貴方が電報を受け取ってリッベントロップに条約が調印されようとしていると言った時に、なぜリッベントロップがこのことについて何か熱のない態度を示したのか、私には明確ではありません。

答え　もちろん、このことは私には確かにはわかりませんが、私の見解では、独ソ関係の変化にともない、最初は日本にこのような条約を結ぶようにうながしたドイツ人が、もはやそれについていずれにせよ関心が無くなった、というのが私の見解です。さらに、そこで私がリッベントロップに条約調印について語ったこの会合は、これは全く私自身の見解ですが、たぶん戦争になるであろうと私が感じたことの最初の理由の一つでした。これはたんに私の推測ですが、独ソ日関係をこの私の意見の基礎と考えると、三国条約にはドイツとロシアとの間に亀裂が生じた場合においてすら、ソヴィエトと日本との関係にはいかなる変化も生じないであろうと明確に宣言されているのに対して、ドイツの観点からすればロシアと日本との間の不可侵条約は独ソの抗争が生じた場合の日本の側からの不介入をさらに確固たるものにすると考えられたと私には思われます。

質問　ヒトラーの日本とロシアの間の不可侵条約に対する反応はいかなるものでしたか。

答え　私は一度もこの点についてヒトラーに話をしたことはありませんし、リッベントロップも一度もヒトラーが何を言ったかもしれないかについて私に語りませんでした。

質問　貴方は他の情報源からヒトラーがそれについてどのように感じたかを聞いたことはありませんか。

答え　私はいかなる他の情報源からも聞いたことはありませんが、別の日に貴方にお話申しあげたように、敵対行為勃発時のドイツ政府の声明でヒトラーは彼が松岡に不可侵条約の達成をしきりに勧めたと語っています。

質問　どれだけの間、松岡はこの場合にモスクワに居たのですか。

答え　私は確実には存じませんが、一週間か十日だったと思います。

質問　貴方がたった今行った陳述に先立った私の質問は、貴方から松岡がモスクワへ行く前に貴方がドイツの情報源から事実ドイツとロシアとの間に抗争が起ろうとしていることを貴方に示す何らかの情報を得ていたかについて貴方から答えを得ようとしていたものでありました。私は貴方がこれについてまだ答えたとは考えません。

答え　いいえ。

質問　貴方がやめたところから続けて下さい。

答え　私はこれでこの問題に関する事柄を貴方のために解決したと期待します。しかし、いずれにしても私は私もまた最終的に調印されたような種類のロシアとの不可侵条約に賛成していたことを申し上げたいと思います。すなわち、日本の側に大きな譲歩を結果として生ずることがないであろうロシアとの条約であります。リッベントロップとのこの話し合いの後、私は独ソ関係について重大な懸念を感じ始めました。そこで私は特に私の陸軍武官と海軍武官ならびに私のスタッフに、独ソ関係に関するいかなる情報にも注意を払うように言いました。もちろん、ひとつの主要な事柄は東部前線への軍隊の絶え間のない展開でありました。そしてこれはまさしく明白な事柄でした。独ソ関係がますます悪化しつつあるということを示す他の情報も、また私のもとにもたらされました。そして五月の半ばか終りのいつか、あるハンガリーの記者が、私のスタッフの一人のところに、ドイツは近い将来に確実にソ連を攻撃しようとしているという情報をもたらしました。この時点で私はリッベントロップに会いにゆき、なぜドイツはロシアとの国境に軍隊を展開しつつあるのか、と質問しました。リッベントロップは、ロシアがこのことを行いつつあり、したがってドイツも同じようにしているのだと言いました。私はその時、モロトフとの最初の話し合いのような独ソ交渉には何が生じたのかと尋ねました。彼は、これらの話し合いにおいてロシアは主にダーダネルスにおける権利について語り、そしてさらに、ロシアは当時ブルガリアであったところの中に拠点を欲したと語りました。ドイツの外務大臣は、ドイツがこれらの要求に同意できなかったので、交渉は中断されたと語りました。私はこれが中断の主要な理由であったとは申しませんが、しかしそれは少なくとも重要な理由でありました。

質問　将軍、貴方は私に今、不可侵条約が調印された後、貴方は東部地帯に沿ってのドイツの軍隊の展開に気づいたこと、そして、貴方がリッベントロップに軍隊を他ならぬこの地域に送り込む理由を質問したことを述べました。貴方はまた私たちに、松岡がベルリンに到着する前に、軍隊がその地域に、それが誰しもの共通の知識になるほど大量に展開されていたと語りました。貴方は松岡がベルリンに到着する前にリッベントロップに、なぜこれらの軍隊は他ならぬその地域に送り込まれているのかと尋ねませんでしたか。

答え　事実、私は私が日本から二月にやって来た時に、軍用列車が東部前線に向かっているのを見さえしましたが、しかし私はその時も、またそのあとでさえ、これはまだ単に軍隊の交替であるかも知れないと考えていました。しかしながら、松岡がベルリンに来た頃にはこれがたんに通常の動きではないということはかなり明白になりつつあり、そして初めて私はこのことについて真剣に考え始めました。

質問　貴方がその時それについて真剣に考えた時、貴方はリッベントロップにそれについて何も言わなかったのですか。彼にそれについて何か尋ねなかったのですか。

答え　いいえ。ソ日不可侵条約が成立した後、私がリッベントロップに話をした時まで、私はこのことについてそれほど真剣に考えていませんでした。

質問　将軍、私は、貴方がすでに私たちに語ったことに照らして、貴方のことを驚いています。貴方がこのことをそれほど真剣に考えなかったけれども、他のすべてのひとがそれについて真剣に考えていたと言いました。貴方は、それが一般の知識であった、誰でもそれを知っていた、と明言しました。確かに貴方は大使としてそのことにむしろ鋭く印象づけられたはずです。なぜならば貴方は当時その国との交渉の中心にいたからです。私は、貴方がどのようにして、この軍隊の移動がなぜ松岡がモスクワへ出発した直後まで進行していたのかについての貴方の好奇心を抑え込んだか理解できません。

答え　私は事実、リッベントロップが松岡の到着する時までに期待されていたソ独関係における明確化に関して私に語ったことにもとづいて、ドイツ人はこの独ソ関係の問題を提出するものと期待をしていました。そして、彼らがそうしなかったという事実が私に疑わしく思わせ始め、私の松岡とのそれについての話し合いへと導きました。これがひとつの理由です。

質問　それでは公衆一般に強い印象を与えたこれら軍隊の移動の全ては貴方にいかなる影響もおよぼさ

なかったと貴方は私たちに述べようとしているのですか。

答え　それが問題点です。ドイツ人たちが松岡に彼らのソヴィエトとの関係について語らなかった一方で、彼らが軍隊を東部前線に向けて展開しつつある事実は私の心にきわめて強く浮かび上がり、松岡との列車の中での会話へと導いたのです。

質問　貴方の陳述を続けて下さい。

答え　リッベントロップがダーダネルスとボスポラスに関するロシア側の要求について大ざっぱに語っただけであった一方で、私はドイツ政府による六月二二日の声明は、これらの要求を完全に並べ挙げていたと思います。いずれにせよこのリッベントロップとの話し合いの後、私は独ソ関係の破綻を示す何かが起ろうとしていると強く感じ始めました。この時点で、この問題のこれ以上の研究はベルリンだけではできないと判断して私は、これらの事柄を日本の大使建川と話し合うために加瀬参事官（今のスイス公使）をモスクワへ派遣しました。加瀬のベルリン帰還後、加瀬は私に、建川大使と話をした後で彼らは二人とも、ロシアは国境への軍隊の配備を十分に知ってはいたが、ロシア人たちはまだ、これが戦争を結果としてもたらすとは考えていない、という結論に到達したと語りました。この時にはドイツとロシアとの間に通商協定が存在し、明らかにロシアはそこに含まれた条件に完全には即応していなかった、すなわちロシアはドイツに約束したすべてを供給してはいなかったのです。そして、この軍隊の配備はドイツの側での力の展開と威嚇という性格をより多く有しており、その結果ロシアはより以上の通商と外交上の譲歩を行うであろうと感じられていました。加瀬はまた、モスクワの日本大使館で知られているかぎりでは、松岡は彼がモスクワを出発する時、戦争が勃発するとは感じていなかったと語りました。この頃、ベルリンでは戦争になるかどうか、あるいは戦争は起こらないであろうとか、何百という噂が出ておりました。ひとつの噂は、ある了解に達して、スターリン自身がベルリンに来るであろうとか、この種のものでありました。私が挙げたいくつかの日付けは私が今思っているよりも前であったかも知れませんが、このことがそれほど重要だとは思いません。いずれにしましても、私が正確な日付けについてそれほど確かではないと申し上げたいと思います。これらの噂にもかかわらず、一つの事実が際立っており、それは軍隊の展開であり、それは私に戦争の危険は少なくとも切迫はしていると考えさせました。六月の初めのいつか、二日か三日よりあとではなかったと思いますが、ヒトラーは私を呼んで、この時に、独ソの問題は解決が非常に困難になりつつあり、自分は努力したが、自分の忍耐は緊張に達しつつある、と言明しました。私は、ヒトラーがドイツは戦争に入ると明確に述べたということはできませんが、いずれにせよ彼の話しぶりは九九パーセントの確実性を示すのに十分に強いものでした。彼はこのような戦争が起った場合に日本の援助を求めることはしませんでしたけれども、私はこれがこのような願望を持っていたに違いないと感じています。なぜなら、敵対行為を始めるという彼の意図に関するこの打ち明け話は、来たるべき作戦について誰にも言わないというドイツ人の習慣と一致していなかったからです。いずれにしましても私は、我々の会話について日本に電報を送るとすればそのことは彼の承認を得られるかと質問し、彼はまったく反対しないと述べました」[62]

このような大島の陳述は、ヒルグルーバーが第六文書として挙げている、そして木戸日記にその文書が日本にもたらした衝撃が記録されている、一九四一年六月五日午前ベルリン発松岡外務大臣宛て「独ソ開戦の可能性に関するヒトラーとの会談要旨」がどのような状況のもとで東京の外務省に打電されたかを知る絶好の手がかりとなるであろう。ここで大島は自分が日ソ不可侵条約に反対ではなかったと述べているが、先に触れたように彼は日ソ中立条約に調印しないように、独ソ国境までの車中で松岡に必死の説得を試みたと思われ、日ソ不可侵条約に反対ではなかったという陳述は、ソ連の検察官も加わる東京裁判の法廷を意識しての虚偽の陳述であったと考えられる[63]。松岡洋右が多くの質問に対して知らない、あるいは忘れた、記憶にないを繰返しているのとは対照的に、大島はきわめて雄弁であるが、事実をありのままに語ってはいないと見られるのである。ただし、ヒトラーとのこの会見についての報告は、そのような自己弁護を含まず、会見の空気をそのままに伝えているものと思われる。それだけに、一九四一年六月六日の木戸日記にも記されているように、日本の指導者層に与えたこの報告の衝撃は大きなものがあったのであろう。

8 ハウスホーファーの地政学をめぐるシュパングの新研究

ドイツの地政学者カール・ハウスホーファー（一八六九～一九四六年）は、早くから日本に注目して、ミュンヘン大学の地政学教授として日本に関する多くの著作を刊行した。彼はまた、ドイツ、ロシア、日本をその中に含むユーラシア大陸ブロック構想を提唱した。この事実は本章との関連で注目に値する。ハウスホーファーについて、現在大東文化大学外国語学部准教授の地位にあるクリスティアン・W・シュパングは、二〇一三年に本文、索引共で一〇〇三頁の大著を刊行した。『カール・ハウスホーファーと日本　彼の地政学学説のドイツと日本の政治における受容』と題された本書は、ドイツと日本で刊行されたハウスホーファーの著作、ハウスホーファー研究への言及は勿論のこと、コブレンツの連邦文書館などに所蔵されている厖大な史料、文献を駆使した画期的な研究である[64]。

同書の日本の文献への言及について、ほんの一例を挙げるならば、シュパングは、花井等編『地政学と外交政策』（地球社、一九八二年）の巻頭に掲げられた花井の「序章　地政学とは何か」に着目して、次のように述べている。

「花井等は彼によって一九八二年に編集された編著の序論において、地政学をドイツで展開された大陸的方向ならびにアングロサクソン的な方向に区分する。花井は、ハウスホーファーの日本論の著書、『生存圏』理念ならびに彼による世界の四つの汎領域への区分に立ち入ることによってハウスホーファーの理論を紹介しているが、大陸ブロック構想には立ち入っていない。一九七九年のソヴィエトによるアフガニスタン占領と、一九八〇年代初頭に改めて先鋭化している軍備競争の故に、花井にとっては独ソ日の協力というイメージは、現実性と隔たること遠いものと思われたのであろう。花井がハウスホーファーに帰せしめている役割は、多くの点で戦時中の米国の宣伝を思い出させる。」[65]

花井は、ハウスホーファーについて、この序論で以下のように述べている。

「彼（ハウスホーファー）は日本とも関係が深く、陸軍の幕僚として勤務し、一九〇八年から一〇年まで日本にいたことがある。この間、地政学における日本の地位に関心をもち、『二〇世紀初期における日本帝国の軍事・政治地理学』というテーマで研究を行い、その結果ミュンヘン大学から学位を受けている。以後も、彼は日本に関する研究を行い、六冊の著述にまとめているが、その代表作『太平洋地政学』では、日本の地政学的な役割が論じられている。

ハウスホーファーの地政学で特徴的なのは、「生存圏」という考えである。この考えはどういう考えかというと、国家はその生命力に応じて生存圏を確保する必要があり、またその権利があるというものである。そして、そのためには、大国が小国を暴力で支配してもかまわないということになる。ここまでくると危険な考え方になる。

さらに、この「生存圏」という考え方は、もう一歩進んで国家の生存を維持するためには、エネルギーを確保せねばならず、それを全うするためには、そのエネルギーの存在する地域を、自国の領土にしてしまうというところまでゆきつく。そして、その場合にも、必要とあれば暴力の使用を認めている。彼はこうした論理を展開した上で、全世界を、①アメリカが支配する汎アメリカ総合地域、②日本が支配する汎アジア総合地域、③ドイツが支配する汎ユーラフリカ総合地域、④ソ連が支配する汎ロシア総合地域の、四つに分ける。

このうち、汎ユーラフリカ総合地域こそヒトラーのドイツ第三帝国の生存圏であり、それは生存確保のため、力ずくでもやむをえずというハウスホーファーの理論通り実行に移された。オーストリア、チェコスロヴァキア、ポーランドを併合し、さらに進んで北欧、バルカン半島、フランス、イタリアなどを経済的に支配し、アフリカ、ソ連にも及ぼうとしたのがそれである。

壮大なヒトラーの夢は、それこそそのままハウスホーファーの理論を実現しようというものであった。思えば、ハウスホーファーの理論は、「悪魔の理論」であった。」[66]

ここに掲げた花井の叙述のうちの「このうち、汎ユーラフリカ総合地域こそヒトラーのドイツ第三帝国の生存圏であり、それは生存確保のため、力ずくでもやむをえずというハウスホーファーの理論通り実行に移された。オーストリア、チェコスロヴァキア、ポーランドを併合し、さらに進んで北欧、バルカン半島、フランス、イタリアなどを経済的に支配し、アフリカ、ソ連にも及ぼうとしたのがそれである」までがドイツ語に訳されて引用されている[67]。

シュパング自身は、この大著の中で、ユーラシア大陸ブロック構想に著述のかなりの部分を割いている。C「地政学と外交政策の理論(Geopilitik und aussenpolitische Theorie)Ⅱ章「ドイツの世界強国幻想の基礎としてのハウスホーファーの大陸ブロック・テーゼ（Haushofers Kontinenntalblockthese als Basis deutcher Weltmachtphantasien）」（同書二八五〜三六三頁）はハウスホーファーのユーラシア大陸ブロック構想を詳細に論じたものである。またD章「ドイツと日本との間の仲介者としてのハウスホーファー（Haushofer als Vermittler zwischen Deutschland und Japan）のI章「理念から現実へ：ドイツにおける架橋者としてのハウスホーファー（Von der Idee zur Praxis: Haushofer als Brückenbauer in Deutschland）」（三六四〜四七九頁）は、この構想が彼の教え子であったルドルフ・ヘス、ヒトラー、リッベントロップにどのような影響を与えたかを同じく詳細に論じている。なお、E章「日本の膨張の理論と現実への地政学の影響」（五四七〜七一一頁）では、地政学の日本における受容が、西園寺公望の秘書で『西園寺公と政局』全八巻の著者原田熊雄の父原田豊吉にまで遡って、これまた詳細に辿られている。この大著の日本語への完訳は望めないかも知れないが、抄訳の形ででも、詳しく紹介されることが望まれる。

ここでは、試みに先ずCII章「ドイツの世界強国幻想の基礎としてのハウスホーファーの大陸ブロック・テーゼ」の一部分を訳出してみることにする。

「ハウスホーファーの大陸ブロック構想はそれ故に、明治時代の終わりに日本で、日本の寡頭政治の中のあるグループの代表者たちから彼が聞いた類似の観念にもとづいていた。一九二〇年代にハウスホーファーは東京、モスクワとベルリンの間の三国同盟に関する彼の期待を後藤新平にかけた。一九〇九年と二〇年の日本での彼の談話にハウスホーファーは繰り返して立ち戻った。変動しつつある政治情勢はしかしながら、ハウスホーファーがこれらの対話を後にさまざまに解釈するに至らしめた。ヒトラー・スターリン協定の時期にハウスホーファーは、公式にも、以下に引用する個人的な手紙と全く同じような意見を表明した。

『日本とドイツはしかしながら、元老の伊藤や桂、山県が、そして最もはっきりした形では後藤伯爵がすでに一九〇九年に私と話した、これほど明白な利点を認識するためには、実際に太平洋を横断し、大西洋を横断する、彼らにあてがわれためがねを必要とする（以下略）』」[68]

次にD章「ドイツと日本の間の仲介者としてのハウスホーファー」のI章「理念から現実へ：ドイツにおける架橋者としてのハウスホーファー」の一部を訳出する。

「ハウスホーファーのテーゼに適合する一九三九年八月二三日のヒトラー・スターリン協定は日本では大きなパニックを引き起こした。人気のある日本の大島大使はリッベントロップに裏切られたと感じて免職を願い出た。この願いは日本外務省によって受け入れられ、結局のところ日本外務省では、この大使は最新情報に通じていなかったという印象が生じた。条約締結の数日後に始まったポーランドに対する戦争に直面して、他のひとびとの間では当然のことながら最高の優先順位を有しなくなったけれども、親日路線の代表者たち、誰よりもリッベントロップは、この展開に直面して、日本の不機嫌にどう対処したらよいかに頭を砕いた。この状況の中で、ドイツ外務省はハウスホーファーに『親独的な』日本の人々のリストを提出するように求めた。このリストをハウスホーファーは九月半ばに提出した。」[69]

「厳秘」と付記してハウスホーファーが提出したリストに含まれていたのは次の十二人の日本人であった。肩書きはいずれも当時のものである。

菊池武夫　予備役陸軍中将、貴族院議員

上村良介　ハウスホーファーの親友。本書で砲兵の将軍とされているこの人物については、日本近代史史料研究会編『日本陸海軍の制度・組織・人事』（東京大学出版会、一九七一年）では特定出来なかった。

武者小路公共　元駐ドイツ大使
大島浩　駐ドイツ大使
遠藤喜一　ドイツ大使館付海軍武官
平泉澄　東大教授
飯本信之　地政学者　東京女子高等師範学校教授
亀井貫一郎　衆議院議員
木間瀬精三　聖心女子大学教授　東大西洋史一九三五年卒
児島喜久雄　東大教授　美術史
河上清　報知新聞記者
大井成元　予備役陸軍大将　貴族院議員[70]

ハウスホーファーとリッベントロップとの関係をめぐっては、シュパングはカール・ハウスホーファーの息子アルブレヒト・ハウスホーファーの役割を重視している。アルブレヒトとリッベントロップとの交渉は一九三五年に活発となり、一九三七年三月一六日にアルブレヒトが父カールに宛てた手紙では、前年夏に駐英大使としてロンドンに赴任したリッベントロップを「我々のロンドンの友」と記している。父カールは、彼の最新の刊行物がリッベントロップのもとに届くように出版社に依頼している[71]。したがって、カール・ハウスホーファーのユーラシア大陸ブロック構想ならびに日ソ独三国にのちにはイタリアを加えた日ソ独伊四国連合構想は、リッベントロップもよく知っていたものと思われる。ただ、カール・ハウスホーファーがリッベントロップに具体的にどのような影響を与えたかを史料を通じて検証することは、それほど容易ではないようである。

ハウスホーファーのドイツや日本の政策担当者への影響について、シュパングは例えば以下のように述べている。


「カール・ハウスホーファーのリッベントロップに対する非公式の助言者としての活動が就中日本への最初の接近の時期と重なることは人目を引く。ハウスホーファーの役割はそれ故に、橋を架ける人の役割であった。日本との二国間の接触の改善への彼の努力は一方では外交政策上の乃至地政学上の基礎理論(とこれに即応する助言者としての活動)ならびに他方では双方の側の代表者との私的外交の上での対話による雰囲気作りといった基礎作業から成り立っていた。

東京のドイツ大使達もまた一九三〇年代には彼らのドイツ滞在をハウスホーファーとの会話に利用した。このことは、一九三六年七月一〇日にハウスホーファーを訪問したディルクセンにも、また彼の後継者オイゲン・オット(一八八九〜一九七七年)にも当てはまる。オットは、一九三八年六月六日にハウスホーファーとの徹底的な対話を行なった。このことについては当てで更に立ち入って論ずる予定である。

ミュンヘンのハウスホーファーの居住地、随って首都ベルリンから遠く離れた居住地は、彼の(半ば)外交的な活動に、そう推測される程さまたげにはならなかったようである。このことの一つの証拠となるものは、ディルクセンやオットとの対話がそれぞれこのバイエルンの首府で行われたという事情である。極めてさまざまな政治的傾向の多くの日本人も、ハウスホーファーに会うためにミュンヘンにやって来た。それと並んで、彼の頻繁なベルリン訪問は、彼に再三再四日本の軍人、外交官や教授とベルリンで意見を交換する機会を彼に提供した。彼のナチ党との接触ならびに日本との接触はあらゆる方面でよく知られていたので、彼の話し相手は、重要な事柄が、希望された場合には、ハウスホーファーを通じて正しい受け手の住所に届くであろうと確信することが出来た。

ベラ・フロムの次の言明は間接にハウスホーファーの大陸ブロック構想がリッベントロップ事務所(Ribbentrops Dienststelle)に及ぼした影響を示している。この事務所は、日本とソ連との良好な関係を達成しようと努力していた。

『日本の武官の大島将軍は、日本との友好関係を尊重する〝ビューロー・リッベンロップ〟におけるペルソナ・グラータ(望ましい人物)である。同時に人々はそこで、ソ連とより緊密なきずなを結ぶことを試みている。東方部局長のフォン・ラウマー博士は個人的にこの重大な任務を委嘱されている。』[72]

ここで言及されているヘルマン・フォン・ラウマーはリッベントロップ事務所の有力なスタッフ、事実上の中心人物であり、日独防共協定をめぐる日独の交渉では重要な役割を果たし、またシュパングによればハウスホーファーによって高く評価されていた。しかし、一九三六年一一月の日独防共協定成立後、リッベントロップとの意見の対立が甚だしくなり、一九三七年にリッベントロップ事務所を離れた。彼は、一部ではディルクセンの後任として駐日ドイツ大使になるとうわさされていた。東郷茂徳駐独大使のドイツ人の夫人エディータは当時はっきりと、自分はディルクセンの後任としてフォン・ラウマーを希望すると述べていた[73]。

シュパングの大著を通して、後藤新平から松岡洋右に至るまでの日本の外交構想の展開にハウスホーファーがいかに関連を有したかをうかがい知ることが出来る。いわば、ハウスホーファーを軸として、日本のユーラシア外交史とのかかわり方を再考察してみることが可能になるともいうことが出来よう。勿論、彼の構想がそのまま実現された訳ではなく、ヒトラーによる対ソ開戦の決定は、彼の構想に壊滅的な打撃を与えたことはいうまでもないが、彼のユーラシア大陸ブロック構想は、独ソ不可侵条約の成立によって実現に近づいたかに思われた事実も否定出来ない。

以上でシュパング著の紹介を終えることにするが、石井素介明治大学名誉教授訳によるクリスチアン・W・シュパング「カール・ハウスホーファーと日本の地政学――第一次世界大戦後の日独関係の中でハウスホーファーのもつ意義について」が『空間・社会・地理思想』六号、二一～二二頁（二〇〇一年）に掲載されていることを特記しておきたい。この二十頁にわたる訳稿は、この厖大な著作のいわば予告編であり、本書の内容を把握するために有益である[74]。窪井義道衆議院議員がハウスホーファーに一九四一年四月二四日付けの書簡を送り、その中で次のように記していたとのことである。石井訳を引用する。

「私は、三国同盟が地政学を踏まえたものである、という確信を持っていますので、国会で外相（松岡洋右）に対して、われわれは地政学に基づいて、ロシアとも友好条約を締結せねばならない、すなわち、世界平和の創出のためには、大陸ブロックを作り上げることが極めて大きな重要性を持つのだ、ということを表明しました。そこで私は外相に対して、欧州に赴き、大陸ブロックを実現するため、ドイツ・イタリア・ソ連の指導者と直接の接触を図ることこそが、彼の義務なのだという、緊急の助言を行いました。帰国の途上、松岡外相がソ連との間に中立条約を結ぶことが出来たのは、私にとって特別のよろこびであります。というのも、それによって世界平和が促進されたからです。私はベルリンに来てから、あなたの小冊子『大陸ブロック論』を注意深く何度も読み通し、そして、ロシアとの中立条約の締結が、あなたの年来の計画である大陸ブロック論の現実化に向けての一歩前進であることを、確信するに至ったのです。」[75]

第8章

フルシチョフの体験した二つの戦争
――ソ連・フィンランド戦争と独ソ戦

1 『フルシチョフ回想録』と二つの戦争

1 フルシチョフ回想録

フルシチョフの回想録の英語訳（KHRUSHCHEV REMEMBERS）が彼の死の前年の一九七〇年にアメリカのリットル・ブラウン社から刊行されたことは、当時大きな論議を呼んだ。当然のことながら、偽物であるという説が声高に主張された。しかし現在では、この回想録は本物であるとほぼ断定され、一九七二年には邦訳も出版された。「まえがき」の中で、英国の著名なソ連研究者のエドワード・クランクショウは、次のように述べている。

「ニキータ・フルシチョフの回想記が存在するという話を聞いたとき、最初に頭に浮かんだのは、きっと偽物にちがいないということだった。これまでも、政治的なねらいや金儲けをめあてに西欧ででっちあげられたそうした文書はたくさんあったからである。

ところが、さして読み進まぬうちに、この回想記がほんものだということがかなりはっきりと感じられてきた。そして読み終わるまでには確信を持つに至った。ここにはフルシチョフ自身がいる。まごうことなく、冥界から、しかもきわめて生き生きした声でしゃべっている。フルシチョフの絶頂期に彼の言葉を聞いたり、ロシア語の彼の言葉を読んだりしたことがあるものにとっては、これが彼自身の口調であることは間違いようがない。私は一九二〇年代の末葉以後に公刊されたフルシチョフのほとんどのことばを読んでいる。何度も彼と直接に面会したことがあり、ソビエト国内および国外で、彼の公式な、また非公式な話を聞いたことがある。一九四九年の冬、スターリンが彼をキエフからモスクワへ呼びもどしたときから一九六四年十月彼が失脚するまでのきっかり十五年間、フルシチョフについて研究し、その性格と目的の洞察を試みるのは、私の一貫した仕事であった。そして、科学的には立証できぬにせよ、そのかぎりで私が確信しうるのは、本書のなかでしゃべっている人間が、その世に知られた側面と、権力の奪取と保持のための闘いというほとんど隠れたプロセス(残念なことに、この回想記においてもまだ隠されている)とについて私が知るようになった男だということである。いまや彼は当時より年をとり、病によって衰えている。彼の活力はもはやかつてのおもむきはない。だが、ある面では、それゆえにこそ、かえって彼は自分自身を暴露しているともいえる(後略)」[1]

英語版の編集を担当したストローブ・タルボットは、「編者のノート」の冒頭で、次のように証言している。

図　フルシチョフの生涯

1894年4月	ウクライナ国境近くのクルスク県の炭鉱夫の家に生まれる。
1918年	ロシア共産党に入党。
1938年	ウクライナ中央委員会第一書記。
1940年	西ウクライナ(ソ連が占領したポーランド東部)のソヴィエト化を監督。
1941年〜43年	独ソ戦勃発とともに中将待遇の政治委員として戦線に勤務。
1944年	ウクライナ閣僚会議議長(首相)を兼任。
1949年	スターリンにモスクワに呼び戻され、モスクワ市および州第一書記となる。
1953年	マレンコフに代わってソ連共産党第一書記となる。
1956年	第20回党大会においてスターリンの犯罪行為を暴く秘密報告を行う。
1958年	ブルガーニンに代わってソ連閣僚会議議長(首相)となる。
1961年	スターリンの遺体をモスクワのレーニン廟から撤去。
1964年	失脚。第一書記はブレジネフ、首相はコスイギンが引き継ぐ。
1971年9月11日	死去。

出典:『フルシチョフ回想録』付録の「略年譜」を要約

「私は本書で、ニキータ・フルシチョフの回想を、変則かもしれないが、一つの一貫した物語にしようとくわだてた。私が原資料を入手したときは、まったく雑然の極みであった。それを読みやすい英語の本にするためには、文章の構造をある程度勝手につくりかえねばならなかった。だが同時に、バラバラな断片を各章としてここでごらんに入れるものにまとめるときにも、フルシチョフを誤り伝えることのないよう骨を折った。やむを得ない意訳とつなぎの文句の他は、この本の中の全ての言葉はフルシチョフがしゃべったことである。私は、彼がしゃべっていることの文字と精神を、また、彼がそれをどうやってしゃべっているかを、言葉の壁を越えて訳文にとどめるよう努力した」[2]

2　『フルシチョフ回想録』に見るソ連・フィンランド戦争
——一九三九年一一月〜一九四〇年三月

『フルシチョフ回想録』にはソ連・フィンランド戦争に関する詳しい記述がある。その一部分を収録しておきたい。

「北からの攻撃に対するわが国の防備の強化にしだいに関心を増すにつれて、フィンランドの問題が生じてきた。我々は、レニングラードの安全を保障しなければならなかった。というのも、レニングラードはフィンランドの国境から大砲のとどく距離にあり、フィンランド領から容易に砲撃することができたのである。のみならず、フィンランド政府は、ソビエト連邦を敵視する政策をとっており、同国はこれみよがしにヒトラー主義ドイツにおもねっていた。フィンランドの総司令官カール・マンネルヘイムは、かつてのツァーリの将軍で、ソヴェト連邦の不倶戴天の敵であった。ヴェイネ・タンネルはかつての社会民主党員だったが、その生涯の終わりまでわがマルクス＝レーニン主義イデオロギーの和解しえざる敵であった。したがって、より強力な政府がその領土を利用できるために、フィンランドはわが国にとって眞の脅威となっていた。だから、ソヴェト国家がレニングラードを守る手段をとるのはもっともなことであり、真に重要なことなのであった。（中略）

フィンランドに対して我々がとった行動の法的、もしくは道徳的な権利があったかどうかについては疑問がある。むろん、我々には法的な権利はまったくなかった。道徳的な問題についていうならば、我々自身を守りたいという希望が、我々の目から見れば十分な弁明だった。

戦争がはじまって数日後、私はウクライナに向けてたった。他のだれもと同じように私は、わが国は大きく優位に立ち、フィンランドとの紛争は、わが軍に多くの死傷者を出すことなく、すみやかに解決されるだろうと信じていた。我々はそう思い、そう希望した。だが、この戦いの成り行きはそれとはまったく別なかたちに展開したのだ。

戦争はじりじりと長びいた。フィンランド人はすぐれた軍人であることがわかった。彼らは、カレリア地峡のマンネルヘイム・ライン沿いに巧みに防衛線を築いており、この戦略的に重要な通路を通り抜けようとするわが軍の企図をくじいた。手にあまる仕事に手を出してしまったことがすぐにわかった。気がついてみると、鋼鉄でがっちりと固められた要塞と巧みに散開した砲兵に直面していた。マンネルヘイム・ラインは難攻不落だった。わが軍の死傷者は驚くべき数に達した。その冬にはカレリア地峡を迂回して、ラドガ湖から要塞のない北方へ一撃を加えることが決定された。だが、わが軍が背後からたこうとしているとき、我々は前よりももっと困難な状況におちいったことに気がついた。北方民族でたいへん体躯にすぐれたフィンランド人は、歩くより先にスキーができるほどだ。わが軍は、高速自動ライフルを装備した、きわめて移動性の高いスキー部隊と遭遇した。われわれもわが軍にスキーを履かせたが、一般の未訓練の赤軍兵士にスキーを履かせて戦わせることは容易ではなかった。われわれは一生懸命になって専門のスポーツマンを徴募した。そんじょそこらに大勢いるはずがなかった。レニングラードからだけでなく、モスクワやウクライナからもそういう連中をつれてこなければならなかった。我々は彼らの盛大な見送りをやった。だれしも、わがスポーツマンは勝利の凱旋をするものと信じていた。そして彼らも意気揚々と出発した。だが、可哀そうに、彼らのからだはこなごなになったのだ。私は何人が生きて帰ったかを知らない。

これは恐ろしい時期であった。わが軍の損失ゆえに恐ろしく、より大きな視野からみればもっと恐ろしかった。ドイツ軍はわが軍がフィンランド人から手ひどい目にあっているのをいかにも楽しげに眺めていた。(中略)

スターリンは軍に対して、そして私の意見ではおそらくヴォロシーロフに対して腹を立てた。ヴォロシーロフはもう長いこと、国防人民委員(国防相)をやっていた。(中略)ヴォロシーロフは対フィンランド戦の進捗状況の責任の矢面に立たねばならなかったが、彼だけに罪があるわけでもなかった。ヴォロシーロフは戦争運営の失敗を誤った情報機関のせいにした。

あるとき、近郊の別荘でスターリンがかんかんになって飛びあがり、ヴォロシーロフを罵倒しだしたことを私は覚えている。ヴォロシーロフも頭から湯気をたてていた。彼も飛びあがって真赤になり、スターリンの非難を面とむかって投げ返していた。『こんなになった責任はすべてあなたにあるのですぞ』とヴォロシーロフは叫んだ。『あなたが陸軍の旧衛隊を絶滅してしまった。わが軍のもっとも優秀な将軍たちを殺してしまった。』スターリンはこれをはねつけた。すると、ヴォロシーロフはむし焼きの小豚ののっている皿をとりあげて、それをテーブルにたたきつけた。こんな激怒を目にしたのは、私の生涯でも、これっきりである。ヴォロシーロフは結局、国防人民委員の職を解かれた。その後ながいこと、彼は罪あるものの身代わりの役を果たさせられたのである（中略）。

フィンランドとの冬の戦争は、われわれにわが軍の深刻な弱点を思い知らせた。それはまた、わが軍の弱点をヒトラーに暴露した。われわれがフィンランドと必死になって戦っているさまを見たあとで、ヒトラーがどんな結論を出したかは想像するに難くない。『ソビエト連邦は、ドイツ軍なら数時間で片付けられる国を扱うのに四苦八苦した。われわれが最良の装備と、訓練も組織もゆきとどいた大軍で彼らを攻撃したら、ロシア軍はひとたまりもないだろう。』つまり、対フィンランド戦における我々の情けない行動は、ヒトラーに対して、その電撃作戦、すなわちバルバロッサ作戦を計画する自信を与えたのである（後略）」［3］

3　ソ連・フィンランド戦争とノモンハン戦争

一九三九年から四〇年の冬、戦線が膠着状態におちいると、ドイツ国内では、ソ連の赤軍への軽蔑の感情が広がった。一九三九年一二月二九日にヒトラーと話し合った後、ゲッベルスが日記に記したところによると、ヒトラーのスターリンについての見方は、独ソ不可侵条約締結当時の抑制のきいたものではなくなっていた。ヒトラーは次のように語ったという。

「スターリンは典型的なアジア的ロシア人だ。ボリシェヴィズムはロシアのなかにあった西欧的指導者層を一掃してしまった。この指導者層だけが、この(ロシアという)巨人を政治的に活動可能にする能力を持っていた。今やそうではなくなっているのは、良いことだ。誰に統治されようとも、ロシアはロシアであり続ける。モスクワが手一杯なのを、我々はよろこんでよい。ボリシェヴィズムの西欧への波及を、我々は防止することができるであろう」[4]

第二次世界大戦後、ドイツの指導的地位にあった人々は、ソ連・フィンランド戦争がヒトラーのソ連に対する態度にどのように影響したかを質問されて、ロシア人がソ連・フィンランド戦争でおちいった困難が、ヒトラーと彼の助言者たちに深刻な影響を与えたことには疑いの余地はない、と全員が答えたという。また、ゲーリングに向かってヒトラーは、一九三九年夏には、ロシアとは長期にわたって協力しなければならない、と言っていた。しばらく後にヒトラーのソ連攻撃計画を知ったゲーリングは、これほど短い間にソ連についてのヒトラーの意見を変えさせたのは何であったのか、と質問した。ヒトラーは、それは何よりも第一にフィンランドであった、と答えたという。他方でヒトラーは、この戦争が、赤軍の弱体振りをさらけ出しただけではなく、ソ連の好戦的な攻撃計画をもさらけ出したことが、この戦争の自分に与えた強い心理的作用であった、と述べ、ドイツが西部戦線で手詰まりになれば、ソ連が攻撃してくるものと考えなければならない、自分はロシアの軍事力が危険なものに成長する前に、これを粉砕したいのだ、と述べた[5]。

ジューコフ元帥指揮下の極東ソ連軍の一九三九年八月二〇日に始まるノモンハンでの総攻撃は、日本の関東軍の指導者たち、さらには日本陸軍の上層部に、赤軍の強さを教えた。逆に、ソ連・フィンランド戦争での赤軍の苦戦は、ヒトラーを頂点とするドイツの上層部に、赤軍への誤った過小評価をもたらした。この苦戦を教訓として、赤軍の飛躍的な強化がはかられたことについて、ヒトラーは十分認識することがなかったと思われる[6]。

2 独ソ戦初期の敗北と赤軍粛清の関連

一九五六年二月一四日から始まったソ連共産党第二〇回大会で、最終日の前日の二月二四日に行われたソ連共産党第一書記フルシチョフの行った秘密報告は、そこに含まれたスターリン批判の激烈さによって、世界を驚かせた。アメリカ国務省は、同年六月四日にその全文を発表した。そこにはスターリンの粛清のすさまじさや、ドイツの対ソ戦開始についての警告を見逃して、ヒトラーを挑発しないようにヒトラー宥和に汲々としていた事実などが具体例をあげて語られている。

フルシチョフは、独ソ戦勃発直後にソ連軍が大敗した原因の一つは、軍の装備が老朽化し、劣悪であったことだが、とりわけ決定的なのは、スターリンによる赤軍幹部の粛清であったとして、以下のように述べた。

「とくに戦争の勃発当初において遺憾千万な結果を招いたのは、スターリンがかれ自身の猜疑と他人の中傷的非難のため、一九三七年から四一年にかけて多くの軍司令官や政治家を殺したためである。この期間中、文字どおり中隊長、大隊長の水準から始まって、軍中心部に及一部軍幹部に対して弾圧が加えられ、スペインおよび極東において軍事的経験を得た軍幹部は、ほとんど完全に抹殺された。

軍幹部に対する大規模なこの弾圧政策は、軍の規律をも破壊した。なぜならば、数年間というものはすべての階級の将校はもちろん兵士でさえも、党および共産青年同盟の細胞内で、かれらの上官を隠れた敵として『面皮をはぐ』ことを教えられたからである（場内にざわめき）。これが戦争の初期に軍の規律状態に悪い影響を与えたのは当然である。

諸君も知っているように、戦前私たちは党および祖国に対して疑いもなく忠誠であった軍幹部をもっていた。牢獄でひどい苦しみを受けたにもかかわらず、なんとか生き残った人達は、戦争勃発当初から真の愛国者たることを示し、祖国の栄光のために勇敢に戦ったといえば、十分これを証明することができよう。私はいまここで、ロコソフスキー（かれは諸君も知っているように投獄された）、ゴルバートフ、メレツコフ（かれはこの大会の代表の一人である）、ポドラス（かれは優秀な司令官だったが、戦線で死んだ）、その他多く、こういう同志を思い出す。しかし多くのこのような司令官は、強制収容所や牢獄で死亡し、軍は再びかれらを見ることができなかった。

このようなことがすべて、戦争初期の事態をもたらし、祖国に大脅威を与えたのである」[7]

3 スターリンによる赤軍の粛清

『赤いテロル』の著者であり、ベルリンのフンボルト大学東欧史教授イェルグ・バベロフスキは、一九六一年生まれ、スターリン研究者として国際的に知名度が高い。『敵は至る所に居る。コーカサスのスターリニスムス』と並ぶ彼の著書『赤いテロル』は、スターリンによる赤軍の粛清について以下のように述べている。

「一九三七年春、遂にソヴィエト陸軍にも政治指導部の（粛清の）照準が当てられることになった。なぜならば、将校たちはそれぞれの防衛管区で政治権力を行使していた共産党の幹部と緊密な接触を保っていたばかりではなかった。彼らは、その指導者（スターリン）が国内の敵と国外の敵から脅威を受けていると感じていたその国家の防衛に責任を有していた。それゆえに、軍は最初から秘密警察のきびしい統制のもとに置かれ、そしてその秘密警察はすでに一九二〇年代に、赤軍の上に監視の緊密な網を打っていた。一九二八年と一九三一年の間に、支配体制側は、内戦の時期に白軍の側に立っていたと支配体制側が非難していた多数の将校たちを片付けてしまった。それにとどまらなかった。一九三一年春、ゲーペーウーは、高位の勲章を保持していたひとりの地区司令官を処刑させたが、この司令官は、チェコスロヴァキア参謀本部のスパイであったという容疑がかけられていた。同年、秘密警察は『反革命的な組織』を黒海艦隊のもとで発見した。逮捕された人々は全員、かつてはロシア皇帝の艦隊に勤務していた。伝説的な内戦時の将軍であるトゥハチェフスキーならびに他の高位の軍人たちも、彼らが強制的な農業集団化への疑念を表明したこの時初めて、忠誠ではないという嫌疑をかけられるに至った。

農業集団化の開始とともに、不満を表明したのは農民たちに限らなかった。陸軍の中でも命令の拒否や消極的抵抗が起こった。主に農民から成り立っていた陸軍の中で、そうではない状況がどうして起こり得たであろうか。体制側が農業集団化の間に農民に対して過度の暴力を行使していた間、体制側はそれゆえにゲーペーウーの忠誠に依存していたのである。

一九三二年には、三八八九人の『社会的に異質な要素』が陸軍から追放され、一九三三年にはそれがすでに二万二三〇八人に達していた。一九三六年、見せしめ裁判や党の粛清の残した印象のもとで、赤軍の将軍達がスターリンから嫌疑を掛けられるに至った。ことはツァーの将校たちで残っていた者たちの抑圧や、内戦の間に際立った手柄を立てた、何人かの上位の将校の銃殺で始まった。彼らに対して政治局（ポリトビューロー）はモスクワの見せしめ裁判で有罪判決を下された、あのかつての反対派と結託しているという罪をなすりつけた。しかしながら、スターリンが一九三七年三月の中央委員会総会で、内なる敵を取り除くことを呼びかけた時に初めて、陸軍の指導者たちにも最後の時が来たのである。スターリンの陸海軍人民委員クリメント・ヴォロシーロフは、スターリンの内閣の主だった協力者たちに、自分がスターリンがそれについて語った脅威についてどのように考えているかを伝えた。ヴォロシーロフによれば、地球上の六分の五はソ連を潰滅させようと待ち構えている敵の資本家の手中にある。（中略）

ヴォロシーロフの合図は、赤軍の中でもまた、逮捕の波を引き起こした。（中略）ウクライナの党首脳と政府の首脳のスタニスラフ・コジオールとウラス・チュバルが一九三〇年代初めに中央の空想的な穀物調達の割り当てに異論を唱えることを敢えてし、容赦のない集団化路線についてスターリンを公式に批判した時、彼らはヤキールならびに赤軍と黒海艦隊の地区司令官であったフェドール・ラスコロニコフによって支持された。ヤキールはそれどころか、集団化のキャンペーンの最中に、農民に対する軍事力の投入に公式に反対した。彼自身に向けられたものではない忠誠を、スターリンは反逆と認識した。一九三七年は彼に、このような反逆を処罰する可能性を与えた。五月にエジョフは、指導的な軍人たちはドイツの秘密情報機関によって引き起こされた政治指導部に反逆する陰謀に巻き込まれている、という発見を持ち出した。エジョフの代理人のフリノフスキーはモスクワの内務人民委員部長官ラジヴィロフスキーに、すでに逮捕した将校たちに対して、彼らがこの大規模な陰謀の存在を確認するように拷問を加える命令を発した。エジョフは、望んだとおりの陳述を獲得した。

逮捕された将軍たちには残酷な拷問が加えられ——後に元帥になるコンスタンチン・ロコソフスキーは殴られて歯を折られ、唇は引き裂かれた——けれども、スターリンはこの場合には軍人に対する見せ掛けの裁判を演出することを敢えてしたりはしなかった。トゥハチェフスキー、ウボレヴィッチ、ヤキールと、さらに四人の高位の将軍は、秘密の手続きで最高裁判所軍法会議に告発され、死刑の判決を受けてただちに銃殺された。国民は簡単な新聞の短信を通じてのみそれを知るにとどまった（中略）」[8][9]

「赤軍将校に対するテロルは、もはや限界のない血に飢えた興奮状態と同じであった。赤軍は崩壊した。軍の指導者たちは、彼らが自白して協力者や共犯者の名前を言うように、残忍な拷問を受けた。チェカーの連中は将校たちを、そこでは身動きができない超満員の囚人房に投入し、そこで彼らは虐待と病気によって惨めに死んでいった。彼らは動物のように扱われ、壊血病は囚人の身体を破壊し、彼らはすべて歯をへしおられている、と一人の将校は一九三九年三月に、牢獄からスターリンに宛てた手紙で書いた。（中略）

赤軍将校団は残らず消滅した。第五機械化師団の『特殊部局』の部局長は、一九三八年四月に陸海軍人民委員に向って、誇らしげに、『この師団とそれに属する全ての旅団では、司令部員は一〇〇パーセント逮捕されている』、と報告した。およそ一万人の将校がこのテロルの犠牲となった。ソ連の五人の元帥のうち三人が逮捕され、一五人の陸軍司令官、一五人の陸軍政治委員、六三人の地区司令官、三十人の軍団政治委員、八六人の地区政治委員、二四三人の旅団司令官、三一八人の連隊長と一六三人の連隊政治委員が逮捕された。

陸軍はすでに一九三八年秋に彼ら自身の政治指導部によって加えられた打撃のもとで崩壊していた。少佐が指揮をとった師団や、大尉が指揮をとった戦車旅団が存在した。このような条件のもとでは、当然のことながら、陸軍がその軍事的任務を遂行することは、もはやほとんど不可能であった。テロルの行われていた時期には、若い将校の経験不足から生まれた事故や大災害が頻発したばかりではなかった。将校が恣意的に密告され逮捕されたところでは、軍の規律も損なわれた。その運命を誰も確信を持って予言できず、一人の兵士の密告によっていつ何時でも自由と生命を失いかねないような上官の命令に、いったい誰が従おうとするであろうか。

陸軍は自滅し、みずからの指導部によって解体された。この殺人鬼たちの跳梁から、軍隊は第二次世界大戦勃発の時期まで、もはや回復しないという結果になった。赤軍がフィンランドに対する一九三九年から四〇年にかけての冬戦争において、そして一九四一年から一九四二年にかけてドイツ国防軍に対して蒙らなければならなかった壊滅的な敗北は、とくに、兵士たちに専門的知識にもとづく指揮が与えられなかったという事実から生じたのである」[10]

第9章 ヤルタ密約をめぐる中ソ関係

1 ヤルタ密約

一九四五年二月四日から一一日まで、クリミア半島のヤルタで開催されたいわゆるヤルタ会談で、ローズヴェルト、チャーチル、スターリンの三首脳によって、独ソ戦終了後にソ連が、日本に対する戦争に参加する際の代償を取り決めた「極東の問題に関する三大国の協定」が調印された。いわゆる「ヤルタ密約」である。その正文は以下の通りとなっていた。

「三大国、すなわちソヴィエト連邦、アメリカ合衆国およびグレートブリテンの指導者は、ソヴィエト連邦が、ドイツが降伏し、かつ、欧州における戦争が終了した後二カ月または三カ月で、次のことを条件として、連合国に味方して日本国に対する戦争に参加すべきことを協定した。

一　外蒙古（蒙古人民共和国）の現状が維持されること。

二　一九〇四年の日本の背信的攻撃により侵害されたロシアの旧権利が次のとおり回復されること。
（a）樺太の南部およびこれに隣接するすべての諸島がソヴィエト連邦に返還されること。
（b）大連港が国際化され、同港におけるソヴィエト連邦の優先的利益が擁護され、かつ、ソヴィエト社会主義共和国連邦の海軍基地としての旅順港の租借権が回復されること。
（c）東支鉄道および大連への出口を提供する南満州鉄道が中ソ合同会社の設立により共同で運営されること。ただし、ソヴィエト連邦の優先的利益が擁護されること、および中国が満州における完全な主権を保持することが了解される。
三　千島列島がソヴィエト連邦に引き渡されること。
前記の外蒙古ならびに港および鉄道に関する協定は、蔣介石大元帥の同意を必要とするものとする。大統領は、この同意を得るため、スターリン大元帥の勧告に基づき措置を執るものとする。

三大国の首脳は、これらのソヴィエト連邦の要求が日本国が敗北したのちに確実に満たされるべきことを合意した。

ソヴィエト連邦は、中国を日本国の規範から解放する目的をもって自国の軍隊により中国を援助するため、ソヴィエト社会主義共和国連邦と中国との間の友好同盟条約を中国政府と締結する用意があることを表明する。

一九四五年二月一一日

I・スターリン
フランクリン・D・ローズヴェルト
ウィンストン・S・チャーチル」[1]

ところで、ここで考察しようとする中ソ関係を含めて、我が国の研究者による中国近現代政治外交史の概説書を見出すことは容易であり、衛藤瀋吉著『近代東アジア国際関係史』(東京大学出版会、二〇〇四年)を初めとして、たちどころにいくつかの著書を挙げることができる。概説と特殊研究の性格を兼ね備えた服部龍二著『東アジア国際環境の変動と日本外交　一九一八〜一九三一』(有斐閣、二〇〇一年)も見逃せない。特殊研究となれば文字通り汗牛充棟である。ところが、ドイツの学界ならびに出版界については、事情はまったく異なっている。戦後のドイツにおいて出版された、ドイツ人の研究者による中国近現代政治外交史の概説書の数は、ゼロに近いといってよいであろう。中国近現代政治外交史の世界史に占める比重の大きさを考えるとき、これ事実は驚くべき事実といわなければならない。このようなドイツの学界、出版界の状況を考えれば、ミュンヘン大学でながらく国際政治学の講座を担当したゴットフリード・カール・キンダーマン博士が、二〇〇一年にいたって、細かい活字でびっしり埋め尽くされている七二七頁に及ぶ中国近現代政治外交史を中心とする東アジア史の概説書を刊行したことは特筆に価する[2]。扱われている時期は副題では一八四〇年から二〇〇〇年とされており、詳しく扱われている時期は副題のとおりであるが、一八四〇年よりもはるか前のネルチンスク条約(一六八九年)あたりから叙述が始められている。いずれにしても、ドイツで初めて、中国近現代政治外交史の本格的な概説書が出現したといってよい。ただし、同書の題名は、詳しく記せば『一八四〇年から二〇〇〇年までの世界政治における東アジアの崛起』であり、したがって扱われている対象は中国近現代政治外交史に限定されている訳ではない。ヴェトナムやチベット、朝鮮半島や日本のこの時期の歴史も対象とされている。しかし、何といっても本書の叙述の中心は中国近現代政治外交史に置かれている。同書についての詳細な紹介と批判は、三宅正樹編『中国像への新視角』に収録された三宅正樹「『キンダーマン著『東亜崛起』にみた現代中国外交史像」に記したので、ここでは、考察を、ヤルタ協定前後の国際政治の動きについてのキンダーマンの叙述に限定する[3]。

この協定成立の前史として、キンダーマンは、一九四四年一二月にスターリンがアメリカ大使アヴェレル・ハリマンに対して明らかにした極東に関するソ連の要求に注目している。ここで、スターリンは、南カラフトと千島列島の他に、ロシアが一九〇四年と〇五年の日露戦争で失った満州における権益の回復を要求した。そして、旅順港と大連港を含む遼東半島の租借権が回復されるべきであり、ロシアの資金で作り、一九三五年に当時の満州国に売却された東支鉄道だけではなく、ハルビンと旅順港と大連とを結ぶ日本の南満州鉄道も、ソ連に帰属すべきものとされた。最後に、外蒙古の現状、すなわちソ連によってなされた中国からの切り離しが、国際法上の承認を得るべきものとされた[4]。

キンダーマンによれば、これらの要求を知ったイギリス外相アンソニー・イーデンはソ連の野心についてアメリカに警告を発したが、ヤルタ会談でアメリカ代表団はソ連のこれらの要求をそのまま受け入れた。わずかに、旅順港と大連港のうち、大連のみは国際化されることとされたが、同港におけるソヴィエト連邦の優先的利益が擁護され、かつ、ソヴィエト社会主義共和国連邦の海軍基地としての旅順港の租借権が回復されること、とされたのである。また、満州の両鉄道をソ連が独占すべしというスターリンの要求は、いくらか表現が改められて、「東支鉄道および大連への出口を提供する南満州鉄道が中ソ合同会社の設立により共同で運営されること。ただし、ソヴィエト連邦の優先的利益が擁護されること、および中国が満州における完全な主権を保持することが了解される」ということになった。さらに、外蒙古の現状維持が保証された。ローズヴェルトの、これらの重要な項目について今はまだ蔣介石と話し合うことはできない、という見解にスターリンも、重慶では秘密保持はまったく不可能であるというローズヴェルトの言葉を引き合いに出して賛成した。そこでローズヴェルトは、このヤルタ協定は蔣介石の賛同を必要とする、という一項を挿入することを求めた。「前記の外蒙古ならびに港および鉄道に関する協定は、蔣介石大元帥の同意を必要とするものとする。大統領は、この同意を得るため、スターリン大元帥の勧告に基づき措置を執るものとする。三大国の首脳は、これらのソヴィエト連邦の要求が日本国が敗北した後に確実に満たされるべきことを合意した」というこの項目は、中国政府の賛同が必要であるという要求をまったくの言葉だけの見せ掛けのジェスチャーとする性質のものであった、とキンダーマンは断定している[5]。

この断定に続けてキンダーマンは次のように述べている。

「ヤルタでのアメリカ側の交渉者は、モスクワに対するこれほど大きな譲歩へのソ連の代償としての譲歩を要求することを怠った。このソ連の譲歩は、少なくともある程度、この会議で代弁されていない中国政府の利益を擁護するものとなっていたかもしれない。日本によって満州に築かれていた産業への中国側の要求を条約の形で確定するチャンスがここにあったかもしれない。これらの産業はのちにロシア人たちによって戦利品であると宣言されて撤去されたのである。この条約は、ソ連の参戦の約束は別として、さらなるソ連側の譲歩としては、たんに、モスクワによる満州での中国の「主権」の承認ならびに拘束力のない形で定式化された最後の項目が含まれるにとどまった。その項目には次のように記されていた。『ソヴィエト連邦は、中国を日本国の規範から解放する目的をもって自国の軍隊により中国を援助するため、ソヴィエト社会主義共和国連邦と中国との間の友好同盟条約を中国政府と締結する用意があることを表明する。』(中略)その中で中国が国際法的に拘束力のある形で三大国の絶対的命令(Diktat)に屈服することになっていた条約をモスクワが中国と締結する用意があるということは、ほとんどソ連の『譲歩』とは見なされ得ない。

スターリンの外交は、これで実質的な勝利を獲得した。この勝利は、彼の西側の仲間たちが身を入れて関与しなかったことによってより容易になった。そしてアメリカの原爆投下によって、それにより西側の譲歩へのロシアの代価が、数日間だけ現実の戦争を遂行することに限定されたという点で、この勝利はより拡大された。

一九四五年八月六日、最初のアメリカの原爆が広島に投下された。二日後、ソ連は日本に宣戦を布告し、八月九日からこの宣戦布告が実行に移された。同じその日に第二番目の原爆の長崎への投下が行われた。五日後、日本の天皇は彼の国民と軍隊に日本に要求されていた無条件降伏を受諾するように命じた」[6]

これに続く「ワシントンと中ソ交渉の開始」の中でキンダーマンは、以下のように述べて、種々の重要な史実に言及している。

「ヤルタ会談終了の一週間あまり後で、蔣介石はローズヴェルト大統領にアメリカの駐華大使ハーレイによってもたらされた二月一九日付けの書簡の中で、ローズヴェルトが自分に、会談の間に極東に関する何らかの決定がなされたかどうかを、どうか知らせて頂きたい、と要請した。けれども、ヤルタ協定調印後四カ月たって初めて、中国主席はアメリカ政府からその内容を知らされたのである。会談議事録から明らかなように、ローズヴェルトはヤルタで、以前にテヘランでもそうであったように、中国政府は、この種の情報について効果的に秘密を保持することはできない、という立場を取った。その際またしても、中国という同盟のパートナーがこのことに関して信頼できないことについての前例となる証拠がないままで、このような立場が取られたのであった。スターリンはこの見解に賛成し、ヤルタでの極東に関する諸決議は、モスクワが中国人とこれらの決議遂行の詳細について交渉が可能となる以前に、三国(アメリカ合衆国、ソ連およびグレートブリテン)によって承認されていなければならないということを要求した。彼はさしあたり二五個師団を極東に移動させたいと考えており、それからその後で蔣介石と交渉が行われうる、とのことであった。蔣介石に対しては、副大統領ウオーレスがローズヴェルトの名前で、合衆国は中ソ協定成立に直接に関与することはないし、その成立を保証することもない、ということがほのめかされた。その蔣介石の側では、ソ連がまだドイツに対して戦闘中である間に、極東におけるソ連の立場をソ連軍派遣によって強化する機会を持つようになる以前に、モスクワと合意に到達しようと努力をしていた。彼の義兄で当時の中国外相の宋子文(Soong Tse-wen)を交渉の目的のためにモスクワに派遣したい、という彼の提案は、スターリンとローズヴェルトの、ひき伸ばしたりやめるようにと勧告したりする抵抗の前に実現しなかった」[7]

この後キンダーマンは、一九四五年四月に他界したローズヴェルトから政権を引き継いだトルーマンが、ローズヴェルトがもっとも信頼した顧問であったハリー・ホプキンスを五月末モスクワに派遣した当時と後日の模様を記している。スターリンが、ソ連の対日参戦には良い理由がなければならず、それはヤルタでの提案を中国が受け入れるかどうかにかかっている、また、自分は宋子文とおそくも七月一日には会見する予定であり、アメリカ側が同時に蔣介石に対してこの問題を取り上げてくれることを期待する、と述べたことを、ホプキンスは、トルーマンに報告した。この報告を受けて初めて、トルーマン大統領は、当時ワシントン滞在中であった宋子文を六月九日にみずからのもとに招き、国務次官グルーとリーヒー提督列席のもとで、ヤルタでの決議の内容を宋子文に知らせた。この会見のなかでトルーマンは、彼の主要関心事が、アメリカ人と中国人の人命を救うために、ソ連の早期の対日参戦を確実にすることである、と述べた。この時、宋子文はリーヒーに向って、ヤルタ協定でロシアに約束された管理権は受け入れがたい、中国は、それが可能となったらただちに、この問題を武力で解決するであろう、と語った。それはいつのことか、というリーヒーの問いに、宋子文は、「次の五百年の間のいつかに」と答えた[8]。

これと同時に蒋介石に対しても駐華アメリカ大使ハーレイから正式の通告が行われた。居合わせたウエデマイヤー将軍の証言によれば、蒋介石はこの通告に接して今聞いたことをもう一度聞きなおした。これまで噂として伝えられていたことが事実であることを恐らく信じられなかったからであろう、とウエデマイヤーは推測している。このあと蒋介石は、質問はしなかったけれども深く失望したと語ったという。蒋介石は、彼が調印するものと期待されている中ソ協定に、アメリカ合衆国とグレートブリテンが共同調印国となることを求める反対提案を行った。このことは、ソ連が中国との協定をまもるためのきわめて強力な保証となったであろう、とキンダーマンは述べている。しかし、アメリカ政府は、蒋介石ならびに外相宋子文に、アメリカは来るべき中ソ協定に参加するつもりも、協定を保証するつもりもない、と伝えた[9]。

結論的にキンダーマンは以下のように述べている。

「このようにして、日本に対して他の連合国よりも四年長くみずからの国土で犠牲の多い抵抗をなしとげた中国は、みずからの関知しないところで取り決められたみずからの同盟国である三大国の絶対的命令によって、固有の領土における主権の回復というもっとも正常な勝利の代価を騙し取られた。なるほどカイロ・ヤルタ両会談の議決は、理論上は日本によって奪われた地域の返還を約束していた。けれども、ヤルタ会談の結果として、日本の支配にかわってソ連の支配が、満州のなかの戦略的に重要な位置に居座ることになった。そして、居座ることになったのは、イデオロギー上で中国共産党という武装した敵と結びついていた世界強国であった。みずからの『同盟国』のヤルタにおける中国抜きの、しかし中国に負担を負わせる卑劣な決定の結果として、中国は部分的には第二次世界大戦の戦敗国のなかに数えられることができるのである」[10]

2　ヤルタ密約をめぐる中ソ関係

ヤルタ密約ならびにその結果としての中ソ友好同盟条約締結をめぐっては、サンケイ新聞社『蔣介石秘録』全一五巻(一九八五年に上下二巻に圧縮された『改訂特装版蔣介石秘録』が刊行された)のなかに貴重な史料が含まれている。キンダーマンは、蔣介石に対して駐華アメリカ大使ハーレイから正式の通告が行われた、と述べ、同席したウエデマイヤー将軍の証言を引用して、蔣介石がヤルタ密約についてこの時に初めて知らされたという印象を惹起する記述の仕方をしている。『蔣介石秘録』によれば、ハーレイから蔣介石にヤルタ密約の全文が、米大統領トルーマンの極秘のメモランダムの形で伝達されたのは一九四五年六月一五日である[11]。しかしながら、『蔣介石秘録』によれば、これより前の六月一二日に、蔣介石は駐華ソ連大使ペトロフから、中ソ交渉のための以下の先決五条件なるものを示されていたのである。

「一、旅順港の租借を回復し、ソ連の海軍根拠地をつくる。
二、大連商港を国際化すると同時にソ連の同港における優先権を保証する。
三、中東鉄路と南満鉄路については中ソ合弁の会社を組織し共同使用する。
四、蒙古人民共和国(外蒙古)は現状維持とし、独立国家とする。
五、樺太南部とそれに隣接する諸島、および千島列島はソ連に帰属する。
もし蔣介石主席がこれらの諸基本条件に同意するならば、ソ連は中ソ友好同盟条約を締結するための交渉を、即刻開始する用意がある」[12]

『蔣介石秘録』には、この「先決五条件」について次のように記されている。

「この先決五条件は、いうまでもなく、ヤルタ密約をそのまま、ひきうつしたものである。中華民国が、ヤルタ密約の内容を伝える〝公文〟に接したのは、このときがはじめてであった。

しかも、はじめてみるこの密約は、正式交渉開始前に、すでに〝先決五条件〟と称する〝既成事実〟が重圧となって、我々の上にのしかかっていたのであった」[13]

このすぐ後に、『蔣介石秘録』の編者による次のような注目すべきコメントが加えられている。

「ペトロフ、つまりソ連側がヤルタ密約の内容をまず伝えたことは、これまで明らかにされていない。米国側の記録では、ペトロフが会った三日後に、ハーレイがはじめて正式に中国に通告したことになっている。その際、ハーレイは、中国側が密約の内容をくわしく知っているのに驚いたといわれる。しかし、どのような方法で中国側が知ったかは、いままでナゾとされていた」[14]

ペトロフ大使との会談の模様は、『蔣介石秘録』に以下のように記録されている。ただし、改訂特装版のほうはいくらか省略された部分があるので、この部分は最初一九七五年に刊行された一五巻本のほうの第一巻『悲劇の中国大陸』から引用する。

「**ペトロフ大使**　ソ連は中ソ友好同盟条約の談判をはじめる準備をしている。中ソ合作について、中国側の具体的建議をも、ソ連は歓迎する。しかし討論に先立って提出すべき、いくつかの先決条件がある

（ペトロフは書面になったものを読み上げた）。

蔣介石主席　それらの条件は記録してよいか。

ペトロフ大使　当然である。

蔣介石主席　各条については、検討した上で話し合うこととしたいが、ここでは、いくつかの話をしよう。前々から言うように、わが中国人民は租借地といった種類の名義を国家的恥辱と考えており、再びそのような用語を用いるのはよくない。租借地という用語を使用すれば、条約の本質は失われてしまうだろう。租借地としなくても軍港を共同で使用することはできる。そうすることによってソ連との友好的な合作ができ、両国にとって、ひとしく利益のあるところとなるだろう。

大使　しかし、今回の中ソ条約の締結は、ソ連が対日作戦をすることに大きな関係があるのだ。

主席　もちろん私は、ソ連の対日作戦を歓迎し、友好合作を希望する。租借地の用語をどうするかといった小さな問題によって、両国人民の友好的感情が失われるようなことは、ソ連の意志ではないだろう。

大使　「租借地」と「租界」は同じではない。「租界」の意味は、領事裁判権などの特権を包含するが、「租借地」にはこのような特権はない。

主席　この種の用語を用いるのは好ましくない。問題はソ連一国だけではないのだ。

大使　「租借」という一名詞だけを問題にするには当たらない。ソ連が旅順を租借しても、おのずから、租借期間を規定するし、領土と主権は完全に中国に属するので、中国に損害を与えることにはならない。

主席　租借地ができてしまえば、領土主権は完全とはいえない。中国にある軍港を自分で管理もできず、使用もできないからである。ソ連にとっても、この種の用語は用いないほうが有利であろう。

大使　主席の意志は本国政府に通告する。

主席　ぜひそうしてほしい。歴史をふりかえってみても、中国は一八九八年（明治三一年）の条約で、帝政ロシアに旅順、大連を租借されたあと、ドイツに青島を、英国に威海衛を、フランスに広州湾をと、次々に租借された。これは民族の恥辱であり、中国人民がもっとも反対するところである。

大使　この問題を討議するにあたって、ソ連が太平洋沿岸の一国家であり、太平洋に不凍港を必要としていることを、中国も考慮すべきである。

主席　ソ連が太平洋で安定を求めるのは当然で、中国もまたしかりである。

大使　提出したいくつかの先決条件については、チャーチルも故ローズベルトもすでに承知している。

主席　ヤルタで話し合われたのか。

大使　その通りだ。そのいきさつからいっても、ソ連は旅順を利用して、中国に敵対するようなことはできない。問題は租借ではなく、共同で武力を使って、現在の侵略国（日本）、あるいは将来侵略してくるような国と戦うことにある。

主席　その考えには反対しない。しかし、中国が不平等国家に堕するような条約には反対である。

（ここで主席はいったん二階へ中座し、戻ってくると）

主席　さきほども、歴史的な事実について話したが、中国のかつての不平等な地位は、帝政ロシアの旅順租借によってつくられたのだ。だが、ソ連となってからは一九二四年（大正一三年）、率先して対華不平等条約を廃棄し、それに他国がならった。前段は帝政ロシアの歴史であったが、後段はソ連の歴史である。このような史実は、すこぶる重要である。

大使　以前中国が置かれていた環境は、現在と同じではない。帝政ロシア時代と違って、現在は、中ソ両国が相談、討議して友好条約を結ぼうというのである……」[15]

キンダーマンの場合にかぎらず、海外で刊行される学術書や学術論文に接してたえず認識させられることは、我国の研究者による日本語の業績がほとんどといってよいほど、利用されていないという事実である。キンダーマンの場合には、我国の研究者による日本語の業績はまったく言及されていない。中ソ関係に限ってみても、我国の研究者によって卓越した日本語の業績が蓄積されてきている。その一部をここで引用し、紹介することにつとめたが、それでは我国の研究者が英語なりフランス語なりで業績を発表すれば海外の研究者によって確実に言及され引用されるかといえば、それも必ずしもそうではない。その顕著な事例が、サンケイ新聞社『蔣介石秘録』である。『蔣介石秘録』は、同社の古屋奎二を室長として台北に設置された「蔣介石秘録執筆室」によって、古屋のほか、岩野弘、香川東洋男、下室進、住田良能の五氏によって作成されたものであることが、同書の「刊行者のことば」[16]に記されている。その古屋奎二を著者とする『蔣介石秘録』の要約英語版がニューヨークのセント・ジョン大学出版会によって一九八一年に刊行されたことは、ここに述べたような事情を考えると、画期的な出来事といわなければならない[17]。ところがキンダーマンはこの要約英語版をまったく利用していない。それが見落としによるものなのか、それ以外の理由によるものなのかはわからないが、もしキンダーマンがこの大著のなかに、この要約英語版を利用していたとするならば、同書の記述はさらに格段に迫力と光彩を加えていたであろうことは疑いのないところである。

参考までに、ヤルタ密約をめぐるソ連の駐華大使ペトロフと中国政府主席蔣介石との、先に一部を引用した会談記録を『蔣介石秘録』からさらに引用してみたい。先にみたように、キンダーマンは、一九四五年六月一二日に行われたこの会談の存在に気がついていないようであり、蔣介石は、一九四五年六月一五日になって初めて、アメリカの駐華大使ハーレイからヤルタ密約について通告を受けたように記している。キンダーマンが要約英語版を見ていれば、このようなことにはならなかったはずである。

サンケイ新聞社『蔣介石秘録』ではとくに、蔣経国著『風雨中的寧静』が活用されているが、キンダーマンはこの著書にも触れていない。スターリンと蔣経国との、一九四五年六月末から七月一二日までのモスクワにおける六回にわたる会談でとりわけ議論の対象となったのは、外蒙古の帰属問題である。キンダーマンもこの事実に触れてはいるが、以下に引用するようにその叙述は簡単なもので、依拠した史料も挙げられていない。彼はいう。

「モスクワの中国との一九四五年八月の条約は、スターリン、ローズヴェルト、チャーチルの間のヤルタ協定の直接の結論であった。この条約をめぐる交渉の途上、一九四五年八月にスターリンと蔣介石の長男でのちの台湾主席蔣経国との会談が行われるに至った。後者から、なぜ彼が外蒙古の支配にそれほどの価値を置くのか、と尋ねられて、スターリンは、蒙古から、ヨーロッパ側のロシアとアジア側のロシアとの間の主要連絡路としてのシベリア横断鉄道が脅威を受けるかも知れない、と答えた。戦後、日本はアメリカの統治下に入り、まもなくあらためて強力になるであろう、とスターリンは語った。スターリンは、北東アジアにおける将来の米日の結合の危険を考えに入れなければならないということをほのめかした」[18]

『蔣介石秘録』に引用されている蔣経国著『風雨中的寧静』は、宋子文に同行した蔣経国の、モスクワでのスターリンとの交渉の雰囲気を次のように生き生きと伝えている。

スターリンは傲慢無礼な態度で、宋院長の前に一枚の紙を投げ出すように置いて、「君、こんなものを見たことがあるかね」とたずねた。蔣経国はいう。

「宋院長は一見して、それがヤルタ協定であることを知った。

『だいたいのことは、わかっています』と答えると、スターリンはこう強調したものだ。『友好条約を話し合うのもいいが、これを根拠にするほかないんだよ。この文書には、ローズベルトが、もうサインをすませているんだから』

このような状況に耐えて、我々は会談を行なわなければならなかったのである。

会談はきわめて激烈であった。再三の交渉で、スターリンは『租借』の二字を使わないことに同意し、中東鉄路、大連の問題にも譲歩した。しかし、外蒙古の独立問題――実際にはソ連の外蒙古併呑問題――については、彼はガンとして譲ろうとしなかった。会談は険悪な状況におちいった。

このとき、私の父（蔣介石）は、我々に電報を打ってきた。スターリンと正式に会談するだけでなく、私が個人の資格でスターリンに会い、我々がなぜ外蒙古の独立を譲ることができないかを、筋道たててスターリンに話せ、という命令である。

私は個人の資格で、スターリンに会った」[19]

このあとに、スターリンと蔣経国との一問一答が記録されている。

「**スターリン**　『あなたがたは、外蒙古の独立について、なぜ譲歩しないのか』

私（蔣経国）『われわれ中国の八年にわたる抗戦の目的は、失われた領土を回復することにあった。いま日本は、いまだにわが国に居座わり、東北（満州）、台湾も敵人の手中にある。このようなときにあたって、ことさら、このような広大な土地（外蒙古）を割譲することは、八年抗戦の本意にそむくものだ。中国国民は、我々の行為を了解せず、〝国土を売った〟と非難するだろう。そのような情勢になれば我々の抗戦を支えるすべがなくなる。我々は外蒙古がソ連に併合されることに同意はできない』

スターリン『その通りかもしれないが、あなたには、はっきり理解しなければならないことがある。それは、いま、私があなたの助けを必要としているのではなく、あなたが私の助けを必要としているということなのだ。もし、あなたの国の力で、自分で日本を倒せるのなら、私は何も要求しない。今日のあなたには、その力はない。これ以上、このことで話し合っても、無駄話と同じだ』

私『あなたはなぜ外蒙古にこだわるのか。土地は広いが、人口はきわめて少なく、交通は不便だし、何の産物もない』

スターリン『正直なところを言えば、軍事的戦略の観点から、外蒙古がほしいのだ』

……スターリンは地図を持ってきて指で指し示していった。

『もし外蒙古からどこかの軍隊がソ連に侵入して、シベリア鉄道が切断されれば、ソ連はおしまいだ』

私『もはや、その心配はない。あなたが対日作戦に参加し、日本が敗れてしまえば、日本は再起できない。日本は外蒙古を占領して、ソ連侵略の根拠地とする力は持てないだろう。とすればあなたが心配するように、外蒙からソ連へ侵入するのは、中国だけだ。だが中国はあなたと友好同盟条約を結ぶ。あなたは二十五年間といったが、われわれは五年を追加した。三十年間は攻撃をしかけることはできない。それに、あなたがたもよくわかっているように、中国にはまだそんな力量はない』

スターリン『それは間違っている。第一に日本は一時的には敗れても、永久にそうではない。日本のような民族は、また、立ち上がるだろう』

私『なぜか』

スターリン『世の中のどんな力も、すべて消滅させることができるが、民族の力だけは消滅できないものだ。とりわけ日本のような民族は、なおさら消滅できない』

私『ドイツはすでに降伏し、あなたが一部を占領した。ドイツの場合はどうなのか』

スターリン　『当然、ドイツも立ち上がるだろう』

私　『たとえ日本が立ち上がろうとしても、そんなに早くはない。この何年間かは、日本に対して備える必要はない』

スターリン　『遅かれ早かれ、日本は最終的には立ち上がるということなのだ。もし米国が管理するならば、日本は五年後には立ち上がる力をつけるだろう』

私　『あなたが管理したら、どうなるだろうか』

スターリン　『私がやれば、それよりも、さらに五年くらいは押さえられる』

……スターリンは、ついにわずらわしさに耐え切れずに、はっきりいった。『私は、外蒙古を手に入れなくては気がすまないのだ』

……このあと、スターリンは、真剣な顔になって、こういったのである。

『あなたはきょう、外交官としてではなく、個人的立場できているから言えるのだが、条約というものはアテにならないものだ。それに、あなたには認識のあやまりがある。あなたは、中国にはソ連を侵略する力はないといった。今日はそういえる。しかし、中国が統一されたあかつきには、どの国よりも早い進歩をみせるだろう』

これはまさしく、スターリンの『肺腑の言』(本心から出た言葉)であった。スターリンはわが中国が強大になるのをおそれていた。そのため、手段を選ばず、あらゆる手段を通じて、我々を圧迫し、また、我々の分化と離間をはかったのである……」[20]

蔣経国の証言からの引用はさらに続く。

「スターリンは、なおも続けていった。

『日本も中国も、外蒙古を占領して、ソ連に攻撃をしかける力はないというが、〝第三の力〟がでてきて、そのようにしないとは、いい切れないだろう』

〝第三の力〟とは誰のことか。スターリンは、いおうとしなかった。

私は、あえて聞いた。

『それは米国のことか』

『当然!!』」[21]

なお、ヤルタ密約にもとづくソ連の参戦問題と蔣介石政権のこれに対する対応については、香島明雄著『中ソ外交史研究　一九三七～一九四六』の第四章「ソ連の対日参戦問題と中国」の中で詳しく論じられている。同章の結論の部分を引用しておきたい。


「このように、中華民国政府にとって、ソ連の対日参戦問題は、日本に対する軍事的勝利への一手段として出発したものの、やがてスターリンの戦後構想の一環を担うものへと次第に転化し、つまるところ、満州を主とした中ソ辺境地帯と国共関係をめぐる戦後の勢力分布図を律する戦後の勢力分布図を律するきわめて政治的意味合いの濃厚な問題へと行きついたのである。かくしてソ連の対日参戦は本来、中国を含む連合国側への戦争協力行為であったが、如上の意味では、対華参戦の一面を結果として併せもっていたといえなくもない。

『……一九〇四年の露日戦争の時の敗北は……わが国の上に黒い汚点をとどめた。わが国民は、いつの日か、日本が撃砕され、汚点が払拭される時が来たらんことを信じ、待っていた。……そして今や、その日が到来したのである。……』日本が正式に降伏した一九四五年九月二日、スターリンはこのようなメッセージをソ連国民に対して放送した。しかし前述したように、第二次大戦の終熄は、日本に対するロシアの宿怨をはらすにとどまらず、きわめて短期間の参戦努力への代価として、きわめて膨大な経済的・政治的利得をソ連にもたらした。

わけても、外モンゴルの完全独立は『黒い汚点の払拭』とは関係がなく、参戦問題にからんでスターリンがかち得た巨大な外交的勝利であった。事実、国共内戦に凱歌をあげた中共がやがて政権の座に就いた後、満州でソ連が手にした特殊権益は、なおも暫しの間確保されたものの、フルシチョフの時代になると、すべて中共の手で回収された。『五〇〇年後の解決』といった宋子文の気長な予想は、一挙に一〇年ほどに短縮されたのである。しかし外モンゴルの中国離脱という既成事実だけは微動だにしなかった。一九五三年に『中ソ条約』を廃棄した中華民国政府の立場は別として、中華人民共和国政府は、モンゴル人民共和国を承認し続けてきたからである。

帝政時代からスターリン時代にかけてのロシアの東進ならびに南下という『ロシアの膨張』の文脈からいって、また新疆、モンゴル、満州の三方面でロシアの影響力を扶植し強化する、といった伝統的な対中国政策の文脈から見るとき、ソ連の対日参戦は結果として、自余の諸地域における希求をいくらか抑制しながら、モンゴルにおけるロシアの地位を不動のものにした、といえるであろう。

かつてジョージ・ケナンは、ヤルタ以降におけるソ連の中国政策に言及して、それは『ソヴィエトと境界を接するアジア大陸の諸地域において、最小限の責任をもって最大限の権力を志向するといった従来の政策を続けるであろう』と警鐘を鳴らしたが、我々が見てきたように、事態の推移は正しく彼の所論を裏打ちして見せたといっても過言ではなかろう」[22]

3　中ソ関係における外蒙古問題

外蒙古問題が、中国とソ連との間で大きな位置を占めていたことは、中国共産党が国民党との内戦で勝利をおさめて中国統一を成し遂げた一九四九年一〇月のすぐ後の一九四九年一二月にモスクワを訪問した毛沢東が、外蒙古の中国への併合を提起して拒絶された事実からもうかがい取ることができる。中西治は、ソ連側の史料にもとづいて、『増補　ソ連政治の構造と動態』に収録された論文「中ソ関係の展開　一九四九～七二年」のなかでこの事実について次のように述べている。

「一九四九～五七年の第一期はその内部に対立要因をはらみながらも表面的には友好的関係が維持された時期であった。ソ連は中華人民共和国の成立が宣言された翌一〇月二日、全世界の国々に先がけて同国を承認し、外交関係の確立を決定した。そして、翌五〇年二月には中国と友好同盟相互援助条約を締結し、軍事・経済・文化など各分野での協力を約した。両国の貿易はこの時期、増加の一途をたどった。

しかし、この時期にもすでに両国間に対立が生じていた。第一は外モンゴルの独立問題であった。ソ連は一九四五年二月のヤルタ協定によって外モンゴルの現状の維持、すなわち、モンゴル人民共和国の独立の維持を米英に認めさせたが、毛沢東は中国革命が勝利した暁には外モンゴルは自発的に中華連邦に参加するものと考えていた。彼は四九年一二月モスクワを訪れた際、モンゴル人民共和国の中国への併合問題を提起した。しかし、ソ連はこれを拒否した。これは毛沢東のナショナリズムとソ連の立場との最初の具体的な衝突であった。五四年秋にフルシチョフが北京を訪れたときにも毛沢東はふたたびモンゴルの独立の取消しを要求した。このときもソ連は中国の要求を拒否した」[23]

この時期での第二の対立点として、中西は、アジアの革命闘争の方法をめぐる問題を挙げ、一九四九年一二月に北京で開かれたアジア・オセアニア労組会議で中国がこれらの国々の革命家は北京の指導の下に活動しなければならない、と主張して多くの国の代表から反対され、譲歩したといわれる、と述べている[24]。そして、一九五六年二月のソ連邦第二〇回党大会でのスターリン批判と平和移行の問題をめぐって中ソ両国の意見が対立し始めた、と述べて、フルシチョフによるはげしいスターリン批判と、資本主義と社会主義の両体制間の平和共存、戦争回避の可能性、社会主義への道の多様化にともなう平和革命の可能性に関する「戦争と平和に関するフルシチョフのテーゼ」とが、中ソ間の不協和音を増大させたことを示唆している[25]。

第10章

スターリン批判から中ソ戦争へ
――ウスリー河畔の武力衝突とソ連の対西独政策の転換

1 フルシチョフのスターリン批判と中ソ関係

1 フルシチョフ秘密演説

一九五六年二月一四日から始まったソ連共産党第二〇回大会で、最終日の前日の二月二四日に行われた、ソ連共産党第一書記フルシチョフの秘密報告は、そこに含まれたスターリン批判の激烈さによって、世界を驚かせた。アメリカ国務省は、同年六月四日にその全文を発表した。そこにはスターリンの粛清のすさまじさや、ドイツの対ソ戦開始についての警告を見逃して、ヒトラーを挑発しないようにヒトラー宥和に汲々としていた事実などが具体例をあげて語られている。なかでも衝撃的なのは、大規模な粛清の契機となったレニングラードにおけるソ連共産党の大立者キーロフの一九三四年一二月一日の暗殺が、スターリンの指令にもとづくものであったことを示唆している部分である。

フルシチョフは、キーロフ暗殺直後から「大量の弾圧と社会主義法秩序違反の残忍な行為」が始まったと述べ、このような行為の基礎となった指令が、一二月一日夜に中央執行委員会幹部会書記エヌキーゼによって署名されたが、これはスターリンの発意によるもので、この時点では政治局の承認も得られていなかったのであり、そして、政治局は二日後に、この指令を「不用意に可決」したと述べた〔1〕。キーロフのようなソ連共産党の重要な人物の暗殺をはかるような反革命分子が、ソ連国内にはまだうようよしているから、これらの分子を徹底的に排除するために、厳しい粛清が必要であるということで、このような弾圧と残忍な行為が開始されたが、事実は、その口実となったキーロフ暗殺の真犯人はスターリンその人であった、とほのめかしたのである。フルシチョフはこれについて、次のように述べている。

「今日にいたるまで、キーロフの殺人をめぐる事情には、説明できない、不可解なことが多くかくされており、きわめて慎重な審査を要する。キーロフを暗殺したニコラーエフが、キーロフの身辺を警護する役目の人達のだれかから幇助されたと疑うべき根拠がある。殺害から一月半ばかり前にニコラーエフは挙動不審で逮捕されたが、すぐ釈放され、捜査すらも行われなかった。チェカー（訳注によればチェカーすなわち反革命および投機取締非常委員会は一九二二年に秘密警察ゲーペーウーに改組され、ここではゲーペーウーを指すものと解される）機関員で、キーロフを警護する任務をおっていた者が一九三四年十二月二日に尋問を受けるため連行されたとき、途上で自動車『事故』で死亡したが、同乗した者達はかすり傷すらうけなかったという異常に疑わしい事情がある。キーロフの殺害後、内務人民委員部レニングラード部の幹部達は非常に軽い刑を宣告されたが、一九三七年に銃殺された。キーロフ殺害を計画した人達の証跡をくらますために、銃殺されたとみることができよう。（場内にざわめき）」〔2〕

2 中国共産党の反応

中国共産党は一九五六年四月に「プロレタリアート独裁の歴史的経験について」、一二月に「再びプロレタリアート独裁の歴史的経験について」という二つの論文を発表して、スターリンに対する中国共産党の評価を明らかにした。宍戸寛によれば、そこでは、「スターリンは偉大なマルクス・レーニン主義者であったが、同時にまたいくつかの重大な誤りを犯しながら、その誤りを自覚しないマルクス・レーニン主義者であった」「スターリンの誤りはその功績と比べて第二義的なものにすぎない」と論じられていた。同じく宍戸寛によれば、同年一一月の「八期二中全会での講和」で毛沢東は「わたしが思うにはマルクス・レーニン主義には二つの刀があり、一つはレーニンで、一つはスターリンである」と述べ、「現在スターリンという刀はロシア人に捨てさられた」と述べた上で、議会の道をへて国家権力をかちとることができるというソ連共産党第二〇回大会のフルシチョフ報告によって、レーニン主義も基本的に捨てさられた、と述べたといわれる[3]。

このように、ソ連共産党第二〇回大会は、スターリン批判と、平和共存と議会を通じての革命という路線の選択とによって、中国共産党とソ連共産党との亀裂を深めた。それ以後の中ソ対立の深刻化については、宍戸寛らの論文が収録されている一九七六年に有斐閣選書の一冊として刊行された菊地昌典・袴田茂樹・宍戸寛・矢吹晋著『中ソ対立　その基盤・歴史・理論』の詳細な論述に譲ることにして、ここでは、元ミュンヘン大学国際政治学教授ゴットフリード＝カール・キンダーマン著『東亜崛起』[4]から、関連の部分の一部を引用するにとどめる。いわゆる「向ソ一辺倒」の時期に早くも聞こえてきた、外蒙古をめぐる中ソ間の不協和音は、一九五六年ソ連共産党第二〇回大会を契機に一層顕在化したのである。

キンダーマンは、『東亜崛起』第二二章「北京とモスクワの利害と教義の対立の淵源について」の第二節

「中ソ抗争の出発点としてのスターリンの断罪」四九九〜五〇〇頁で、以下のような論旨を展開している。

「彼らは最初は気付かなかったふりをしていたけれども、第二〇回ソ連共産党大会に出席するためモスクワに旅した中国の指導者たちにとって、フルシチョフがそこで――中国の『同志』に前もって知らせることなしに――スターリンは共産主義者にとって世界全体で、理論と実践において無謬のマルクス主義の権威の象徴と源泉と見なされてきたにもかかわらず、スターリンの政治的犯罪を叙述した時、それは彼らにとって一つの衝撃を意味した。

北京のこの問題に関する不安は、スターリンと、スターリンに対するのと類似した個人崇拝がなされてきた毛沢東との間の、考えられる類比にかかわっていた。他方で北京は、共産主義の世界システム全体にとっての、心理的原因による一連の損害の可能性を認識した。みずからのイデオロギー的な中心の支柱をこなごなに打ち砕いた者は、みずからの崩壊の危険を予想しなければならなかった。ソヴィエト体制の序列の中でのスターリンの後継者の誰一人として、世界共産主義の指導におけるスターリンと何等かの意味で比べることのできる理論的、実践的権威を持ってはいなかった。この、ソヴィエトの権力維持の観点からすれば反生産的な政策の結果が現われてくるのを、長く待つ必要はなかった。これらの結果は、ハンガリーの民衆蜂起ならびにポーランドの民衆運動の中にはっきりと現われた。これらは両方ともモスクワの権威に挑戦するものであった。

この東側ブロックの危機の中に北京は、共産主義の諸政党、諸国家の陣営におけるみずからの独特な役割を認められる機会があると考えた。中国共産党政治局の基本原則の宣言は一九五六年一二月に、非スターリン化、ハンガリーの民衆蜂起と共産主義諸国相互の関係に対する立場を明らかにした。それによれば、最初の共産主義国家として、ソ連が誤りを犯すのは避けられなかった。他の共産主義の諸国家、諸政党は、ソ連の成功からだけでなく、失敗からも学ばなければならない。社会主義諸国間の関係は、真正の――名目だけではない――同権の基礎に基づいていなければならない。諸矛盾についてのマルクス主義の教えは、共産主義諸国と諸政党組織の間にも、また共産主義国家ならびに政党組織の内部にも矛盾が存在し得ると述べている。これらの矛盾は、共通の敵に対抗する、全体を覆う共通の利益に従属せしめられなければならない。ハンガリーの民衆蜂起は、朝鮮戦争以後に生じた世界共産主義陣営に対するもっとも重大な攻撃を体現している。（ここでキンダーマンが引用し要約しているのは、一九五七年一月一六日付けの『People's China』付録の『ふたたびプロレタリア独裁の歴史的経験について』である。――三宅）一九五七年の初めに、中国の首相兼外相周恩来がワルシャワ、ブダペストとモスクワを訪問した。彼――そしてそれ以前にすでに彼の政府――が、ハンガリーに対する厳しい態度を取ることを勧告する一方で、彼はポーランドの修正共産主義に対しては、理解と支援の用意をはっきりと表明した。彼によれば、ポーランドの民衆は、つねに中国民衆の支持を期待出来る。中国とポーランドの共同声明の枠の中で、北京はさらに加えて、当時国際法的に未解決であったオーデル・ナイセ線以東のかつてのドイツ領へのポーランドの要求を支持したのである。

自己の利益に導かれた政策をいわゆる『マルクス・レーニン主義の普遍妥当の科学的真理』をたえず引き合いに出すことによって正当化するという、とくに全体主義的マルクス主義諸政党に存在する傾向は、当然のことながら、つねに他の、とりわけ競合する諸政党が、対立する利害を、このような『普遍妥当の真理』を引き合いに出して追求する場合には、尖鋭化した抗争へと導く。この観察結果は、一九五七年と一九六四年の間の時期におけるソ中対立の初期の段階とエスカレートする段階に、高度に妥当する。とくに東ヨーロッパでモスクワの支援を受けて統治している共産主義諸政党が、二つの大政党間の対立ではモスクワの側に立った、という事実に直面して、北京の人民日報は一九六二年一二月一五日に次のように記した。『真理は客観的事実である。その都度の多数派が、偽りの何かを真理に変えることはやはりできない』」[5]

2　林彪の権力掌握と失脚

一九六九年四月の中国共産党第九回大会で採択された党規約で、国防相林彪が党規約によって毛沢東の後継者に指名されてから、一九七一年九月一三日にモンゴル人民共和国上空で謎の死を遂げるまでの林彪の動きについて、キンダーマン著『東亜崛起』は、以下のように叙述している。まずこの比較的簡単な叙述を引用し、そこには多くの重要な史実への言及が脱落していると思われるので、日本側の文献によって批判と補足を行いたいと考える。

「そこで林彪元帥が主要な報告(政治報告)を行った、一九六九年四月一日に北京で開始された中国共産党第九回大会は、新しい党規約を採択したが、その中で――世界全体での他の、これと比較できる規約とは反対に――林彪は名前を挙げて党第一副主席に指名されたばかりでなく、明確に毛沢東の後継者にも指名された。一九六〇年代半ば以来、毛沢東のもっとも忠実な信奉者と見なされてきた林彪は、国際的にも数多くの翻訳によって広められた、毛沢東の著作からのもっとも重要な引用による「小さな赤い本」(『毛沢東語録』)を作成し、公式の催しでは、つねに毛の後ろに少しかがんだ恭順な姿勢でさまよう影のようにして姿を現わした。林が党第一副主席という自分の立場に加えて、国家主席の地位を占めることを望んだ時に、毛と林の抗争が生じた。そしてこの地位はそれゆえに、毛沢東の発意によって一九七〇年三月に廃止された。一九七〇年八月と九月の緊張感に満ちた党中央委員会会議以降、毛沢東と周恩来は、林のあまりに広範にわたるものとなった権限を制限するための措置を取り始めた。林彪が一九七一年初めに行った明確な、集団主義を強化することを目標とした農業政策の諸提案が、政治局でまったく支持されず、同年四月の党会議が林をはっきりと『左翼過激主義の冒険家』として批判したあと、林彪は『殺すか殺されるか』の原則にもとづいて、モスクワからも支持されているといわれている毛沢東殺害の計画を立てた。けれどもこの計画は実行に移される前に共謀者のひとりの密告によって通報された。林は夫人(葉群)と息子(林立果)ならびに他の随伴者と共に飛行機でソ連に逃亡を図った。けれどもこの飛行機はモンゴル人民共和国での着陸の試みに失敗し、その際にすべての同乗者は死亡した。今日まで、林は毛のスパイによってすでに北京で殺されていたのだという噂がささやかれ続けている(丸括弧の中は三宅が付け加えた。)」[6]

キンダーマンのこの叙述には、林彪の権力が突然、急激に巨大なものとなる契機を形成したと考えられる中国人民解放軍総参謀長代理楊成武の失脚(一九六八年三月二四日)についての言及が欠落している。総参謀長羅瑞卿が文化大革命の嵐の中で失脚したあと、林彪および林彪派の人々にとって、毛沢東の信任を得ている楊成武は、はなはだ邪魔な人物となった。産経新聞「毛沢東秘録」取材班著『毛沢東秘録』下巻(一九九九年)によれば、楊成武はもともと林彪の信任厚い部下で、失脚した羅瑞卿に代わって林彪が総参謀長代理に推したのだが、楊が一九六七年夏から毛沢東の南方巡視に随行して信任を受け、毛沢東と周恩来の連絡役として活躍するようになると、林の楊に対する不信感は一挙に高まった。そこで林は、毛沢東が個人崇拝に否定的になっているのを知りながら、総参謀部政治部で作成された「大樹特樹毛主席的絶対権威(毛首席の絶対的権威を大いに樹立し、特に樹立しよう)」という論文を楊成武の名前で一九六七年一一月三日付けの『人民日報』に発表させ、楊を解任する理由の一つに利用した。こうして、一九六八年三月二四日に北京の人民大会堂で開かれた北京駐屯部隊と軍関連機関の幹部会議で、林彪の発議によって楊は解任された[7]。

林彪は一九五九年以来、失脚した彭徳懐に代わって国防相の地位にあったが、楊成武を退けた後は、総参謀長に黄永勝、空軍司令員(司令官)に呉法憲、海軍副司令員に李作鵬、総後勤部長に邱会作を擁して、人民解放軍を支配する陣容を確立した。彼らは全て林彪派に属する人々に他ならない。

キンダーマンの叙述には、このような陣容のもとで、一九六九年三月に人民解放軍がソ連軍と戦った珍宝島(ダマンスキー島)の領有をめぐる中ソ戦争への言及もほとんど見られない。この中ソ戦争については、第三節で別に取り上げる。

一九六九年四月一日に北京で開始された中国共産党第九回大会以後についてのキンダーマンの叙述には、林彪失脚の前段階となった陳伯達の失脚をめぐる事情が欠落している。

一九七〇年八月から九月にかけての第九期二中全会で「毛沢東=天才論」を唱えて毛沢東の不興を買った党理論家陳伯達の失脚をめぐる事情は簡単ではないが、これについては武内香里・森沢幸(二人の本名は姫田光義)著『中国の政治と林彪事件』に詳しく論じられている[8]。また、『中国の政治と林彪事件』が林彪の墜落死に至る「林彪事件」を年表風に整理したものをさらに要約して若干の事実を加えれば、以下のようになる。中国史における重大な時期であるから、キンダーマンの叙述も、最低限これぐらいの史実はおさえておくべきだったであろう。

一九六九年四月　九全大会　林彪失脚への導入部

一九七〇年八月~九月　第九期二中全会において陳伯達(チェン・ポーター)は「毛沢東天才論」を主張し、憲法に国家主席を置くように主張して毛沢東の提案に反対。

九月中旬　毛沢東「全党に与える一書簡」によって、国家主席を置くという主張は党中央に反対するものであり、天才論はブルジョワ唯心論であるとして、陳伯達の公開批判を全党に提案。林彪派は態度表明を避けた。

一二月　北戴河における中央政治局拡大会議（華北会議）。毛沢東は党内での陳伯達の公開批判を要求し、態度表明を避けた林彪派軍人たちの検討を命じた。批林整風運動開始。

一九七一年一月　北京軍区改組、司令員鄭維山らを更迭し第四野戦軍系（林彪系）の第三八軍にかえて第三野戦軍系（陳毅系）の軍を北京に入れた。

三月　陳伯達の公開裁判始まる。

四月　米中「ピンポン外交」始まる。北京に中央・地方の軍責任者九九人を集めた批林整風報告会議が開かれ、周恩来が総括演説を行った。またこの会議では林彪夫人の葉群、総参謀長黄永勝、空軍司令員呉法憲、海軍副司令員李作鵬、総後勤部長邱会作らの検討が命ぜられる。

七月　ニクソン米大統領訪中発表。

八月～九月　毛沢東は南方各地を視察し、各地の責任者を前に林彪を批判。

九月八日から一二日の間に毛沢東の搭乗列車の爆破が杭州・上海間で試みられたが失敗。

九月一三日　林彪、葉群、林立果ら九名は山海関の飛行場から幹部用のトライデント機で国外脱出をはかったが、モンゴル上空で墜落し全員死亡。

九月三〇日　この事故についてのモンゴル政府発表[9]

3　珍宝島（ダマンスキー島）の領有をめぐる中ソ戦争の勃発

中ソ対立が激化し、一九六八年八月二〇日にソ連軍戦車が、ドゥプチェク第一書記のもとで自由化を進めていたチェコスロヴァキアに侵攻すると、同月二三日の『人民日報』はこれを「徹頭徹尾帝国主義の強盗の論理である」と痛烈に非難し、「ソ修（ソ連修正主義）裏切り者集団はすでに社会帝国主義になりさがっている」ときめつけた。『北京周報』一九六八年第三五号は、「社会帝国主義とはつまり〝社会主義〟という旗をかかげた帝国主義のことである」と定義し、さらに「ソ修裏切り者集団は党と国家の指導権をのっとったのち、国内で資本主義を全面的に復活させたばかりでなく、同時に対外的に帝国主義政策を躍起となって推し進め、アメリカ帝国主義との反革命の全世界的結託に拍車をかけ、世界を再分割しようとしている」と論じた[10]。

一九六九年四月の中国共産党第九回全国大会での林彪の政治報告は、帝国主義と社会帝国主義を同列において論じた。さらに中国共産党は「ブレジネフ・ドクトリン」の、社会主義諸国の主権はソ連に従属するという有限主権論（制限主権論）を、「侵略には道理がある」という新しいツァーリの強盗理論であるとして、「かれらはすべてに君臨する最高の主権を他国の人民におしつけている。つまり他国の主権は有限であるが、他国を支配するかれらの権力は無限だというのである」と主張した[11]。

このような状況のなかで、一九六九年三月二日に、ダマンスキー島（中国名は珍宝島、以下珍宝島と記す）をめぐって中ソの本格的武力衝突が勃発した。珍宝島は極東ソ連領の沿海州と中国東北の黒龍江省との国境線をなすウスリー（Ussuri）江（烏蘇里江）の中洲である。清帝国が辛亥革命の結果一九一二年一月に消滅して五七年、ロシア帝国がロシア革命によって消滅して五一年、後身の中華人民共和国とソヴィエト社会主義連邦とは、ここに激しく砲火を交えることとなった。宍戸寛は以下のように述べている。

「珍宝島は極東ソ連領と中国東北黒龍江省の国境線をなすウスリー江の川中島である。一九六九年一月ごろから双方のパトロール隊の小ぜり合いは起こっていたが、三月二日、一五日には大規模な武力衝突に発展した。中ソ双方とも具体的な戦況については発表していないが、とくに一五日の戦闘は双方が連隊以上の規模の兵力を動員し、多数の大砲、戦車、飛行機を出動させた本格的な戦闘であったといわれる。西側情報によればソ連軍の優勢な火力、機動力、空軍力の前に中国軍は手痛い打撃を受けた。このあと中国が対ソ戦備に懸命になったのは、ソ連の近代化戦力の恐るべきことを痛感したからだとされた」[12]

また、ニューヨーク・タイムズ紙の記者ハリソン・E・ソールズベリーは、小西健吉訳『中ソ戦争』の中で、以下のように述べている。

「一九六九年三月二日のウスリー江沿いの激しい衝突によって、中ソ間の危機的緊張は新ら《ママ》たな注目を浴びた。この事件は実際問題としては、国境事件の中で、普通の事件より、より鋭い、より血なまぐさい一事件にすぎなかった。中国は一九六四年十月五日から一九六九年三月十六日までに、四千百八十九件の国境紛争があったと述べており、一九六〇年から六四年までには多分千五百件の紛争があったと思われる。

　双方は共にこのウスリー紛争で相手を非難しているが、しかし中国の宣伝映画から判断して、規律正しく、よく訓練されたソ連の国境警備兵より中国側が、国境事件ではより挑発的であるようだ。三月二日、四日の最初の二度のウスリー事件では、中国が勝ったようだ。数名のソ連警備兵が戦死した。三月十五日の事件はソ連側の復讐であり、警告であった。ソ連は重ミサイル部隊を動かし、中国領内深く、激しい、しかし短時間の砲撃を行い、中国側に数百名の死傷者を出す損害を与えた。この事件の意味は、国境紛争をこれ以上起せば、さらに激しい砲撃を行なうぞ、というものであった。ウスリー江沿いでは紛争は静まったが、それはただ他の地域で燃え上らせるためにすぎなかった。

ウスリー江紛争の背後にあるものは何であろうか。これはこの事件によって、北京で開かれる第九回共産党大会の直前に、国際緊張を起そうという、中国側の計画的なものであったのであろうか。そうではなさそうである。ソ連との国境紛争での中国のやり方は、きわめて感情的である。したがってこの事件は激しい論争をしている中に射ち合いとなったに過ぎない」[13]

ウスリー江紛争とソールズベリーが呼んでいる珍宝島事件は、ウスリー江のこの川中島をめぐる中ソの境界線の解釈が異なっていたために起きたといえるであろう。宍戸寛によれば、ソ連側は、極東のソ中国境は、法律的には一八五八年のアイグン(愛琿)条約、一八五八年の天津条約、一八六〇年の北京条約によって成文化されており、一八六一年に中露双方はウスリー地方における境界線が記入されている地図に署名し、確認したが、この島の地区ではこの線が中国岸の間近を通っている、と主張し、中国側は、北京条約の付属地図は一八六一年境界線を測量する前にロシアが一方的に作ったものであり、ウスリー江・黒龍江の水上境界は確定されていなかったが、普通河川を国境線とする場合は主要航路の中央を国境線とするものである、と主張していた[14]。

このように中ソ両国の珍宝島の領有をめぐる解釈は真っ向から対立していたが、国際法的に見れば、普通河川を国境線とする場合は主要航路の中央を国境線とするものである、という中国側の主張は、その限りでは正しいようである。そして、珍宝島は、主要航路の中央よりは中国よりに位置しているようであるから、ソ連がこの島に兵士を駐屯させていたことには疑問が残る。しかし、突然この時点で人民解放軍がウスリー江を渡河して島に攻め込んでソ連の駐屯部隊を砲撃したのだとすれば、中国側に何らかの意図や事情があったのであろう。

4 ソ連の対西ドイツ政策の転換とユーラシア大陸を貫く力学

ヨーロッパの歴史研究者たちは、ユーラシア大陸の東西に横たわるソ連は、西側のヨーロッパとの国境だけでなく、東側でも当時の満州国や中国と国境を接しており、わずかな海をへだてて日本とも隣り合っていたことを忘れないまでも、十分に意識にのぼらせない傾向がある。

東西に国境をかかえていることは、ソ連についても、それ以前の帝政ロシアについても変わらない。たとえば西側で軍事的緊張が高まった場合には、ソ連も帝政ロシアも、東側では緊張緩和につとめる。これは、当然のことではあるが、しばしば忘れられている、ユーラシア大陸を貫く力学である。一九〇五年のビヨルケの密約は、皇帝どうしの約束であって、独ロ両国の政治家の反対を受けて、正式の条約としては成立しなかったけれども、東側で日露戦争で苦しんでいたロシアが、西側のドイツとの緊張緩和を模索する試みであった、と解釈することができる。東側でのノモンハン事変は、独ソ不可侵条約の成立をなにがしかは促進したであろう。一九四一年四月に、日本の松岡外相がモスクワまで来て、日ソ中立条約を結ぼうとしたことは、独ソ関係が目に見えて悪化している中で、独ソ戦が勃発した場合にソ連東部に緊張緩和状態を維持するものとして、ソ連側から大いに歓迎されたはずである。日ソ中立条約が、一九四五年八月八日のソ連からの対日宣戦布告まで、まがりなりにも維持されたのは、西側で独ソ戦が続いていたためだと考えられる。

一九六九年三月二日に勃発した珍宝島をめぐる中ソ戦争の勃発と、同日にソ連が西ドイツに対して突然示した和解的態度との相関関係は、ユーラシア大陸の東西を貫くこのような力学に関する比較的最近の顕著な例であると考えられる。そして、このようなユーラシア大陸を貫く力学を十分意識して珍宝（ダマンスキー）島とそれがソ連と当時の西ドイツとの関係に及ぼした影響を考察した論文「モスクワ条約」を、当時自分自身が編集主任をつとめていたドイツ東ヨーロッパ学協会の雑誌『東ヨーロッパ』に発表したのが、しばしばソ連、中国、米国に滞在した経験を持つ故クラウス・メーネルトであったのは理解できるところである。当時アーヘン工科大学政治学正教授であったメーネルトは、一九〇六年にモスクワで生まれた。以下、彼の著書『世界の中での一人のドイツ人』の巻末の自伝風メモによると、一九二八年にベルリン大学で博士号を取得したあと、一九三四年から三六年までドイツの新聞の通信員としてモスクワに滞在すると同時にソ連各地を訪れた。一九三七年には日本を経由して米国に渡り、カリフォルニア大学バークリー校客員講師、ついで一九四一年までハワイ大学政治学ならびに近代史教授をつとめた。一九五五年には首相アデナウアーに随伴して戦後初めてソ連を訪れたのを皮切りに翌年には新聞や放送の通信員としてモスクワで活動した。一九五五年と八一年の間にソ連に一四回、中国には一九五七年から八一年までの間に六回滞在した。一九六一年にアーヘン工科大学正教授、六三年にはハーヴァード大学客員、六八年には再びカリフォルニア大学バークリー校で客員教授をつとめ、七二年にアーヘン工科大学を退任している。著書は、邦訳のある『スターリン対マルクス』、『ソヴィエト人：その考え方と生き方』、『北京・モスクワ』、『北京と新左翼』、『嵐のあとの中国』、『モスクワと新左翼』など多数ある[15]。

メーネルトのこの論文によると、一九六九年二月半ばから三月初頭にかけて、ソ連と西ドイツとの関係は、日増しに緊張が高まっていた。三月五日に西ベルリンで西ドイツ大統領選出のための連邦集会が予定されていたのに対して、西ベルリンを西ドイツの一部とは認めていなかったソ連が、これはソ連に対する挑発であり、承認できないという立場をとったためである。ソ連政府の二月一五日の声明は、西ドイツのこの行動は「平和の基礎を揺り動かす」ものであり、「復讐主義的でネオナチ的な示威行為」であるといった激しい言葉を使って、西ドイツを非難していた。二月一八日には東ドイツ中部および西部での、ソ連と東ドイツ軍の軍事演習が予告され、三月一日にはこの演習が開始された。三月二日に緊張は頂点に達した。この日、ベルリンの、米英仏ソ四国航空管理センターのソ連代表は、西ベルリンに向かう連邦集会の代議員が搭乗した飛行機の安全を保障しない、という不気味な警告を発した。しかし実際には、そのようなことは起こらず、三月三日、代議員たちを乗せた飛行機は無事西ベルリンの空港に到着し、五日には、大統領選挙が平穏に行われた。大統領選出のための連邦集会は、連邦議会(下院)議員四九六人、西ベルリン代表二二人に、それと同数の州議会議員五一八人、計一、〇三六人から構成されていた。

三月二日は、極度の緊張と急速な緊張緩和との分岐点であった。西ドイツの政治学者クラウス・メーネルトの論文は、もっとも鮮やかにそうなった理由を説明している。彼によれば、この日にソ連領沿海州と中国東北地方との国境を流れるウスリー河の川中島である珍宝(ダマンスキー)島で中ソ両国軍の武力衝突が勃発したのであり、ウスリー河畔のこの出来事はベルリンを流れるシュプレー河畔での大統領選挙と密接に関連している。西ドイツ・ソ連間の突然の緊張緩和と中ソ戦争を関連づけたメーネルトの説明は、西欧研究者たちの説明の中でもっとも説得的である。西欧研究者たちにとっては、ソ連といっても視野に入るのはせいぜいウラル山脈までである。メーネルトの中国での経験が、彼にこのように鮮やかな論証を可能にしたと思われる[16]。

一九七〇年八月一二日にモスクワで「ドイツ連邦共和国とソヴィエト社会主義共和国連邦との間の条約」、通称「モスクワ条約」ないし「西独ソ連武力不行使条約」が調印され、ヨーロッパの緊張緩和に新しい時期を画した。この条約の成立の経緯については、三宅正樹著『日独政治外交史研究』に収録されている論文「モスクワ条約の成立過程」で詳しく論じた[17]。

5　直前に回避された中ソ核戦争の危機

局地的ではあっても中ソの武力衝突に他ならなかった珍宝(ダマンスキー)島事件は、このようにソ連と当時の西ドイツとが突然に接近するきっかけとなったが、事件にはもうひとつの側面があったようである。この事件勃発の時点でのアメリカ大統領ニクソンの首席補佐官であったハルデマンは、民主党党本部盗聴事件、いわゆるウォーターゲート事件で有罪の判決を受けて投獄された。そのハルデマンが、共著者ジョセフ・ディモーナの協力を得て執筆した回顧録が『権力の終焉(原題 The Ends of Power)』である。本書は大江舜によって邦訳され、原書の出版されたのと同じ一九七八年に株式会社サンリオから刊行されている。「訳者あとがき」によると『タイムズ・ブックス』の編集長リプスコムは、ライターのジョセフ・ディモーナをともなって一九七七年一月にロサンゼルスに飛び、ハルデマンに回想録の執筆を依頼した。しかし、ディモーナによると、最初の五日間、ハルデマンはためらっていたらしく、「書くとも書かないともいわなかった」という。

ところが、大統領ニクソンが、テレビ・インタビューで、ウォーターゲート事件では自分は潔白であり、「ハルデマンら側近のクビをもっと早く切らなかったことこそ悪だった」と開きなおったのを見たハルデマンは、ニクソンにひどく失望し、ディモーナによる二週間にわたるテープ収録に応ずる決心をした。以上が「訳者あとがき」の伝える、この回想録成立の事情であるが、同じく「訳者あとがき」によると、連邦裁判所で服役中のハルデマンのもとに、校正刷りを持って日参し、ようやく本書を完成させたという[18]。

珍宝島事件について、ハルデマンの「メモ二六（Log 26 ログはもともと航海日誌を意味する）」の「ワルシャワにおける中国人（邦訳では「ワルシャワ中国情報」）が伝えているところを、邦訳と原書を対比しながらたどってみることにする。邦訳の引用にあたって、原文と照合して若干の修正を施した。


「中国東北部黒竜江省とソビエトの沿海州を隔てるウスリー川沿いで起った一九六九年の国境紛争は、世界中によく知られている。だが知られていない事実がひとつある。ソビエト軍（その地域を担当する米国の諜報専門家は、彼らのことを『中国についての偏執狂』（"paranoiac about China"）と呼んでいた）は、核武装した師団を国境から二マイルの点まで動かしたという諜報筋の情報だ。

米軍の空中偵察写真が不気味な事実を明らかにした。ソビエトの核弾頭が何百発も積み上げられ、機甲部隊用のテント一万八〇〇〇個が三メートル（原文は九フィート）の深雪をついて一晩で組立てられた、と私は聞かされた」[19]

このメモによると、ソヴィエトは長年、アメリカの外交・軍事首脳に対して、中国の核能力開発を黙認してはいけない、と説得を続けていたが、一九六九年になると、ソヴィエトはアメリカに、米ソ共同での中国の核工場の攻撃を何度か誘いかけた。ニクソンはソヴィエトの申し出を断ったが、ソヴィエトが独力でそれを実行しようという意図があるという情報を知らされて愕然とした。中ソ国境紛争は、中ソ両国を共産主義の巨大な一枚岩と考えていた世界の人々を驚かせた。そして、ソヴィエトからは、中国への核攻撃についてもはやアメリカの参加を待ってはいられない、という最後通告をアメリカが受け取ることになる。ソヴィエトによる中国への核攻撃を初めは「幻想（fantasy）」として軽く考える傾向があったキッシンジャーは、中ソ国境紛争がエスカレートするに従って中ソ戦争を深刻な可能性であると実感するようになり、自分（ハルデマン）にもそのように語った。ニクソンとキッシンジャーは、アメリカは中国の友人となる決意をしているという信号を、ソヴィエトに送ることを決定した。ワルシャワでの米ソ両国の会談は一九五五年以来中断されたままになっていたが、キッシンジャーはワルシャワ駐在アメリカ大使ワルター・J・ストーセル（Walter J. Stoessel）に、社交の席で中国の代表を見つけて、アメリカがワルシャワ会談の再開を希望している旨を伝えるように指示した。当時中国とアメリカの代表の関係はひどく悪く、両国の外交官はお互いに一言も口をきかないという状況であったから、ユーゴスラヴィア大使館のレセプションに出席していた中国の代理大使雷陽は、ストーセルが接近して来るのに驚いて室外に出たが、ストーセルは彼を追いかけた。のちに周恩来は北京でキッシンジャーに、冗談で、「もし貴方方が我が国の外交官に心臓麻痺を起させようと望まれるのなら、パーティーの席で彼らに近づいて、真剣な会談を提案することですな」と語った。一九六九年一二月一〇日、キッシンジャーの試みは成果を挙げた。米中ワルシャワ会談を再開させたいというアメリカの要求は、二つのメッセージを含んでいた。一つは北京に対するメッセージで、アメリカは中国に対する敵視政策を改めて、関係を再開する、というものであった。もう一つはモスクワに対するもので、アメリカと中国は共通の関心を持ち、もしソヴィエトの核攻撃が行われることがあれば、ロシア人をアメリカと対決させることになるであろう、というものであった[20]。

「一方、米空軍情報部は、国境沿いに配置されたソビエトのミサイルと核弾頭の写真を調べた。アメリカ側の態度にかかわりなく、ソビエトが攻撃をしかけるかどうか、誰にもつかめなかった。

死の灰、つまり放射性降下物についての調査の結果、世界に測り知れない破局がもたらされることがわかった。たとえば、事前の警告と予防措置がとられない場合、日本人は全員死亡する恐れがあった。

それればかりでなく、死の灰は二五万人のアメリカ軍が駐留する朝鮮半島と太平洋の島々にひろがっていただろう。

空軍情報部長のキーガン少将（Major General George Keegan, Air Force Chief of Intelligence）は、ホノルルで情勢を分析していた。彼は、一九六二年のキューバ危機の際、空軍のパワー司令官（Air Force Commander-in-Chief, Thomas Power）が、

『小さな過ちを犯せ。普通文（暗号文でないもの）でメッセージを流せ（Send a message in the clear）（この場合のin the clearはフランス語のen clairと同じで「普通文で」の意味）』と、命じたのを記憶していた。

キーガンは暗号室に行き、極秘電だからといって当直に席を外させ、国防長官宛のメッセージを、手違いを装って普通文で打電した。メッセージにはアメリカ軍は千三百発の核爆弾を軍用機に搭載したとあり、攻撃目標となったソビエトの都市名も書かれていた。

キーガンによれば、この送信の数時間後、黒海沿岸の別荘に滞在していたフルシチョフは、メッセージを受けとって顔面蒼白になったという。ちょうどこの時、中東の某国陸軍将校がフルシチョフと同席していたが、彼の目撃談では、首相は四本の電話を一度につかんでモスクワを呼び出した。ソビエト艦隊は、その日のうちに引き返した。

キーガン少将はまた、もう一つのメッセージを傍受されることを目的で打つことにした。今回の狙いは、ソビエトが中国を攻撃すれば、放射性降下物でシベリアにいる数千人のロシア人も死亡するという事実をソビエト側に、はっきりと理解させることにあった。

この間、世界各地の大使館から集めたソビエトと中国のメッセージを分析した米情報筋は、ワルシャワではじまったニクソン＝キッシンジャーの中国接近が、クレムリンに電撃的効果を与えていることを知った。

ちょうど間に合ったのである。ソビエトは、まさにその時、開戦の瀬戸際にあった。中国の核工場を破壊すれば、中国は今後、数十年間は軍事的な脅威ではなくなる、とソビエトは信じていた。ソビエトは中国が次第にアメリカの核の傘の中に入っていくのを見ながら、数日間、逡巡していた。しかし、ソビエトはついに、リスクはおかせないと気づいた。核武装したソビエトの師団が、中国との国境から撤収中であることを偵察写真は示していた。

ニクソンとキッシンジャーのタイミングのいい外交的イニシアティヴと、そして恐らくまた空軍の一将軍の記憶力のおかげで、キッシッジャーによって一九六九年に『起りうる（"probable"）』と予想されていたソビエトと中国の核戦争が世界的規模の大きな破局に至ることはなかった。

こうしたことがあって、中国首脳は、一九七二年のニクソンの再選キャンペーンの直前に、〝旧敵〟であるアメリカ大統領を北京に招き国交を回復しようとした。ニクソンにとって、選挙にきわめて有利に働くことは間違いなかった」[21]

ハルデマンがここに伝えていることがどこまで事実に則しているのかを、史料にそくして検証するのは容易な課題ではないであろう。ここでは、ハルデマンの回想をそのまま収録するにとどめて、後日の検証を待ちたい。

ニクソン大統領の国家安全保障問題担当特別補佐官であったキッシンジャーは、一九七一年七月と一〇月に極秘に中国を訪問し、周恩来総理や葉剣英中国中央軍事委員会副主席と会談した。この時の会談記録が二〇〇一年に機密解除の扱いを受け、毛里和子・増田弘監訳『周恩来キッシンジャー機密会談録』として二〇〇四年に岩波書店から刊行されている。周恩来とキッシンジャーとの一九七一年七月の四回にわたる会談でも、一〇月の一〇回にわたる会談でも、ハルデマンの回顧録が伝えているソ連の中国に対する核攻撃は、当然のことであろうが話題になっていない。ただし、両者のあいだで、一九六九年三月の、珍宝島（ダマンスキー島）をめぐる中ソ両軍の衝突が以下のような形で話題の対象になっていたことは注目を引く。珍宝島（ダマンスキー島）事件は局地戦ではあったが中ソ戦争というべき事態であった。周恩来は、一九七一年七月一〇日の第三回周恩来・キッシンジャー会談で、この珍宝島事件をベルリン問題と結びつけ、ソ連政府はこの事件を引き起こして、西ドイツを応援したのだという、奇妙な解釈を展開している。両者の会談の記録では、珍宝島事件について次のような問答が交わされたという。

「**周恩来総理**　ベルリン問題についてのお考えをうかがっていいですか？　まだ何か特別に定まっていなければ、お尋ねしませんが。

キッシンジャー博士　私の無分別さは悪名高いものですから、それについて総理によろこんでお話ししましょう。

ベルリン問題については、大きな論点が三つ、小さな論点が一つあります。大きな論点の第一は、ドイツ連邦共和国（西独）からベルリンに入るにはドイツ民主共和国（東独）を通らなければならないという点です。第二は、連邦共和国の諸機関が西ベルリンに所在するという点、第三が、西ベルリンにおけるソ連の政治的存在です。そこから生ずる第四点目が、東ドイツにあるベルリンと東ベルリンからの人々が旅行するのに関わる問題、つまり第一義的にドイツ人の利益に関わるものです。

我々が目指しているのは、ベルリンが中欧において紛争や緊張の源になることがずっと少なくなるような状態です。この話し合いでは、若干の進展があるところです。

周恩来総理　閣下はウスリー江の珍宝島（ソ連名ダマンスキー島）で起こった事件をご存知だと思います。

キッシンジャー博士　はい、存じております。

周恩来総理　あのとき、ベルリン問題で大きな緊張があったのは、ドイツ連邦共和国が西ベルリンで国会議員の選挙をやりたがったからです。ソ連政府当局は、珍宝島事件を引き起こして、西ドイツの国会議員が西ベルリンに行って選挙をやれるようにしました。それから危機を緩和しました。

キッシンジャー博士　そうお考えなのですか？

周恩来総理　もちろんです。ウルブリヒト（東独大統領）が大変困難な状況にいたので、ソ連は我々が面倒を起こしたように見せかけたのです。しかしながら、ベルリンでの責任を回避するためにわざと事件を起こしたのは彼らでした。

キッシンジャー博士　情報がすべてそろっていませんので、我々としては判断しかねました。（以下略。このあと新疆問題をキッシンジャーのほうから取り上げて、中国に好意的な見解を示している。）」[22]

珍宝（ダマンスキー）島事件とベルリン問題との関連についての周恩来の説明は、クラウス・メーネルトが論文「モスクワ条約」でソ連側のこの関連についての誤った解釈として挙げている説明、と同じように奇妙な感じを与える。メーネルトによれば、ソ連側は、ドイツ人と中国人との間に陰謀が成立していて、北京はウスリー江での砲撃によってベルリンについてボンの政治家たちに支援を行った、と主張した。メーネルトは、このような解釈はもちろん問題にならないとして、「ウスリーとシュプレーとの関連は、中国人とドイツ人とがぐるになっているということの中にあるのではなく、恐らく、モスクワが中国人の銃火を、モスクワ自身のベルリンでの連邦集会に対する宣伝の砲火を停止する機会として利用した、ということの中に存在するのである」と述べている[23]。

第11章 共産主義国家ソ連の崩壊

1 ソ連国家の崩壊

本書の第一章で言及したドミニク・リーベン著『帝国の興亡』は、ソヴィエト帝国が衰退し滅亡した理由について、興味深い考察を展開している。リーベンは、そのもっとも基本的な理由が、共産主義というイデオロギーの破綻にあった、と考える。共産主義というイデオロギーから、ソ連はグローバルな資本主義を打倒するという目標をみずからに設定しなければならず、ソヴィエト体制の正統性は、資本主義との競争で成功を収めることを不可欠としていたから、ソ連は豊かで、強力な同盟を結んでいる西側の資本主義諸国との競争に、過剰な経済的資源をむなしくつぎ込むことになった。リーベンによれば、「マルクス・レーニン主義に基づいて構築された経済システムは、資本主義よりも効率的でなかった」[1]。そこに、ソ連末期の三〇年間には、共産主義国家中国との、イデオロギーの対立が紛争の種として加わった[2]。

リーベンは、ソヴィエト体制の崩壊において、このように、イデオロギーの破綻はもっとも重要な要因で

図　ソビエト連邦崩壊時期の主要事項年表[3]

1985年3月	ソ連共産党書記長チェルネンコ死去、党中央委員会総会は後任にゴルバチョフを選出
12月	エリツィンがモスクワ市党第一書記に就任
1986年4月	チェルノブイリ原発事故。「グラスノスチ(情報公開)」推進
6月	党中央委員会総会で「全社会の深刻なペレストロイカ(建て直し)」打ち出される
7月	ゴルバチョフのウラジヴォストーク演説でアフガニスタンからの撤兵と中ソ関係改善を表明
10月	レイキャヴィクで米ソ首脳会談が開催され戦略核戦力の5割削減と中距離核戦力(INF)の全廃について原則的合意
1987年10月	エリツィンが党中央委員会でペレストロイカの遅れを批判
11月	エリツィン、モスクワ市党第一書記解任
1988年7月	ワルシャワ条約首脳会議がソ連の衛星国の主権への制限を認めたブレジネフ・ドクトリンの無効を宣言
1989年8月	独ソ不可侵条約締結50周年に際し、バルト3国のソ連への併合を認めた独ソ不可侵条約秘密付属議定書に抗議して「人間の鎖」デモが敢行される
11月	5日にベルリンの壁が開放される
12月	地中海のマルタでの米ソ首脳会談でレーガン、ゴルバチョフ両首脳が冷戦の終結を宣言
1990年3月	リトアニア共和国が独立宣言を採択。人民代議員大会がゴルバチョフを大統領に選出、ゴルバチョフは国民による直接の大統領選挙を回避。エストニア共和国が独立宣言採択
4月	ソ連が対リトアニア経済封鎖
5月	ラトヴィア共和国が独立移行宣言を採択
1991年1月	リトアニアで軍・治安部隊と市民が衝突(ヴィリニュス事件)
6月	ロシア共和国で直接選挙によりエリツィンが大統領に当選
8月	「国家非常事態委員会」によるクーデター発生。ゴルバチョフはヤルタ半島の別荘に監禁。エリツィン・ロシア大統領と市民の抵抗によりクーデター失敗
9月	連邦国家評議会がバルト三国(エストニア、ラトヴィア、リトアニア)の独立を承認
12月	8日、ロシア・ウクライナ・ベラルーシ三国首脳がミンスクで独立国家共同体(CIS: Commonwealth of Independent States)設立協定に調印
	21日、ソ連邦のロシアなど10共和国首脳がカザフスタンの首都アルマ=アタで独立国家共同体(CIS)条約に調印。ゴルバチョフ大統領辞任
	26日、連邦最高会議がソ連邦(1922年12月30日にロシア、ウクライナ、ベラルーシ、ザカフカースの4社会主義共和国の加盟によって発足)の消滅を宣言

出典：田中陽児・倉持俊一・和田春樹編『世界歴史体系　ロシア史3　20世紀』山川出版社、1977年、巻末年表を参照。

はあったけれども、帝国の主な存在理由の一つである外敵の脅威が、例えば西ドイツ首相ブラントの「東方政策」(Ostpolitik)によるソ連と西ドイツとの緊張緩和によって希薄となった、という事情も大きく作用したと考えている。リーベンは、これに関して次のように述べている。

「帝国とは外敵の脅威をエサに育つものである。その脅威こそ、帝国の主な存在理由のひとつである。七年戦争(一七五六〜六三年)でイギリスがフランスを北米から排除すると、アメリカの入植者はもはや大英帝国に守ってもらう必要性を失った。カナダからフランスを排除することを承認したパリ条約から一三年後には、アメリカ独立が宣言されている。また、ハンガリーのエリートも、ロシアという脅威を恐れたこともあって、ハプスブルク帝国を受け入れたが、一九一八年にロシアの脅威が薄れたかにみえたあとには、ハプスブルク帝国への関心をある程度失った。ゴルバチョフによる健全で実に称賛すべき新思考外交のおかげで、ソ連の安全保障に対する西側の脅威という意識が打ち砕かれた。ソ連の古参軍事指導者は、国防や安全保障の観点から連邦の必要性を擁護しようと一九八九年から九一年にかけてテレビを利用した。おかげでクリル諸島(北方四島)への主権回復を主張する日本以上に恐ろしい脅威はないことを思い起こさせることもできた。しかし、もはやそのような脅威は、ラトビア人をソビエト権力と和解させるものではなかった。共産党のイデオロギーと経済が破綻していたことを考慮すれば、ドイツの脅威だけが東・中央ヨーロッパでのソ連の支配を正当化できた。とはいえ、ブラント(一九一三〜九二年。西ドイツの首相・外相を歴任。七一年にノーベル平和賞受賞)の東方政策《オストポリティーク》が、この恐怖感を和らげるのに貢献したほか、もともと一九四五年以降の西ドイツ国内の発展も、さらに単なる時代、記憶、世代の移り変わりも、それと同じ役割を果していた」[4]

ここでリーベンが重視しているブラント西ドイツ首相の東方政策は、一九六八年八月二〇日のソ連軍のチェコスロヴァキア侵攻が発想の契機となっているであろうけれども、ソ連の西ドイツに対する政策が、一九六九年一月から二月にかけて見られたような、西ドイツを敵視する強圧的で硬直したものであり続けていたならば、ソ連やポーランドなどのソ連諸国との和解をめざす東方政策が展開される余地はなかったであろう。それに、この時点では社会民主党のブラントは、キリスト教民主同盟との「大連立」政権であったキージンガー政権の外相ではあっても、まだ首相ではなかった。一九六九年三月二日こそ、ソ連の西ドイツに対する強圧的な政策が和解へと転換された日であった。そして、前章第三節で述べたように、この日に、中国との珍宝島での武力衝突が生じていたのである。このように考えると、一九七〇年に首相の座をかちとるブラントが展開したソ連・東欧との緊張緩和政策は、中ソ戦争によって初めて可能となったものであると考えられる。そして、西ドイツとの緊張緩和が、リーベンのいうように、東・中央ヨーロッパの人々に、ソ連という強大な帝国の支配を正当化する理由を失わせたのだとするならば、ブラントの東方外交は、即効性は少なかったにしても、ほぼ二〇年という長い時間の間に、ソ連の滅亡をもたらす持続的な効果を挙げたということもできよう。ソ連の支配を正当化したのが、ドイツの脅威ではあっても、中ソ戦争の勃発にもかかわらず、中国の脅威ではなかった事実も注目してよいであろう。

2　ソ連崩壊を感知したカレール＝ダンコース

欧米にも日本にもソ連研究者は多いけれども、共産主義国家ソ連がこれほど早く崩壊すると予測していた研究者は一般の読者向けの小室直樹著『ソビエト帝国の崩壊　瀕死のクマが世界であがく』[5]を例外として、ほとんど一人もいなかったといってよい。そのなかにあって、ソルボンヌ大学教授でパリ政治大学院のソ連研究課程主任を兼ねているエレーヌ・カレール＝ダンコースだけが、一九七八年に刊行した『崩壊したソ連帝国――諸民族の反乱』〔9〕において、ソ連の共産主義体制が民族の統合、とくにソ連人口の五分の一以上を占めて、しかも人口の増大を続けるイスラム系諸民族の統合に失敗していることを指摘して、ソ連崩壊の予兆を感知していた。最後に、同教授がパリ東洋語学院教授浅利誠のインタビューに応じて語り、この訳書に収録された同教授の日本人へのメッセージを掲げて、本書の叙述を閉じることとしたい。

「日本については、次の二つのことを言いましょう。

第一に、ソ連にとって、日本が非常に特殊な意味を持つ国であるということは確かです。先ず、日露戦争の思い出があるからです。つまり、日本は、帝国を初めて敗北させた国だからです。これは思い起こすべき事柄です。一九九〇年の日本人は、これを半分しか思い出さないかもしれませんが、今日目覚めつつあるロシア人の意識のなかでは、一九〇五年の屈辱というのはきわめて重要な歴史上の思い出なのです。なぜなら、ロシアが大帝国ではないことを示した最初の国はどこかというと、それが日本だったわけですから。日－ソ関係の第一の要素の一つがこれです。

第二に、ソ連は、非常に単純な理由から、北方四島の問題について語るのをこれまで受け入れませんでした。ソ連がロシアのもの、ソ連のものであるとみなしていた領土のほんの一部にせよ、日本への返還を承知していたとしたら、その場合には、ソ連領土の全一性についての議論が可能になるということを意味したからです。これは先例になったことでしょう。ソ連領の小さからぬ部分が去ろうとしており、とにかく不可能であったことが可能になっている今日、これらの島について議論するわけにはいかないという考えにソ連が固執しているのはですね、それをしたら、日本との交渉のあらゆる可能性を断ち切ってしまうことになるし、日本との正常な関係を打ち立て、つまりこれまでついに実現しなかった平和条約を結ぶ可能性を断ち切ってしまうことになるからであることは明らかです。これはソ連にとって非常に重要な問題なのです。というのは、近い将来、ソ連はもはや存在しなくなり、今のところまだどんなものとも分からない一つの国家になるわけですが、それでもこの国家は、まさに縮小した国力をもって、いかにして大国としての地位を維持しうるかを探っているからです。そして、新生の国家が、この強国たる地位を保持するには、ヨーロッパの外に出ること、たんにヨーロッパ内には止まらないことが前提となります。もしもこの新国家がヨーロッパのなかだけにおさまったりしたら、ドイツの国力の方が文句なしにロシアの国力にまさるでしょう。ところが、もしこの国家が太平洋にまで領土を広げたとしたら、これまでとは別の仕方で、ドイツの国力に肩を並べるものになり得るだろうし、米国に対しても重要な国であり続けられるでしょう。だから、ソ連にとっては、太平洋国家たることが絶対に必要です。だから、日本に関するソ連の態度に前進が見られるのは確かです。自分が所有しているものを一挙に全て譲り渡すわけがありません。ソ連の首脳たちが、一挙に、『さあ、島をお取りなさい、バイバイ』と言わないのはもちろんです。しかし、そのかわり、ここにあるのは、もはや進展の余地ない問題ではありません。つまり、太平洋における日本側の好意的な態度と引き換えに、すべては交渉可能になっているのです。日本にとってこれは、自分の島を取り戻すと同時に、太平洋で日本を必要としている交渉相手を持つという、歴史上の素晴らしいチャンスであることを日本は理解すべきだと思います。これには、交渉しなければならないのは、もはやソビエト国家ではなく、伝統的なロシア国家とであるということを日本人が理解するという条件が必要です。これは重要な点だと思います。これが日本人にとってもっとも重要な点かもしれませんね。未来は日本人の手にあります。（一九九〇年五月七日　カレール＝ダンコース博士宅にて）」[7]

註

第1章

1——Michael Hardt and Antonio Negri, *Empire* (Harvard University Press, 2000). アントニオ・ネグリ、マイケル・ハート著、水嶋一憲、酒井隆史、浜邦彦、吉田俊実訳『〈帝国〉——グローバル化の世界秩序とマルチチュードの可能性』以文社、二〇〇三年。

2——佐伯啓思著『砂上の帝国アメリカ』飛鳥新社、二〇〇三年、四〇～四二頁。

3——Dominic Lieven, *The Russian Empire and Its Rivals* (John Murray Publishers Ltd., 2000). ドミニク・リーベン著、袴田茂樹監修、松井秀和訳『帝国の興亡』上下、日本経済新聞社、二〇〇二年、上巻「はじめに」二七～二八頁。また、ロンドン・スクール・オブ・エノミクスでの経験や大叔父のアナトーリ・リーベン公についての記述は同じく上巻の「はじめに」に詳しく記されている。

4——山下範久著『世界システム論で読む日本』講談社、二〇〇三年、六一頁。木崎良平著『ピーター大帝　ロシア帝制の確立』清水新書、清水書院、一九七一年、一二五頁。

5——山下前掲書、六一頁。木崎前掲書、一二五頁。Richard Moeller, *Russland: Wesen und Werden* (Leipzig: Wilhelm Goldmann Verlag, 1940), p. 96.

6——山下前掲書、八七頁。

7——Immanuel Wallerstein, *The Modern World-System. Capitalist Agriculture and the Origins of the European World-Economy in the Sixteenth Century* (New York: Academic Press, 1974). イマニュエル・ウォーラースティン著、川北稔訳『近代世界システム——農業資本主義と「ヨーロッパ世界経済」の成立』第一巻、岩波書店、一九八一年、一〇一～一〇二頁。

8——中山治一「一五三五年のフランスとトルコの『条約』について　一批判的試論」日本西洋史学会編『西洋史

学』第一一八号、一九八〇年。

9——Ludwig Dehio, *Gleichgewicht oder Hegemonie: Betrachtungen ueber ein Grundproblem der neueren Staatengeschichte* (Krefeld: Scherpe Verlag, 1948).

10——中山前掲論文、三頁、注八。

11——Dehio, a.a.O., S. 36-37.

12——Ebenda, S. 37-38.

13——中山前掲論文、二頁。

14——岸田達也著『ドイツ史学史研究』ミネルヴァ書房、一九七六年、一八四〜九三頁。

15——Dehio, a.a.O., S. 11-12.

16——Ebenda, S. 12-13.

17——Ebenda, S. 86-87.

18——Ebenda, S. 87-88.

19——岸田前掲書、一九〇〜一九一頁。

20——Halford John Mackinder, *The Scope and Methods of Geography: and the Geographical Pivot of History*. Reprinted with an Introduction by E. W. Gilbert (London: The Geographical Society, 1951). 三宅正樹著『ユーラシア外交史研究』河出書房新社、二〇〇〇年、九〜一一頁。曽村保信著『地政学入門』中公新書、中央公論社、一九八四年、一五頁、二九頁。

21——William E. Odom, 'The Party-Military Connection: A Critique', in: *Civil-Military Relations in Communist Systems*, edited by Dale R. Herspring and Ivan Volgyes (Boulder, Corolado: Westview Press, 1978), p. 48. 三宅正樹著『政軍関係研究』芦書房、二〇〇一年、一一四〜一一五頁。

22——佐藤信夫著『ソ連邦解体と民族問題』現代書館、一九九二年、参照。トランスコーカサスのこれら三共和国内部での少数民族をめぐる紛争については、同書四二頁以下に詳細な記述がなされている。

23——William E. Odom,‵The Soviet Military-Educational Complex‵, in: Civil-Military Relations in Communist Systems, pp. 98-99.

24——Ibid., p. 99.

25――Samuel P. Huntington, 'The Clash of Civilizations?', *Foreign Affairs*, Summer 1993, Volume 72, Number3, pp. 42-43. ついでながら、『中央公論』一九九三年八月号所収のこの論文の邦訳の中で、「引き裂かれた国家」が「引き裂かれた世紀」と訳されているのは誤りである。なお、三宅正樹「比較文明論と国際政治学との接点の追求：ハンチントンの『文明の衝突と世界秩序の再編成』」『明治大学社会科学研究所紀要』第四一巻第一号、二〇〇二年、参照。また、西欧派とスラヴ派の対立については、勝田吉太郎著『近代ロシア政治思想史――西欧主義とスラヴ主義』創文社、一九六一年（現在は『勝田吉太郎著作集』ミネルヴァ書房、の第一巻と第二巻、一九九二、九三年、第二巻に川端香男里解説、に収録されている）が第一に参照されるべきである。

26――Ibid., pp. 43-44.

27――中山治一「ロシア史の基本問題――ロシア史学史への一試論」、京都大学西洋史研究室編纂『西洋史説苑』、目黒書店、一九四八年。

28――同論文、二四九～二五一頁。

29――同論文、二五五～二五六頁。引用はできるだけ原文を尊重したが、一部にやむをえず略字を用いてある。

30――George Vernadsky, *A History of Russia*, Third revised edition (New Haven: Yale University Press, 1951), pp. 4-5.

31――Ibid., p. 5.

32――Ibid.

33――Ibid., p. 6.

34――Ibid., pp. 6-7.

35――Ibid., pp. 9-10.

36――中山前掲論文、二六一頁、注2。中山は、この論文の終わりの部分にヴェルナツキーの「ユーラシア主義」への批判を付け加えている。

37――G・ヴェルナツキー著、松木栄三訳『東西ロシアの黎明――モスクワ公国とリトアニア公国』風行社、一九九九年、訳者あとがき、三四四頁。

38――同書、三四四～三四五頁。

39――同書、三四三頁、四三五頁以下。

40――信夫清三郎・中山治一編『日露戦争史の研究』河出書房、一九五九年初版、一九七二年改訂再版、参照。

41——ヨーロッパ国家系とオスマン帝国とのかかわりに関する中山治一の論文として、先に引用した論文の他に例えば次のものがある。「カルロヴィッツ・イスタンブール諸条約の意義についての一試論」『愛知学院大学文学部紀要』第八号（昭和五四年三月）、「イスタンブール条約（一七〇〇年）の意味したもの」「オットマン外交とヨーロッパ国家系――J.C.Hurewitz, Ottoman Diplomacy and the European State System（1961）の紹介」『愛知学院大学文学部紀要』第一〇号（昭和五六年三月）。

42——伊東孝之「ロシア外交のスペクトラム――自己認識と世界認識のあいだで」、伊東孝之・林忠行編『ポスト冷戦時代のロシア外交』有信堂、一九九九年、四八頁。

43——同書、五四頁。

44——Samuel P. Huntington, *Clash of Civilizations and the Making of World Order,* (New York: Simon & Shuster, 1966), p. 139.

45——Ibid., pp. 139f.

46——Ibid., p. 140.

47——Ibid., p. 141.

48——山本新著、神川正彦、吉沢五郎編『周辺文明論　欧化と土着』刀水書房、一九八五年。

49——Huntington, 'The Clash of Civilizations?', p. 44.

50——Ibid., p. 44f.

51——前掲『東洋史事典』「ムガル帝国」の項目による。

52——同治中興の時期に開始された洋務運動などの近代化の試みがなぜ挫折したのかについては、木村雅昭著『「大転換」の歴史社会学――経済・国家・文明システム』ミネルヴァ書房、二〇〇二年、第九章「帝国と経済体制――中国」の分析がすぐれている。また、木村雅昭著『国家と文明システム』ミネルヴァ書房、一九九三年、第二章「帝国と近代国家」に示されたドイツの歴史学者オットー・ヒンツェの世界帝国論への言及も有益である。

53——Mackinder, op. cit., p. 40. 三宅正樹著『ユーラシア外交史研究』一一頁。

54——三宅同書、四八～五三頁、三宅「日独伊三国同盟とユーラシア大陸ブロック構想」、三宅正樹、庄司潤一郎、石津朋之、山本文史編『検証　太平洋戦争とその戦略　2　戦争と外交・同盟戦略』中央公論新社、二〇一三年、参照。

55——Ludwig Dehio, 'Das sterbende Staatensystem', in: *Deutschland und die Weltpolitik im 20. Jahrhundert* (München: R.

Oldenbourg, 1955), S. 129. 岸田前掲書、一九〇頁。

56——Ebenda, S. 128.

57——Ebenda.

58——Halford John Mackinder, *Democratic Ideals and Reality: A Study in the Politics of Reconstruction* (New York: Henry Holt and Company, 1919), p. 62. 曽村保信訳『デモクラシーの理想と現実』原書房、一九八五年、七七頁。曽村保信前掲書『地政学入門』、三二頁。

第2章

1——本章の主題全体にわたり、野村乙二郎著『近代日本政治外交史研究』が有益な示唆に富む。また、刊行されたのは一九三六年と古く、また伏せ字が多いが、信夫清三郎著『外交論』(三笠書房、唯物論全書、一九三六年)が参考になる。翻訳書としては、第一章に引用したドミニク・リーベン著、袴田茂樹監修、松井秀和訳『帝国の興亡』上下巻、日本経済新聞社、二〇〇二年がここでも参考となろう。

2——原奎一郎編『原敬日記』第三巻、内務大臣、福村出版、一九八一年、一七四頁。以下、『原敬日記』第三巻からの引用は本文中の括弧内に同書として頁数を記す。第四巻からの引用も同様。

3——京大東洋史辞典編纂委員会編『新編　東洋史辞典』東京創元社、一九八〇年、五六九頁、張勲の項。

4——講談社編『二〇世紀全記録』講談社、一九八七年、一九二頁、一九一三年八月の項。

5——原奎一郎編『原敬日記』第四巻、総裁就任、福村出版、一九八一年、二七二頁。

6——外務省百年史編纂委員会編『外務省の百年』上巻、原書房、一九六九年。

7——*Schicksalsjahre Österreichs 1908-1919: Das politische Tagebuch Josef Redlichs*, 2 Bde, 1908-1919, Bearbeitet von Fritz Fellner (Graz/Koeln: Verlag Boehlau, 1953-1954). なお、この時期のウィーンの政治状況については、三宅正樹編『ベルリン・ウィーン・東京　二〇世紀前半の中欧と東アジア』論創社、一九九九年、第二章「ベルンライターと『中欧』経済同盟計画　崩壊前夜のオーストリア・ハンガリーにおけるウィーンの一政治家の苦闘」(三宅)参照。

8——Schicksalsjahre Österreichs., II. Band. pp. 247-248.

9——同上。

10——Ebenda, Personenregister, p. 371, p. 397.
11——福井憲彦編『フランス史』(世界各国史一二、山川出版社、二〇〇一年、三七八頁。
12——横山信著『フランス政治史(一八七〇~一九五八)』福村書店、一九六八年、八九、九〇、一二〇頁。
13——三宅正樹著『ユーラシア外交史研究』河出書房新社、二〇〇〇年、二〇~二二頁、要約は八〇~八一頁。なお、バールィシェフ・エドワルド著『日露同盟の時代　一九一四~一九一七年——「例外的な友好」の真相』(花書院、二〇〇七年)は、この時期をめぐるロシア側の史料や文献を多数活用していて有益である。
14——松岡洋右伝記刊行会編、荻原極執筆『松岡洋右　その人と生涯』講談社、一九七四年、八七~八九頁。
15——川田稔著『原敬と山県有朋　国家構想をめぐる外交と内政』中公新書、中央公論社、一九九八年、八七~八九頁。
16——同書、八九頁。
17——同書、八八頁。
18——吉村道男著『増補　日本とロシア』日本経済評論社、一九九一年、三二三頁。
19——関静雄著『近代日本外交思想史入門　原典で学ぶ17の思想』ミネルヴァ書房、一九九九年。
20——関静雄著『大正外交　人物に見る外交戦略論』ミネルヴァ書房、二〇〇一年。
21——Emil Schalk, *Der Wettkampf der Völker, mit besonderer Bezugnahme auf Deutschland und die Vereinigten Staaten von Nordamerika* (Jena: Verlag von Gustav Fischer, 1905).
22——本書第三章「後藤新平の外交構想とユーラシア」参照。なお、三宅正樹著『スターリン、ヒトラーと日ソ独伊連合構想』朝日選書八一六、朝日新聞社、二〇〇七年、第一章「スターリン・後藤新平会談——ユーラシア大陸連合計画はここに始まった」においても、後藤のソ連観に言及した。
23——三輪公忠著『環太平洋関係史　国際紛争の中の日本』講談社現代新書、講談社、一九六七年、一二六~一二七頁。
24——同書、一二六頁。
25——上田秀明著『極東共和国の興亡』アイペックプレス、一九九〇年。
26——中西治著『増補　ソ連政治の構造と動態』南窓社、一九七七年、一二六~一二七頁。
27——同書、二〇四頁、三五一頁、註三八、註三九。

28――ロシア革命によって崩壊したロシア帝国からレーニンは、極め強力な遠心力を内包する多民族国家を遺産として継承したのであり、この多民族国家を強大な軍事力によって統治するという困難な課題にただちに直面することになった、というウィリアム・オーダムの指摘は、この意味での帝国の復活を理解するためにも示唆的である。William E. Odom, The Party-Mikitary Connection, *Civil-Military Relations in Communist Systems*, edited by Dale R. Herspring and Ivan Volgyes (Boulder, Colorado: Westview Press, 1978), p. 48. 三宅正樹著『政軍関係研究』芦書房、二〇〇一年、一一四～一一五頁。

29――バールィシェフ・エドワルド著『日露同盟の時代　1914～1917年――「例外的な友好」の真相』比較社会文化叢書Ⅷ、花書院、二〇〇七年、三六〇頁。

第3章

1――鶴見祐輔著『〈決定版〉正伝　後藤新平　第八巻「政治の倫理化」時代　一九二三～二九年』藤原書店、二〇〇六年、五七九頁。

2――同書、同頁。

3――同書、五八八頁。

4――同書、五九〇頁。

5――『近代日本総合年表』岩波書店、一九六八年、二七三頁。

6――とくにコミンテルンの使節マーリンの孫文への働きかけに就いては、三宅正樹「キンダーマン著『東亜崛起』にみた現代中国外交史像」三宅正樹編『中国像への新視角』南窓社、二〇〇四年、一四一～一四二頁。

7――同書、五八〇頁。

8――外務省外交史料館日本外交史辞典編纂委員会編『新版　日本外交史辞典』山川出版社、一九九二年、「カラハン」「カラハン宣言」「吉沢・カラハン会談」の項目による。

9――御厨貴編『時代の先覚者・後藤新平　1857～1929』藤原書店、二〇〇四年、七五頁。

10――鶴見前掲書、同頁。

11――同書、五四一～五四二頁。

12――同書、五五九～五六〇頁。富田武著『戦間期の日ソ関係』岩波書店、二〇一〇年、第三章「後藤新平と日露協会」第一節「後藤の極東戦略と訪ソ」についての本章註25の記述を参照。

13――鶴見同書、六一四頁。

14――同書、六二〇～六二三頁。

15――同書、六二三～六二六頁。

16――富田武「後藤新平訪ソと漁業協約交渉――日ロ史料の比較検討から」『成蹊法学』第六一号、二〇〇五年三月、三九～四四頁。

17――富田武同論文、四七～四八頁。

18――同論文、四八頁。

19――東洋協会『吾等の知れる後藤新平伯』一九二九年、一一三頁。前田康博「後藤新平」神島二郎編『権力の思想』現代日本思想体系一〇、筑摩書房、一九六五年、二二八頁に引用されている。

20――Moeller van den Bruck, *Das dritte Reich, herausgegeben von Hans Schwarz* (Hamburg: Hanseatische Verlagsanstalt, 1931).; Moeller van den Bruck, *Sozialismus und Aussenpolitik* (Breslau: Wilh.Gottl.Korn Verlag, 1933).

21――『第三帝国』とメラー・ファン・デン・ブルックについては、ベルギーの作家、ジャーナリストのスタン・ラウリセンス著、大山晶子・梶山あゆみ訳『ヒトラーに盗まれた第三帝国』原書房、二〇〇〇年、参照。本書の原題はStan Lauryssens, *The Man who invented Third Reich* (London: Sutton Publishing Ltd, 1999).

22――Moeller van den Bruck, *Das Recht der jungen Völker*. Sammlung politischer Aufsätze herausgegeben von Hans Schwarz (Berlin: Der Nahe Osten Verlag, 1932), S. 75-100.（メラー・ファン・デン・ブルック著『若い民族の権利』）。第一次世界大戦後のヴァイマル共和国時代におけるドイツ右翼の中に見られた親ソ的傾向については、ジグムント・ノイマン著、曽村保信訳『現代史：未来への道標』上巻、岩波書店、一九五六年、一三三～一三七頁、参照。ヴァイマル共和国初代外相で初代駐ソ大使となった伯爵ブロックドルフ・ランツァウは、右翼保守派の政治家であったが、その親ソ的姿勢から「赤い伯爵」と呼ばれた。同訳書、一三三頁。

23――布施勝治「露支紛争に際して後藤伯を想ふ」『外交時報』一九二九年八月一五日号（第五九三号）、一一八～一二四頁。

24――『新版　日本外交史辞典』の「東支鉄道」「東支鉄道回収問題」の項目ならびに『近代日本総合年表』岩波書店、

一九六八年、二七九～二八一頁による。張学良はみずからの支配下にある東三章の易幟《えきし》を一九二八年一二月二九日に断行して南京の蔣介石政権に合流していたから、張学良のこのような対ソ強硬策の背後に南京政権の支持があったことは明らかであった。中ソ両国関係は国交がとだえた冬の時代が続き、一九三二年一二月一二日になってようやく中ソ国交が回復する。中田整一著『満州国皇帝の秘録：ラストエンペラーと「厳秘会見録」の謎』幻戯書房、二〇〇五年、一〇一～一〇二頁参照。

25――布施勝治前掲論文、一二一頁。なお、富田武著『戦間期の日ソ関係』岩波書店、二〇一〇年、第三章「後藤新平と日露協会」全般が後藤について情報量豊富であり、特に第一節「後藤の極東戦略と訪ソ」は後藤の訪ソについて示唆に富んでいる。第一節の最後の箇所で後藤と駐ソドイツ大使ブロクドルフ・ランツァウが一九二八年一月九日にモスクワで会見し、後藤がドイツ、ロシア、日本の協商を示唆したが、ブロクドルフ・ランツァウは難色を示した事実が、ロシア側の史料によって明らかにされているのは注目を引く。『戦間期の日ソ関係』二一七頁、三八九頁註52。註22で述べたようにブロクドルフ・ランツァウは保守派でありながらもその親ソ的な態度によって「赤い伯爵」と呼ばれていた。後藤は当時子爵でやはり親ソ的であったから、「赤い子爵」と「赤い伯爵」の会見と言えるかもしれない。

26――福本和夫著『革命回想　第一部　非合法時代の思い出』インタープレス、一九七七年、一三二頁。

27――福本、同書、二七頁。

28――御厨編前掲書、二八六頁。

29――『福本和夫初期著作集　第一巻　復刊自註　社会の構成並に変革の過程』こぶし書房、一九七一年、一一一頁。

30――福本和夫著『革命回想　第一部　非合法時代の思い出』一四九～一五〇頁。

31――同書、一五一頁。

32――橋川文三・鹿野政直・平岡敏夫編『近代日本思想史の基礎知識』有斐閣、一九七一年、「山川イズムと福本イズム」二九七頁。

33――福本前掲書、一五〇頁。

34――『岩波西洋人名辞典　増補版』岩波書店、一九八一年、一二〇二頁「ブハーリン」の項目。アンナ・ラーリナ著、和田あき子訳『夫ブハーリンの想い出』上下、岩波書店、一九九〇年、参照。

35――福本前掲書、二四二～二四四頁。

36——鶴見前掲書、六五五～六五六頁。

37——北岡伸一著『後藤新平　外交とヴィジョン』中公新書、一九九八年、三～七頁。安場保和については安場保吉編『安場保和伝　一八三五～九九　豪傑・無私の政治家』藤原書店、二〇〇六年、参照。

38——三上一夫著『横井小楠』吉川弘文館、一九九九年二三～二四頁。

39——北岡前掲書、一二～一三頁。

40——同書、一三～一六頁。

41——同書、二一～四七頁。一八九八年三月の就任時は民政局長であったが、同年六月の官制改革により民政長官となった(同書、三五頁)。

42——Heinrich Ernst Ziegler, Vorrede des Herausgebers, in: Emil Schalk, *Der Wettkampf der Völker, mit besonderer Bezugnahme auf Deutschland und die Vereinigten Staaten von Nordamerika* (Jena,1905).

43——Schalk, a.a.O., S. 140-141.

44——Ebenda, S. 141-143.

45——Ebenda, S. 143. シャルクの同著書については三宅正樹著『ユーラシア外交史研究』河出書房新社、二〇〇〇年、二一七～二三三頁、参照。

46——Ebenda, S. 175.

47——Ebenda, S. 195.

48——Ebenda, S. 196-197.

49——Ebenda, S. 199-200.

50——Ebenda, S. 201.

51——Ebenda, S. 201-202.

52——Ebenda, S. 176, Anmerkung 1, Der Herausgeber.（編者注）。

53——鶴見祐輔著『〈決定版〉正伝　後藤新平　第四巻　満鉄時代　一九〇六～〇八年』藤原書店、二〇〇五年、四八九頁。

54——義井博「ドイツの極東政策と独米清協商問題」中山治一編『日露戦争以後　東アジアをめぐる帝国主義の国際関係』創元社、一九五七年、一〇一～一一一頁。

55――鶴見前掲書、四九一～四九二頁。
56――同書、四九六～四九七頁。
57――同書、四九六～四九九頁。
58――同書、五〇〇頁。
59――同書、同頁。
60――同書、五〇二頁。
61――同書、同頁。
62――同書、五〇四頁。
63――同書、五〇八～五〇九頁。
64――同書、五一〇頁。
65――同書、五一〇～五一四頁。
66――拓殖大学創立百年史編纂室編『創立一〇〇年記念出版　ロシアと拓殖大学』拓殖大学、二〇〇五年一〇月、二九四頁。
67――同書、二九八頁。
68――外務省外交史料館日本外交史辞典編纂委員会編『新版　日本外交史辞典』山川出版社、一九九二年、三一二頁。この項目の執筆者は岩間徹である。
69――鶴見前掲書、五一九～五二一頁。
70――同書、五二五～五二六頁。
71――戴季陶著、市川宏訳『日本論』社会思想社、一九七二年、二四八～二四九頁。
72――同書、九六頁。
73――同書、九四～一〇〇頁。
74――大山梓編『山県有朋意見書』原書房、一九六六年、三三九～三四五頁。現代語訳は、三宅前掲書、二〇～二三頁。
75――岡義武「山県有朋」、『岡義武著作集　第五巻』東京大学出版会、一九九三年、一一五頁。
76――石井菊次郎著『外交余録』岩波書店、一九三〇年、一二九頁。石井と第四回日露協約とのかかわりについては、大井涼「石井外交の対露政策に関する一考察：ロンドン宣言加入問題及び第四回日露協約交渉を中心に」政治経済史学会編集『政治経済史学』四七六号～四七八号、二〇〇六年四月～六月、参照。

77——外務省政務局第三課編『日露交渉史』原書房、一九六八年、三四二～三五〇頁。

78——吉村道男著『増補　日本とロシア』日本経済評論社、一九九一年、三一二頁。

79——松岡洋右伝記刊行会編、荻原極執筆『松岡洋右　その人と生涯』講談社、一九七四年、一七頁。

80——同書、八七～八八頁。

81——同書、八八頁。

82——鶴見祐輔著前掲『〈決定版〉正伝　後藤新平　第四巻　満鉄時代』二六五頁。荻原前掲書、六三頁。

83——荻原前掲書、七八頁。

84——荻原前掲書、八五頁。

85——川田稔著『原敬と山県有朋　国家構想をめぐる内政と外交』中公新書、中央公論社、一九九八年、八八～八九頁。

86——吉村前掲書、三三三頁。

87——鶴見前掲書、五二四頁。

88——鶴見祐輔著『〈決定版〉正伝　後藤新平　第七巻　東京市長時代　一九一九～二三年』藤原書店、二〇〇六年、五七九～五八九頁。孫文・ヨッフェ協定については、三宅正樹前掲論文、三宅正樹編『中国像への新視角』一四六～一五一頁参照。

89——彭澤周著『中国現代史　五四運動から四人組追放まで』泰流社、一九七八年、四七頁。

90——鶴見前掲書、五七七頁。

91——同書、五九七頁。

92——同書、六〇九頁。

93——小林幸男著『日ソ政治外交史　ロシア革命と治安維持法』有斐閣、一九八五年、一二六頁。

94——前掲『新版　日本外交史事典』一九七～一九八頁、小林幸男執筆「川上俊彦（かわかみ・としつね）」、同執筆「川上・ヨッフェ会談」の項。

95——小林前掲書、一二三頁。

96――鶴見前掲書、五六八～五六九頁。

97――岡義武著『岡義武著作集　第三巻　転換期の大正』東京大学出版会、一九九二年、七二頁。

98――後藤新平をめぐる人脈、人間模様の研究として、駄場裕司著『戦前期の後藤新平をめぐる権力構造の研究』(南窓社、二〇〇七年)は、徹底した検証において画期的な労作である。とくに、戦前期の日本でのほとんど唯一の親ソ派政治家であった後藤の周辺に形成された左翼人脈の分析が光彩をはなっている。取り上げられているのは、後藤の長女の夫である佐野彪太の弟佐野学、後藤の孫の佐野碩、後藤の岳父安場保和の孫娘の夫である平野義太郎、後藤から資金援助を受けた大杉栄である。

第4章

1――David J. Lu, *From the Marco Polo Bridge to Pearl Harbor: Japan's Entry into World War II* (Washington: Public Affairs Press, 1961). デビット・J・ルー著、田島周子訳『太平洋戦争への道程　蘆溝橋より真珠湾へ』原書房、一九六七年、七～八頁。

2――Gilbert Ziebura, *Weltwirtschaft und Weltpolitik 1922/24－1931. Zwischen Rekonstruktion und Zusammenbruch* (Frankfurt am Main: Suhrkamp Verlag, 1989). ギルベルト・チブラ著、三宅正樹訳『世界経済と世界政治　再建と崩壊　一九二二～一九三一』みすず書房、一九八九年。

3――前掲三宅訳書、一七六～一七七頁。当時の日本経済をロックウッドは「絹の糸」にぶらさがっている状態であったと形容していた。チブラはこの指摘に着目している。

4――W. W. Lockwood, *The Economic Development of Japan. Growth and Structual Change, 1868－1938* (Princeton: Princeton University Press, 2nd Edition, 1970). W・W・ロックウッド著、中山伊知郎訳『日本の経済発展』下巻、東洋経済新報社、一九五八年、四二六頁。

5――前掲三宅訳書、二二一～二二二頁。

6――山浦貫一編修『森恪』森恪伝記編纂会、一九四〇年、七四九頁。引用にあたり新仮名遣いで統一した。

7――松岡洋右伝記刊行会編、萩原極執筆『松岡洋右　その人と生涯』講談社、一九七四年、四二九頁。

8――同書、四三九頁。

9——同書、四四〇～四四一頁。
10——長谷川熙「旧在独大使館　無能外交の原点」『アエラ』四五号、朝日新聞社、二〇〇五年八月二九日。
11——Jun Chang and John Halliday, *Mao, The Unknown Story* (London: Vintage Books, 2005). ユン・チアン、ジョン・ハリデイ著、土屋京子訳『マオ　誰も知らなかった毛沢東』上巻、講談社、二〇〇五年、三〇一頁。
12——Kolpakidi, Aleksandr, & Prokhorov, Dmitrii, *Imperia GRU* (The GRU Empire), Olma Press, Moscow, 2000, vol. I, pp. 182-3, in: Jun Chang and John Halliday, *Mao, The Unknown Story*, p. 214,: note, p. 815.
13——中西輝政「暴かれた現代史：『マオ』と『ミトローヒン文書』の衝撃」『諸君』文藝春秋、二〇〇六年三月号。
14——中山治一「ゾルゲ事件の問題点：一試論」大阪市立大学『人文研究』第一八巻第三号、一九六七年。
15——歴史学研究会編『太平洋戦争史』第一巻、東洋経済新報社、一九五三年、資料、二五〇～二五八頁。
16——稲生典太郎著『日本外交思想史論考　第二』小峯書店、一九六七年。服部龍二「田中上奏文」と日中関係、中央大学人文科学研究所編『民国後期中国国民党政権の研究』中央大学人文科学研究所、二〇〇五年。
17——前掲『太平洋戦争史』第一巻、二五三頁。
18——前掲『松岡洋右　その人と生涯』、四四八～四四九頁。
19——同書、四四九頁。
20——稲生前掲書、三六九頁。
21——『近代日本総合年報』岩波書店、一九六八年、二九四頁。
22——三輪公忠著『松岡洋右　その人間と外交』中公新書、中央公論社、一九七一年、一二六頁。

第5章

1——*Die Grosse Politik der europäischen Kabinette, 1871-1914*, Band XIX, 2, Dokument Nr. 6218, 24, July 1905.
2——義井博著『国際関係史』(五訂版)南窓社、一九七九年、一一一～一一四頁。
3——読売新聞社編、松崎昭一執筆『昭和史の天皇』第二〇巻、読売新聞社、一九七二年、九四～九五頁。
4——*Die Grosse Politik der europäischen Kabinette*, ebenda.
5——三宅正樹著『日独伊三国同盟の研究』南窓社、一九七五年、第一章第三節「リッベントロップ機関」と二重外交、四八〜五六頁参照。

6——田嶋信雄著『ナチズム極東戦略　日独防共協定を巡る諜報戦』講談社選書メチエ、講談社、一九九七年、六九頁。

7——田嶋同書、六六〜六八頁。大木毅「フリードリッヒ・ハックと日本海軍」日本国際政治学会『国際政治』第一〇九号、一九九五年、参照。ハックについては最近、中田整一著『ドクター・ハック　日本の運命を二度にぎった男』平凡社、二〇一五年、が刊行された。

8——田嶋同書、六九〜七〇頁。

9——田嶋同書、七九頁。

10——田嶋同書、八六〜九〇頁。

11——Theo Sommer, *Deutschland und Japan zwischen den Mächten 1935-1940. Vom Antikominternpakt zum Dreimächtepakt. Eine Studie zur diplomatischen Vorgeschichte des Zweiten Weltkrieges* (Tübingen: J.C.B.Mohr, 1962), S. 26-27, Anmerkung 11. 邦訳は金森誠也訳『ナチスドイツと軍国日本　防共協定から三国同盟まで』時事通信社、一九六四年、五四頁。

12——Sommer, ebenda.

13——田嶋前掲書、六三〜六四頁および二二五〜二二六頁の注六四。

14——Sommer, a.a.O., S. 27-28. 金森前掲訳書、三八〜三九頁。

15——前掲『昭和史の天皇』第二〇巻、一三四〜一三五頁。

16——ヒトラー直属という形式については、田嶋前掲書、一五〇頁。

17——大畑篤四郎「日独防共協定・同強化問題（一九三五年〜一九三九年）」日本国際政治学会太平洋戦争原因研究部編『太平洋戦争史　開戦外交史　新装版　5　三国同盟・日ソ中立条約』朝日新聞社、一九八七年、三三頁）

18——Sommer, a.a.O., S. 494-495.

19——大畑前掲論文、前掲『三国同盟・日ソ中立条約』三三頁。

20——Ebenda, S. 495.

21——読売新聞社編前掲書、三四頁。

22——Ebenda, S. 497.

23——読売新聞社編前掲書、三一五頁。

24——同書、二九一頁、二九二頁、二九六〜頁。

25——武者小路公共著『外交裏小路』講談社、一九五二年、一九四〜一九五頁。

26——読売新聞社編前掲書、三一五頁。

27——三宅正樹著『日独伊三国同盟の研究』(南窓社、一九七五年)の第二章「トラウトマン工作の性格と史料」および三宅正樹著『日独政治外交史研究』(河出書房新社、一九九六年)の第二部「第二次世界大戦への道」第二章「第一次近衛内閣と参謀本部」を参照のこと。

28——*Akten zur deutschen auswärtigen Politik*(ドイツ外交文書、以下*ADAP*として引用)*ADAP*, Serie D, Band I, Nr. 483, Der Deutsche Botschafter in Tokio an dasa Auswärtige Amt, 26. Januar 1938, S. 671-676.

29——*ADAP*, Serie D, Band 1, Nr. 573, Der Deutsche Botschafter in Hankow an das Auswartige Amt, 8. Marz 1938, S. 686-689.

30——*ADAP*, Serie D, Band 1, Nr. 597, Reichsaussenminister von Ribbentrop an die Deutsche Botschaft in Hankow, 20. Juni 1938, S. 712. ファルケンファウゼンについては、長谷川熙「アレクサンダー・フォン・ファルケンハウゼンと中華民国陸軍」、三宅正樹・石津朋之・新谷卓・中島浩貴編『ドイツ史と戦争——「軍事史」と「戦争史」』(彩流社、二〇一一年)を参照。この項全体については、田嶋信雄著『ナチス・ドイツと中国国民政府——一九三三〜一九三七』(東京大学出版会、二〇一三年)(三宅正樹書評、『歴史学研究』九一九号、二〇一四年六月)ならびに家近亮子著『蔣介石の外交戦略と日中戦争』(岩波書店、二〇一二年)を参照されたい。

第6章

1——Ingeborg Fleischhauer, *Der Pakt. Hitler, Stalin und die Initiative der deutschen Diplomatie 1938-1939* (Berlin/Frankfurt am Main: Ullstein, 1990), S. 100-102.

2——*ADAP*, Serie D, Band IV, Dokument Nr. 493, Botschafter von der Schulenburg an Ministerialdirektor Wiehl, S. 550-551.

3——Ebenda, S. 551-552., Aufzeichnung, Moskau, den 28. Februar 1939.

4——*ADAP*, Serie D, Band V, Dokument Nr. 119, Aufzeichnung des Gesandten Schmidt (Büro Ribbentrop), Aufzeichnung über die Untertedung zwischen dem Führer und Reichskanzler und dem Polnischen Aussenminister Oberst Beck in Berchtesgaden, am 5. Januar 1939 im Beisein des Reichsaussenministers v. Ribbentrop, Botschafters v. Moltlke, Botschafters Lipski und Grafen Lubienski. S. 127-132.

5——Fleischhauer, a.a.O., S. 108-110.

6——*ADAP*, Serie D, Band VI, Dokument Nr. 1, Der Botschafter in Moskau an das Auswärtige Amt, S.1.

7——Fleischhauer, a.a.O., S. 110-111.

8——尾上正男著『独ソ不可侵条約論』有信堂、一九六二年、五八頁。

9——尾上前掲書、五六～五八頁。

10——*ADAP*, Serie D, Band VI, Dokument Nr. 1, Der Botschafter in Moskau an das Auswärtige Amt, S.1.

11——Fleischhauer, a.a.O., S. 117-118.

12——独ソ不可侵条約については、齊藤治子著『独ソ不可侵条約——ソ連秘密外交史』（新樹社、一九九五年）参照。

第7章

1——野村実著『太平洋戦争と日本軍部』山川出版社、一九八三年、二一六頁。

2——読売新聞社刊行、松崎昭一執筆『昭和史の天皇』第三〇巻、読売新聞社、一九七六年、一二頁。

3——同書、一四頁。

4——稲葉正夫・小林龍夫・島田俊彦・角田順編『太平洋戦争への道　開戦外交史　新装版　別巻　資料編』朝日新聞社、一九八八年、三一九～三二五頁。

5——Some of the Salient Points in the informal Conversation between Matsuoka and Stahmer, with the German Ambassador Assisting. 三宅正樹著『日独伊三国同盟の研究』四六〇～四六三頁。

6——ここに英文を掲げたのは、いずれも草案とされた極秘文書（Strictly Confidential (Draft) Personal Letter of the German Ambassador to His Excellency the Imperial Japanese Foreign Minister.）からの引用であり、正式書簡は以下のドイツ語のＧ一〇〇〇号である。Der deutsche Botschafter. No. G 1000, Tokyo, den 27. Sept 1940, Streng vertraulich（ドイツ大使。Ｇ一〇〇〇号、一九四〇年九月二七日、極秘。このあとにドイツ語の本文が続き、最後に次のように

記されていた）gez. Ott, An Seine Exzellenz den Kaiserlich Japanischen Minister der Auswärtigen Angelegenheiten Herrn Yosuke Matsuoka, Tokyo.（オット署名、帝国外務大臣松岡洋右閣下宛て）。三宅正樹著『日独伊三国同盟の研究』五五六～五六一頁。

7——Johanna Menzell Meskill, Der geheime deutsch-japanische Notenaustausch zum Dreimächtepakt, *Vierteljahrshefte fur Zeitgeschichte*, 5. Jahrgang 1957, 2. Heft, Stuttgart: Deutsche Verlagsanstalt. Theo Sommer, *Deutschland und Japan zwischen den Mächten, 1935-1940. Vom Antikominternpakt zum Dreimächtepakt. Eine Studie zur diplomatischen Vorgeschichte des Zweiten Weltkriegs*, Tübingen: J. C. B/ Mohr (Paul Siebeck), S. 443-449. 金森誠也訳『ナチスドイツと軍国日本　防共協定から三国同盟まで』時事通信社、一九六四年、五六九～五八四頁。

8——三宅正樹著『日独伊三国同盟の研究』五一四頁。

9——渡辺延志著『虚妄の三国同盟　発掘・日米開戦前夜外交秘史』岩波書店、二〇一三年。同書は東京裁判をめぐる粟屋憲太郎・吉田裕編『国際検察局（IPS）尋問調書』日本図書センター、一九九三年の中の日独伊三国同盟関連記録を本格的に取り上げた画期的著述である。服部聡著『松岡外交——日米開戦をめぐる国内要因と国際関係』（千倉書房、二〇一二年）は、米国側での日本の外交暗号電報解読記録を駆使して、松岡外交の全貌に肉迫した四四八頁に及ぶ長編の力作であり、著者の努力に圧倒される思いがする。同著によって、今後の松岡外交研究の確固たる基礎が築かれたというべきであろう。

10——新名丈夫《しんみょうたけお》編『海軍戦争検討会議記録　太平洋戦争開戦の経緯』毎日新聞社、一九七六年、七七～七八頁。

11——粟屋憲太郎・吉田裕編集・解説『国際検事局（IPS）尋問調書』日本図書センター、第四一巻、「オイゲン・オット尋問調書（Interrogation of Major General Eugen Ott, 6 March 1946, Questions by Mr. Tavenner）」一六二頁。原文の標題ではオイゲン・オットの名がEugene Ottと記されている。

12——同書、一六三～一六四頁。

13——同書、一六三～一六六頁。

14——同書、一七一頁。

15——同書、一七三頁。

16——同書、一七四～一七五頁。

17——同書、一九七～二〇四頁。

18——同書、二一九〜二二〇頁。

19——同書、二二八〜二三一頁。

20——同書、二四四〜二四六頁。

21——同書、二四四〜二四七頁。

22——同書、二四七頁。

23——同書、二三五頁。

24——同書、二四七〜二四九頁。

25——*Nazi-Soviet Relations 1939-1941*. Documents from the Archives of the German Foreign Office, Edited by Raymond James Sontag and James Stuart Beddie, Originally published in 1948 by the United States Government Printing Office, for the Department of State, Wahington, Reprinted in 1976 by Greenwood Press.

26——*Nazi-Soviet Relations. 1939-1941*, Memorandum of the Conversation Between the Reich Foreign Minister and the Japanese Foreign Minister Matsuoka on March 28, 1941, pp. 298-299. *ADAP*, D-11, 1, Nr. 230, Aufzeichnung über die Unterredung zwischen dem Reichsaussenminister und dem japanischen Aussenminister Matsuoka am 28. März 1941, S. 334.

27——*Nazi-Soviet Relations*, Memorandum of the Conversation Between the Reich Foreign Minister and Japanese Foreign Minister Matsuoka in Berlin on March 29, 1941, p. 303. *ADAP*, Band 12,1, Nr. 233, Aufzeichnung über die Unterredung zwischen dem RAM und dem japanischgen Aussenminister Matsuoka in Berlin am 29. Marz am 29. März 1941, S. 340.

28——「松岡洋右尋問記録」『東京裁判尋問調書（国際検事局（ＩＰＳ）尋問調書）』第一九巻、日本図書センター、一六五〜一六七頁。

29——同、松岡尋問調書、一六七〜一六八頁。

30——同、松岡尋問調書、一六七頁。

31——*Nazi-Soviet Relations*, p. 303.

32——*ADAP*, Serie-D, Band 12-1, Nr. 233, S. 340-341.

33——同、松岡尋問調書、一七〇〜一七一頁。

34——同、松岡尋問調書、二〇〇〜二〇一頁。

35——*ADAP*, Serie-D, 12-1, Dokument 233. S. 340-341.

36——Andreas Hillgruber, "Japan und der Fall »Barbarossa«. Japanische Dokumente zu den Gesprächen Hitlers und Ribbentrops mit Botschafter Oshima von Februar bis Juni 1941", in: *Deutsche Grossmacht – und Weltpolitik im 19. Und 20. Jahrhundert* (Düsseldorf: Droste Verlag, 1977).

37——木戸幸一日記研究会校訂『木戸幸一日記　下巻』東京大学出版会、一九六六年、八七九～八八〇頁。

38——Hillgruber, a.a.O., S. 227-228.

39——『太平洋戦争への道　開戦外交史　新装版　別巻　資料編』三八六頁。

40——Hillgruber, ebenda, S. 228.

41——Ebenda.

42——Ebenda, S. 229, S. 251 (Anhang Dokument 6).

43——『太平洋戦争への道　開戦外交史　別巻　資料編』四二四～四二五頁。

44——Ebenda, S. 230-231.

45——*Akten zur deutschen auswärtigen Politik*, Serie D, Band XIII, 1, Dok. 35, S. 40f.

46——*Japan's Decision for War. Records of the 1941 Policy Conferences*, Translated, edited and with an Introduction by N. Ike (Stanford, California: Stanford University Press, 1967).

47——Hillgruber, a.a.O., S. 231-232.

48——Ebenda, S. 232-233.

49——*Staatsmänner und Diplomaten bei Hitler. Vertrauliche Aufzeichnungen über Unterredungen mit Vertretern des Auslandes 1939-1941*, Herausgegeben und erläutert von Andreas Hillgruber (Frankfurt am Main: Bernhart und Graefe Verlag, 1967), S. 606-607., Hillgruber, ebenda, S. 232-233.

50——Hillgruber, a.a.O., S. 233-235.

51——在独大島大使より豊田外務大臣宛「ヒトラーおよびリッベントロップと会談について」別電五「独ソ戦況および対米関係等に関するヒトラー発言」外務省編纂『日本外交文書　第二欧州大戦と日本　第一冊　日独伊三国同盟・日ソ中立条約』六一書房、二〇一二年、四六三～四六四頁。

52——『太平洋戦争への道　別巻　資料編』三八四～三八五頁。

53——*Akten zur deutschen auswärtigen Politik*, Serie-D, Bd. XII, 1, Dokument 78.S. 118.
54——Ebenda, S. 119.
55——Ebenda, S. 123-124.
56——京大西洋史辞典編纂委員会編『新編西洋史辞典』東京創元社、一九八三年、八〇八頁、中山治一執筆「モントルー会議」の項による。
57——『日本外交文書　第二次欧州大戦と日本　第一冊　日独伊三国同盟・日ソ中立条約』三二八～三二九頁。
58——同書、三二九～三三〇頁。
59——『太平洋戦争への道　開戦外交史　新装版　別巻　資料編』四六〇頁。
60——粟屋憲太郎・吉田裕編集・解説『国際検事局（ＩＰＳ）尋問調書』第一九巻「松岡洋右尋問調書」、二六九～二七一頁。粟屋憲太郎著『東京裁判への道』講談社学術文庫、二〇一三年、四二〇～四三五頁参照。
61——『国際検事局（ＩＰＳ）尋問調書』第三三巻「大島浩尋問調書」Interrogation of General OSHIMA, Hiroshi, G. Osmond Hyde, Interrogator、二五五～二六〇頁。
62——同書、二六三～二六八頁。
63——日ソ中立条約については、工藤美知尋著『日ソ中立条約の研究』（南窓社、一八八五年）参照。
64——Christian W. Spang, *Karl Haushofer und Japan. Die Rezeption seiner geopolitischen Theorien in der deutschen und japanischen Politik*. Monographien aus dem Deutschen Institut fur Japanstudien, Band 52 (München: IUDICUM Verlag, 2013).
65——Ebenda, S. 358.
66——花井等「序章　地政学とは何か」、花井等編『地政学と外交政策』（地球社、一九八二年）四～五頁。
67——Ebenda.
68——Ebenda, S. 292-293.
69——Ebenda, S. 440.
70——Ebenda, S. 441.
71——Ebenda, S. 428.
72——Ebenda, S. 428-430.

73——Ebenda, S. 430-431. 萩原延壽著『東郷茂徳——伝記と解説（外相東郷茂徳Ⅱ）』原書房、一九八五年、二二三頁。

74——Christian W. Spang, Karl Haushofer und die Geopilitik in Japan. Zur Bedeutung Haushofers innerhalb der deutsch-japanischen Beziehungem nach dem Ersten Weltkrieg, in: Irene Diekmann et al. (Hrsg.), *Geopolitik. Grenzgange im Zeitgeist*, Band 2. クリスティアン・W・シュパング、石井素介訳「カール・ハウスホーファーと日本の地政学——第一次世界大戦後の日独関係の中でハウスホーファーのもつ意義について」『空間・社会・地理思想』六号、二〜二一頁（二〇〇一年）。

75——石井素介訳、八頁。原文はSpang, ebenda, S. 632-633. ここで重視されている『大陸ブロック論』の原題は以下の通りである。Karl Haushofer, *Der Kontinentalblock. Mitteleuropa - Eurasien - Japan*, Kriegsschriften der Reichsstudentenfuhrung, München, 1941.

第8章

1——ストローブ・タルボット編、タイムライフブックス編集部訳『フルシチョフ回想録』タイム・ライフ・インターナショナル発行、一九七二年、「まえがき」の冒頭の一節。なお、本章全体に関して、平井友義著『スターリンの赤軍粛清　統帥部全滅の謎を追う』（ユーラシアブックレット一七四、東洋出版社、二〇一二年）とフレヴニーク著、富田武訳『スターリンの大テロル——恐怖政治のメカニズムと抵抗の諸相』（岩波書店、一九九八年）は絶好の参考文献である。

2——同書、「編者のノート」の冒頭の一節。

3——同書、一四五〜一五一頁。三宅正樹著『スターリン、ヒトラーと日ソ独伊連合構想』（朝日新聞社、二〇〇七年）一〇六〜一一〇頁「ヒトラーのソ連軍軽視の始まり」に要約。ソ連・フィンランド戦争を含めて、ソ連・フィンランド関係については、百瀬宏著『東・北欧外交史序説——ソ連フィンランド関係の研究——』（福村書店、一九七〇年）が現在でもなおスタンダード・ワークとしての価値を失っていないであろう。

4——Ingeborg Fleischhauer, *Diplomatischer Widerstand gegen «Unternehmen Barbarossa». Die Friedensbemühungen der Deutschen Botschaft 1939-1941* (Berlin/Frankfurt am Main: Ullstein, 1991), S. 132.

5——Ebenda, S. 132-133.

6——三宅正樹前掲書、一〇八〜一一〇頁。ノモンハン戦争についての研究は厖大な数にのぼるが、ここでは最近の著書として田中克彦著『ノモンハン戦争　モンゴルと満州国』（岩波新書、岩波書店、二〇〇九年）が重要であろう。また、田中も師事したドイツのモンゴル学者でボン大学教授のヴァルター・ハイシッヒに指導を受けてボン大学に提出した博士論文Chiyoko Sasaki, *Der Nomonhan Konflikt. Der fernöstliche Vorspiel zum Zweiten Weltkrieg* (Bonn, 1968) を、ロシア側と日本側の史料と文献を駆使した労作として挙げておきたい。著者は一九三三年生まれ、早く自動車事故で他界した由である。

7——前掲『フルシチョフ回想録』付録四「フルシチョフ秘密報告全文」、五九一〜五九二頁。

8——Jörg Baberowski, *Der rote Terror. Die Geschichte des Stalinismus* (München: Deutsche Verlags-Anstalt, 2004), S. 167-169.

9——この『赤いテロル』の他に同じ著者の*Der Feind ist überall. Stalinismus in Kaukasus*（『敵は至る所に居る。コーカサスのスターリニスムス』）もミュンヘンの同じ出版社から刊行されている。なお、独ソ戦を勝利に導いた英雄であったはずのゲオルギー・ジューコフが戦後にたどった有為転変をも含めて、ソ連の歴史に照明を当てたアイルランドの歴史家ジェフリー・ロバーツの大部のジューコフ伝が松島芳彦共同通信モスクワ支局長によって全訳されたことを付記しておきたい。ジェフリー・ロバーツ著、松島芳彦訳『スターリンの将軍　ジューコフ』（白水社、二〇一三年）。

10——Ebenda, S. 171-172.

第9章

1——Gerd Ressing, *Versagte der Westen in Jalta und Potsdam?* (Frankfurt am Main: Akademische Verlagsgesellschaft Athenaion, 1970), S. 121-122. ゲルト・レッシング著、佐瀬昌盛訳『ヤルタからポツダムへ——戦後世界の出発点』南窓社、一九七一年、一八三〜一八五頁。

2——Gottfried-Karl Kindermann, *Der Aufstieg Ostasiens in der Weltpolitik 1840 bis 2000* (Stuttgart/München: Deutsche Verlags-Anstalt, 2001), S. 284-285.

3——三宅正樹「キンダーマン著『東亜崛起』にみた現代中国外交史像——中ソ関係を中心として」、三宅正樹編『中国像への新視角』(明治大学中国研究叢書) 南窓社、二〇〇四年。

4——Kindermann, ebenda, S. 285-286.

5——Ebenda, S. 286.

6——Ebenda, S. 286-287.

7——Ebenda, S. 287. この問答をキンダーマンは、グルーの回顧録から引用している。Joseph C. Grew, *Turbulent Era. A Diplomatic Record of Forty Years*, 2 vols. (London: 1953), vol. 2, p. 1456, footnote 10.

8——Ebenda, S. 288.

9——Ebenda.

10——サンケイ新聞社『蔣介石秘録 上』改訂特装版、四一～四三頁。

11——同書、四〇～四一頁。

12——同書、四一頁。

13——同書、同頁。

14——サンケイ新聞社『蔣介石秘録』第一巻『悲劇の中国大陸』、サンケイ新聞社出版局、一九七五年、五〇～五三頁。

15——サンケイ新聞社『蔣介石秘録 上』改訂特装版、一～二頁。

16——*Chiang Kai-shek. His Life and Times* by Kenji Furuya, Abridged English Version by Chun-ming Chang (New York: St. John's University Press, 1981), Prologue, xxv-xxvii.

17——Kindermann, *Der Aufstieg Ostasiens*, S. 309-310.

18——『蔣介石秘録 上』改訂特装版、四六～四七頁。

19——同書、四七～四九頁。

20——同書、五〇頁。蔣経国については、丁依著、鈴木博訳『蔣経国——中国革命の悲劇』批評社、一九八一年、参照。

21——英訳版ではこの箇所は以下に掲げられている。Furuya, *Chiang Kai-shek. His life and Times*, Prologue, xxx-xxxii.

22——香島明雄著『中ソ外交史研究　一九三七～一九四六』世界思想社、一九九〇年、一六五～一六七頁。ケナ

ンからの引用は、George F. Kennan, *Memoirs 1925-1950* (Little, Brown Books, 1967), p. 238. なおこの箇所は邦訳『ジョージ・F・ケナン回顧録』では上巻の二二七頁に訳出された、駐ソ大使ハリマンに宛てたケナンの個人的報告書の一節である。ジョージ・F・ケナン著、清水俊雄訳『ジョージ・F・ケナン回顧録――対ソ外交に生きて』上巻、読売新聞社、一九七三年、二二七頁。

23――中西治著『増補　ソ連政治の構造と動態』南窓社、一九七七年、一九六～一九七頁。香島前掲書、第五章「外モンゴルの中国離脱をめぐる中ソ関係」参照。

24――同書、一九七頁。

25――同書、一九七～一九八頁。

第10章

1――ストローブ・タルボット編タイムライフブックス編集部訳『フルシチョフ回顧録（Khrushchev Remembers）』タイムライフインターナショナル、一九七二年、付録四　フルシチョフ秘密報告全文、五七五頁。

2――同書、五七五～五七六頁。

3――菊地昌典・袴田茂樹・宍戸寛・矢吹晋著『中ソ対立　その基盤・歴史・理論』有斐閣、一九七六年、第二部、宍戸寛「中ソ対立の歴史的背景」一三〇～一三二頁。

4――Gottfried-Karl Kindermann, *Der Aufstieg Ostasiens in der Weltpolitik 1840 bis 2000* (Stuttgart/München: Deutsche Verlags-Anstalt, 2001). 三宅正樹「キンダーマン著『東亜崛起』にみた現代中国外交史像――中ソ関係を中心として――」、三宅正樹編『中国像への新視角』（明治大学中国研究叢書）南窓社、二〇〇四年、参照。

5――Kindermann, *Der Aufstieg Ostasiens*, S. 499-500.

6――Ebenda, S. 508. この部分の叙述にあたってキンダーマンが依拠しているのは、次の著作である。Immanuel C. Y. Hsü, *The Rise of Modern China*, 4. ed. (New York, 1990), pp. 708-714. なお、以下の論文も参照のこととされている。Ying-Mao Kao and Pierre Perolle, "The Politics of Lin Piao's Abortive Military Coup", in: *Asian Survey*, Vol. 14, No. 6, June 1974, pp. 558-577.

7――産経新聞「毛沢東秘録」取材班著『毛沢東秘録』下巻、扶桑社、一九九九年、四〇～五三頁。

8——武内香里・森沢幸（二人の本名は姫田光義）著『中国の政治と林彪事件』日中出版、一九七五年、一七四〜一八九頁。なお、姫田光義著『林彪春秋』中央大学出版部、二〇〇八年、は林彪についての特筆すべき本格的研究である。

9——前掲『中国の政治と林彪事件』、一四六〜一四九頁。

10——前掲『中ソ対立　その基盤・歴史・理論』第二部、宍戸寛「中ソ対立の歴史的背景」二〇三〜二〇四頁。

11——同書、二〇五〜二〇六頁。

12——同書、二〇九頁。

13——Harrison E. Salisbury, *War between Russia and China* (Curtis Brown Ltd., 1969). ハリソン・E・ソールズベリー著、小西健吉訳『中ソ戦争』早川書房、一九七〇年、一九三〜一九四頁。

14——前掲『中ソ対立　その基盤・歴史・理論』第二部、宍戸寛「中ソ対立の歴史的背景」二一〇頁。

15——Klaus Mehnert, *Ein Deutscher in der Welt* (Stuttgart: Deutsche Verlags-Anstalt, 1981), S. 435-437. 邦訳されているメーネルトの主要な著作は、小杉三郎訳『スターリン対マルクス』（読売新聞社、一九五三年）、村田碩男訳『ソヴィエト人——その考え方と生き方』（毎日新聞社、一九六〇年）、河原田健雄訳『北京・モスクワ』（時事通信社、一九六四年）、前田寿夫訳『北京と新左翼』（時事通信社、一九七〇年）、赤羽竜夫訳『嵐のあとの中国』（読売新聞社、一九七二年）、大島かおり訳『モスクワと新左翼』（毎日新聞社、一九七五年）などである。

16——Klaus Mehnert, "Der Moskauer Vertrag", in: *Osteuropa. Zeitschrift für Gegenwartsfragen des Ostens*, 20. Jahrgang, Heft 12, Dezember 1970. 三宅正樹著『ユーラシア外交史研究』五九〜六一頁、三宅正樹著『スターリン、ヒトラーと日ソ独伊連合構想』朝日新聞社、朝日選書八一六、二〇〇七年、二四八〜二四九頁参照。

17——三宅正樹著『日独政治外交史研究』河出書房新社、一九九六年、第五章「モスクワ条約の成立過程」。

18——*The Ends of Power*, by H. R. Haldeman and Joseph DiMona, The New York Times Book Company, 1978. H・R・ハルデマン&ジョセフ・ディモーナ著、大江舜訳『権力の終焉』株式会社サンリオ、一九七八年、訳者あとがき、四四六〜四四七頁。

19——Ibid., p. 90. 大江訳書『権力の終焉』一五三頁。

20——Ibid., pp. 90-93. 大江訳書、一五三〜一五六頁。

21——Ibid., pp. 92-94. 大江訳書、一五六〜一五七頁。

22——毛里和子・増田弘監訳『周恩来キッシンジャー機密会談録』岩波書店、二〇〇四年、七七～七八頁。

23——Klaus Mehnert, a.a.O., S. 814.

第11章

1——Dominic Lieven, *The Russian Empire and Its Rivals* (John Murray Publishers Ltd., 2000). ドミニク・リーベン著、松井秀和訳『帝国の興亡』下巻、日本経済新聞社、二〇〇二年、二一六～二一七頁。

2——同書、二一六頁。

3——田中陽児・倉持俊一・和田春樹編『世界歴史体系　ロシア史3　20世紀』山川出版社、一九七七年、巻末年表による)。

4——前掲『帝国の興亡』下巻、二一七～二一八頁。

5——小室直樹著『ソビエト帝国の崩壊　瀕死のクマが世界であがく』光文社、一九八〇年。

6——*Hélène Carrère d'Encausse, L'empire éclaté* (Paris: Flammarion, 1978). 高橋武智訳『崩壊したソ連帝国——諸民族の反乱』藤原書店、一九九〇年。

7——前掲『崩壊したソ連帝国——諸民族の反乱』六二六～六二八頁。現在ではソ連帝国崩壊の原因をめぐって多くの著書、論文が発表されているけれども、ここでは以下を挙げるにとどめる。Robert Strayer, *Why Did the Soviet Union Collapse?: Understanding Historical Change* (Armonk, New York: M E Sharpe Inc., 1998). なお、本書全体にかかわる絶好の参考文献として、木村汎著『新版 日露国境交渉史　北方領土返還への道』(角川選書三八六、角川学芸出版、二〇〇五年)は必読の好著であろう。なお、ソ連帝国崩壊乃至ソ連社会主義体制崩壊を考察するに当たっては、塩川伸明著『現存した社会主義　リヴァイアサンの素顔』(勁草書房、一九九九年)で展開されているような、社会主義体制一般についてのスケールの大きい比較論から学ぶべきことが多々あろうと考えられる。

あとがき

このたびようやく本書の刊行にこぎ着けることができた。これについては千倉書房編集部・神谷竜介氏の実に十年近くにわたるご支援と励ましに負うところ大なるものがあり、深く感謝申し上げたい。戦前、すぐれた外交評論家であると同時に日本外交史研究の先駆者であった清沢洌の著作『アメリカは日本と戦はず』（一九三二年、現在は山本義彦編『清沢洌選集』第一巻、日本図書センター、一九九八年に収録されている）、『非常日本への直言』（一九三三年、同選集第四巻）、『現代日本論』（一九三五年、同選集第五巻）などを刊行した千倉書房から本書が刊行されることを、著者はとりわけよろこんでいる。千倉書房から、『アメリカは日本と戦はず』が（清沢洌自身の「序」によれば）刊行されたのは「リットン卿の報告書発表で日本の輿論が鼎のやうに湧いてゐる」一九三二年一〇月のことであった。これより以前に千倉書房からは清沢の著書として、『転換期の日本』（一九二九年）、『アメリカを裸體にす』（一九三〇年）が刊行され、それぞれ当時五版、一三版を重ねていた。千倉書房の初代社主千倉豊氏は、『アメリカは日本と戦はず』を刊行することに取分け熱心であって、満州事変や上海事変への米国の反応を米国で体験した清沢に、米国での印象の醒めないうちに帰国直後に執筆することを求め、「出版を急いだ關係から、随《したが》つて書けば随つて持ち去られ」たと清沢は「序」に記している。「アメリカは日本と戦はず」という清沢の予言は残念ながら外れてしまったけれど、同書に示されている米国の内政外交についての該博な知識と、米国の新聞雑誌の記事に精通している事実には、今読み返してみても圧倒される思いがする。

刊行まで随分時間がかかってしまったが、そのあいだに清沢洌選集の版元である日本図書センターから一九九三年に刊行されたアメリカ国立公文書館所蔵、粟屋憲太郎・吉田裕編集・解説『国際検事局（IPS）尋問調書』全五二巻のうちの、元駐日ドイツ大使オイゲン・オット、元外相松岡洋右、元駐ドイツ大使大島浩らの尋問調書を第七章「日独伊三国同盟、日ソ中立条約と独ソ開戦――第二次近衛内閣の運命的選択」に活用する機会に恵まれた。このことについては、『虚妄の三国同盟――発掘・日米開戦前夜外交秘史』（岩波書店、二〇一三年）の著者渡辺延志《のぶゆき》氏のご協力に感謝申し上げる。

ロシアは昔も今もユーラシア大陸の西から東まで広い領土を有し、西ではポーランドやドイツと、東では中国と国境を接している。ロシアの東側国境近くに位置する日本は、かねてその影響を受け続けてきた。ロシアは、西部国境で緊張が増大した場合には東部国境での緊張緩和を求め、逆に東部国境で緊張が増大した場合、西部国境の緊張緩和を求めるという性質を持つ。このユーラシア大陸を貫く力学は、いくつかの歴史的事例が証明していると考えてよいであろう。

もっとも顕著な実例を一九六九年三月二日のソ連の動きが示している。大統領選挙を西ベルリンの旧国会議事堂で行うという当時の西ドイツ政府の決定に対し、西ベルリンは西ドイツの一部ではないと主張していたソ連は、あらゆる手段を用いてこの選挙を妨害しようとしていた。ところが、三月二日にソ連兵が駐留していたウスリー川の川中島であるダマンスキー島（珍宝島）で中国軍とソ連軍の武力衝突が勃発すると、ソ連は一連の妨害工作を突如中止し、西ドイツ大統領選挙はソ連から一切妨害を受けることなく、三月五日に無事行われたのである。

独ソ戦前後のソ連の動きにも、そうした意図が垣間見える。一九四一年六月二二日にドイツ軍がソ連に侵攻して独ソ戦が勃発すると、ソ連にとって日本の関東軍がシベリアに侵攻するかどうかが大きな関心事となった。ソ連はあらゆる情報網を使ってその動向を探った。関東軍に対しては同年七月七日に関東軍特種演習、いわゆる関特演が発令されたがソ連領シベリアに侵攻する事態は起こらなかった。当時、日本で言われた「北辺の静謐《せいひつ》」を関東軍が維持するかどうかは、ソ連にとって軍事戦略を左右する問題であった。このとき結局、関東軍の攻撃はないと見きわめたソ連が、極東シベリアの兵力をモスクワ正面の防禦に振りむけたことは広く知られるとおりである。

日露戦争当時に戻ると、一九〇五年七月二四日にフィンランドのビョルケ湾に浮かぶヨット上でドイツ皇帝ヴィルヘルム二世とロシア皇帝ニコライ二世との間で調印された「ビョルケの密約」は、日露戦争と国内の反乱に苦しんでいた帝政ロシアが西部国境での緊張緩和を実現しようとしたものと考えることができる。主としてロシアの有力政治家ヴィッテの、露仏同盟と矛盾するような密約は認められないという強い反対によって、この密約は正式に成立せずに終わった。しかし、もしこの皇帝同士の密約が正式の国家間条約になっていたならば、日露戦争におけるロシアの立場はかなり有利な方向に変わっていたかもしれない。この史実を外交史の書物で学んだドイツ駐在武官(当時)の大島浩は、今後、ドイツとソ連との間に「ビョルケの密約」のような事態が生ずれば、日本の立場はいちじるしく不利になると考え、ソ連の「負担を軽からしめる」ことがないよう日独間で約束することをめざして、日独防共協定成立のために外相就任以前のナチ党外交機関長リッベントロップと秘密の交渉を重ねたのである。

日独防共協定は一九三六年一一月二五日に成立するが、この後に成立する日独伊三国同盟は、当時「防共協定強化問題」として交渉が進められたため、日独防共協定の延長線上でとらえられかねないが、実は日本側のソ連をめぐる発想はまったく逆転していた。独ソ不可侵条約成立後の日本の指導者たち、とくに第二次近衛内閣の外相松岡洋右は、独ソ不可侵条約に日本を加入させるような形での日ソ独伊四国連合の成立を夢見ていた。まず日独伊三国同盟に調印し、続いてソ連との友好条約を成立させようと、一九四一年春にモスクワに乗り込んだのである。ベルリンにおけるヒトラーとモロトフの交渉(一九四〇年一一月一二、一三の両日)

が決裂し、一二月一八日にヒトラーが対ソ作戦（バルバロッサ作戦）準備指令を発令したあとは、このようなユーラシア大陸を貫く国家連合が成立する可能性はまったく消滅した。それにもかかわらず松岡はスターリンと話し合って日ソ中立条約を成立させた。

思えば一九七五年に著者が南窓社から『日独伊三国同盟の研究』を刊行してから四〇年近い年月が流れた。振り返ると、著者が日独伊三国同盟というテーマへの関心を高めた一つの原体験がある。それは一九六八年六月、西ドイツ（当時）のキールで、キール大学史学科とキール独日協会共催の講演を行ったときのことである。三国同盟を主題にした講演はまったく予想外のことに、キール大学教授であったカール・ディートリッヒ・エルトマン氏やキール大学史学科の若手スタッフから強い反応をもって迎えられた。著者はドイツ語で質問攻めにあうことになったが、反面、外相松岡洋右が日独伊三国同盟にソ連を引き込もうとした事実が、ドイツの歴史研究者の間ではあまり知られておらず、それだけ強い反応を引き起こすものであることを確認できた。このときの講演の標題は「外相松岡洋右——米国とロシア」であったと記憶するが、この講演を企画したキール独日協会会長ゲオルク・ケルスト博士が、一九四一年に松岡外相がベルリンを訪問して大歓迎を受けた事実がドイツでは多くの人々の記憶に残っているから、この標題は反響を呼ぶはずだ、と予想していたことが思い出される。のちに国際歴史学会理事会で同席することになったエルトマン氏もケルスト氏も今は故人となられたが、キールでの講演の記憶はいまだ鮮明である。なお、ケルスト氏の恩師で、一九一二年に岡山第六高等学校のドイツ語教師として来日し、第一次世界大戦では青島で日本軍捕虜となり、一九二〇年まで日本に滞在した、のちのキール大学史学科教授オットー・ベッカーの極東外交史研究については、拙著『ユーラシア外交史研究』（河出書房新社、二〇〇〇年）で詳しく論述したことを付言しておく。

著者が半世紀近くつきあい続けた、ユーラシア大陸を舞台とした国際政治の展開について、本書が読者諸賢に資するところがあれば望外の幸せである。

初出一覧

第一章　ユーラシア国際政治史における帝国と民族　比較文明学会編『比較文明』第十号、行人社刊、二〇〇三年十二月

第二章　大正時代の日本　政治経済史学会編『政治経済史学』第五〇〇号、二〇〇八年四・五・六月

第三章　後藤新平の外交構想とユーラシア　学術総合誌・季刊『環【歴史・環境・文明】』「特集　世界の後藤新平　後藤新平の世界」藤原書店刊、二〇〇七年四月

第四章より第一一章（書き下ろし）

‖ワ行‖

ヤ行

ラ行

‖マ行‖

‖ナ行‖

‖ハ行‖

‖タ行‖

‖サ行‖

カ行

主要人名索引

ア行

［著者略歴］

三宅正樹（みやけ・まさき）

一九三四年仙台に生まれる。明治大学名誉教授。京都大学文学部史学科西洋史学専攻卒業、京都大学大学院博士課程同専攻修了、文学博士（京都大学）。ウィーン、ハイデルベルク、ロンドンに留学。ベルリン自由大学、ポズナン大学客員教授、国際歴史学会理事を歴任。著書に『日独伊三国同盟の研究』（南窓社）、『日独政治外交史研究』、『ユーラシア外交史研究』（いずれも河出書房新社）、『政軍関係研究』（芦書房）、『文明と時間』（東海大学出版会）、『スターリン、ヒトラーと日ソ独伊連合構想』（朝日新聞社）、『スターリンの対日情報工作』（平凡社）などがある。

近代ユーラシア外交史論集　日露独中の接近と抗争

二〇一五年一〇月二一日　初版第一刷発行

著者　三宅正樹

発行者　千倉成示

発行所　株式会社 千倉書房
〒一〇四-〇〇三一　東京都中央区京橋二-四-一二
電話　〇三-三二七三-三九三一（代表）
http://www.chikura.co.jp/

印刷・製本　精文堂印刷株式会社

造本装丁　米谷豪

ISBN 978-4-8051-1063-8　C3022

「死の跳躍」を越えて　佐藤誠三郎 著

西洋の衝撃という未曾有の危機に、日本人は如何に立ち向かったか。近代日本の精神構造の変遷を描いた古典的名作。

❖A5判／本体 五〇〇〇円＋税／978-4-8051-0925-0

「南進」の系譜　矢野暢 著

南方へ向かったひとびとの姿から近代日本の対外認識をあぶり出す。続編『日本の南洋史観』も併せて収録。

❖A5判／本体 五〇〇〇円＋税／978-4-8051-0926-7

清談録　近衛文麿 著

昭和十一年に小社から刊行された近衛の代表的論集を復刊。「英米本位の平和主義を排す」「貴族院論」などを収める。

❖四六判／本体 三二〇〇円＋税／978-4-8051-1065-2

千倉書房

表示価格は二〇一五年一〇月現在

叢書
21世紀の国際環境と日本

001
同盟の相剋
水本義彦 著
比類なき二国間関係と呼ばれた英米同盟は、なぜ戦後インドシナを巡って対立したのか。超大国との同盟が抱える試練とは。
❖A5判／本体 三八〇〇円＋税／978-4-8051-0936-6

002
武力行使の政治学
多湖淳 著
単独主義か、多角主義か。超大国アメリカの行動形態を左右するのは如何なる要素か。計量分析と事例研究から解き明かす。
❖A5判／本体 四二〇〇円＋税／978-4-8051-0937-3

003
首相政治の制度分析
待鳥聡史 著
選挙制度改革、官邸機能改革、政権交代を経て「日本政治」は如何に変貌したのか。二〇一二年度サントリー学芸賞受賞。
❖A5判／本体 三九〇〇円＋税／978-4-8051-0993-9

千倉書房

表示価格は二〇一五年一〇月現在

叢書
21世紀の国際環境と日本

004
人口・資源・領土
春名展生 著

人口の増加と植民地の獲得を背景に日本の〔国際政治学〕が歩んだ、近代科学としての壮大、かつ痛切な道のりを描く。

❖A5判／本体 四二〇〇円＋税／978-4-8051-1066-9

005
「経済大国」日本の外交
白鳥潤一郎 著

戦後国際社会への復帰を進める日本を襲った石油危機。岐路に立つ資源小国が選択した先進国間協調という外交戦略の実像。

❖A5判／本体 四五〇〇円＋税／978-4-8051-1067-6

表示価格は二〇一五年一〇月現在

日本は衰退するのか
五百旗頭真 著

大きな歴史の中で現代をとらえる時評集。危機に瀕した時、日本はどのようにそれを乗り越えてきたのか。

❖四六判／本体 二四〇〇円＋税／978-4-8051-1049-2

表象の戦後人物誌
御厨貴 著

戦後史を表象する人物の足跡をたどり、我々の人生をすっぽりと覆うほど長い「戦後」の変遷と変質に迫る。

❖四六判／本体 二四〇〇円＋税／978-4-8051-0912-0

外交的思考
北岡伸一 著

様々な出会い、自身の学問的遍歴と共に語られる、確かな歴史認識に裏打ちされた日本政治・外交への深い洞察。

❖四六判／本体 一八〇〇円＋税／978-4-8051-0986-1

表示価格は二〇一五年一〇月現在

千倉書房